NICOLAS BONNAI

LE GRAND RESET E
LA GUERRE DU VACCIN

A Eric-Franz Weis, résistant tellurique

Préface

Ce recueil (Grand Reset et la Guerre du vaccin) fait suite à Coronavirus et servitude volontaire. Il est aussi vendu à prix coûtant. Le premier recueil évoquait masques et confinement ; celui-là évoque la guerre des vaccins livrée par le système contre la population française et occidentale. Comme d'habitude nos recueils mêlent le passé au présent, puisque nous croyons malheureusement au présent permanent. Basé sur la science et la démocratie (Poe), basé aussi sur une démocratie bavarde athénienne qui avait dégénéré en ochlocratie (Platon, Théophraste), leur monde moderne n'a rien à nous apprendre depuis Edgar Poe et Tocqueville avec une opinion formatée depuis 200 ans, qui accepte tout et gobe tout, même la merde (Léon Bloy). Le recul de la culture, le déclin de la langue, l'explosion du consumérisme et la manie des marques, la progression des actualités en bandeau ont laminé les oppositions et conditionné tout le monde ; et la guerre des vaccins se produit alors que le virus, qui n'existe que dans les médias (Lucien Cerise) et ne tue plus à l'hôpital, peut se faire oublier. Mais moins il tue, plus on se vaccine, et l'aveuglement du citoyen parfaitement enthousiaste (Louis-Ferdinand Céline) fait le reste, n'en déplaise aux antisystèmes auto-hypnotisés par les storytelling de leur résistance étique.

L'accélération que nous vivons actuellement (le Grand Reset) est elle liée à un effondrement des ressources et même des combustibles fossiles. Mal gérée, elle mène cette accélération à une dépopulation dont nous montrons qu'elle fascine certaines élites depuis des siècles maintenant. Nietzsche a tancé dans son Zarathoustra l'Etat et son homme superflu, superflu dont il veut se débarrasser maintenant pour complaire aux puissants. Nietzsche avait aussi compris que chez le petit peuple l'appétit vient en mangeant (d'où les révolutions) ; et qu'en le lui coupant, cet appétit (ce qui est fait), on n'aurait plus de problème. Cette bonne conduite du peuple a précipité le zéro de conduite des élites politiques et médiatiques, et même médicales. Mais on récolte ce qu'on sème. Pour certains de nos amis et collaborateurs cités ici, le Grand Reset n'est que le masque projeté sur notre effondrement énergétique ; leurs conséquences seront catastrophiques par conséquent.

En France le pouvoir a décidé de diaboliser les non vaccinés, qui finiront par être mis au ban de la société ; les vaccinés seront les seuls à avoir le droit de manger (mais pour combien de temps encore ?). Cela aussi aura des conséquences relevant de la science-fiction (voir le livre de Tetyana Bonnal sur Philip K. Dick sur ce sujet) ou des pages misérables de notre histoire humaine. La destruction de la logique, déjà visible au temps de Guy Debord, sera passée par là.

Les nombreux textes de ce recueil se chevauchent, se contredisent ou se répètent. C'est voulu et il est temps de laisser l'initiative au désordre des mots (Mallarmé) face à l'ordre établi.

TABLE DES MATIERES

La covidictature et la servitude de La Boétie

On est en dictature totale (voyez mon texte sur le camp de concentration électronique) et la populace n'a pas réagi. J'ai été insulté (c'est la seule argumentation sur internet) pour le dire, et donc je persévère puisque j'ai raison. Personne ne bouge, demandez au pauvre Florian.

On va relire un vieux texte et La Boétie alors : les années 2010 ou Obama me sont apparues comme la mise en place d'une dictature atroce qui porte ses fruits aujourd'hui. Préparez-vous après les privations de mouvement aux confiscations d'argent, de maison, et aux exterminations, préparez-vous aussi à la non-résistance, y compris la vôtre. Qui sortira une arme renforcera le système (Terrorisme ! Ayez peur !). Un lecteur me dit que nous sommes un pour mille, et je suis d'accord. Le reste est enthousiaste (Céline) ou opine du bonnet. Un sur mille cela fait peu à exterminer, contrôler, utiliser. J'écrivais il y a cinq ans :

« Jamais nous n'avons été autant surveillés, menacés, humiliés, remplacés, écrasés d'impôts, et jamais nous n'avons été aussi platement soumis, que ce soit dans un hideux immeuble, dans un aéroport, dans un monstre de croisière. Plus je vois cela, plus je m'émerveille. Et plus je m'émerveille, plus je me fais traiter de factieux et de conspirateur. »

Cela m'apprendra ! Depuis je suis insulté par ceux qui croient résister en cliquant. J'ajoutais :

« Comprenez qu'il n'y a pas besoin de théorie de la conspiration. Le peuple n'est pas un gentil innocent, une victime naïve. Le peuple aime naturellement être mené à l'étable ou à l'abattoir. Telle est l'éternelle leçon de la Boétie qui s'extasie devant l'infinie capacité des hommes à s'aplatir devant l'autorité. Chouchou des libertariens et de mon très cher Murray Rothbard, l'adolescent prodige s'écœure lui-même en écrivant ces lignes, en rappelant ces hauts faits :

« Il n'est pas croyable comme le peuple, dès lors qu'il est assujetti, tombe si soudain en un tel et si profond oubli de la franchise, qu'il n'est pas possible qu'il se réveille pour la ravoir, servant si franchement et tant volontiers qu'on dirait, à le voir, qu'il a non pas perdu sa liberté, mais gagné sa servitude. Il est vrai qu'au commencement on sert contraint et vaincu par la force ; mais ceux qui viennent après servent sans regret et font volontiers ce que leurs devanciers avaient fait par contrainte. »

Dostoïevski observe dans sa Maison des Morts (qui est plutôt une Maison des vivants, son roman le plus drôle) que l'on s'habitue en effet à tout. La Boétie :

« C'est cela, que les hommes naissant sous le joug, et puis nourris et élevés dans le servage, sans regarder plus avant, se contentent de vivre comme ils sont nés, et ne pensent point avoir autre bien ni autre droit que ce qu'ils ont trouvé, ils prennent pour leur naturel l'état de leur naissance. »

C'est la vraie conspiration dont parle aussi en prison le fasciste Rebatet : nos nous soumettons au joug de la bagnole, de la salle de bains américaine, des artefacts électroniques. La Boétie explique ensuite comment on développe les jeux, l'esprit ludique, et dans quel but politique :

« Mais cette ruse de tyrans d'abêtir leurs sujets ne se peut pas connaître plus clairement que Cyrus fit envers les Lydiens, après qu'il se fut emparé de Sardis, la maîtresse ville de Lydie, et qu'il eut pris à merci Crésus, ce tant riche roi, et l'eut amené quand et soi : on lui apporta nouvelles que les Sardains s'étaient révoltés ; il les eut bientôt réduits sous sa main ; mais, ne voulant pas ni mettre à sac une tant belle ville, ni être toujours en peine d'y tenir une armée pour la garder, il s'avisa d'un grand expédient pour s'en assurer : il y établit des bordels, des tavernes et jeux publics, et fit publier une ordonnance que les habitants eussent à en faire état. Il se trouva si bien de cette garnison que jamais depuis contre les Lydiens il ne fallut tirer un coup d'épée. Ces pauvres et misérables gens s'amusèrent à inventer toutes sortes de jeux, si bien que les Latins en ont tiré leur mot, et ce que nous appelons passe-temps, ils l'appellent ludi, comme s'ils voulaient dire Lydi. »

Les bordels et les tavernes : comptez le nombre de sites porno sur le web pour voir un peu (Snyder parle de quatre millions); cet comparez aux fréquentations sites antisystème. Vous verrez que nous sommes bien peu de chose. Pessimiste ! Coupable !

Politiquement incorrect, la Boétie dénonce l'efféminaton des territoires soumis à la tyrannie. Elle fonctionne avec la servilité et la soumission. Avec la culture aussi, comme le verra Rousseau.

« Tous les tyrans n'ont pas ainsi déclarés exprès qu'ils voulussent efféminer leurs gens ; mais, pour vrai, ce que celui ordonna formellement et en effet, sous main ils l'ont pourchassé la plupart... Les théâtres, les jeux, les farces, les spectacles, les gladiateurs, les bêtes étranges, les médailles, les tableaux et autres telles drogueries, c'étaient aux peuples anciens les appâts de la servitude, le prix de leur liberté, les outils de la tyrannie. Ce moyen, cette pratique, ces allèchements avaient les anciens tyrans, pour endormir leurs sujets sous le joug. Ainsi les peuples, rendus sots, trouvent beaux ces passe-temps, amusés d'un vain plaisir, qui leur passait devant les yeux, s'accoutumaient à servir aussi niaisement, mais plus mal, que les petits enfants qui, pour voir les luisantes images des livres enluminés, apprennent à lire. »

Puis La Boétie compare les méthodes éducatives, et ce n'est pas piqué des vers. Lui aussi aime Sparte – comme Rousseau et comme d'autres (il faut aimer le sport et l'inconfort!).

« Lycurgue, le policier de Sparte, avait nourri, ce dit-on, deux chiens, tous deux frères, tous deux allaités de même lait, l'un engraissé en la cuisine, l'autre accoutumé par les champs au son de la trompe et du huchet, voulant montrer au peuple lacédémonien que les hommes sont tels que la nourriture les fait, mit les deux chiens en plein marché, et entre eux une soupe et un lièvre : l'un courut au plat et l'autre au lièvre. « Toutefois, dit-il, si sont-ils frères ». Donc celui-là, avec ses lois et sa police, nourrit et fit si bien les Lacédémoniens, que chacun d'eux eut plus cher de mourir de mille morts que de reconnaître autre seigneur que le roi et la raison. »

Ensuite il remarque que comme sur Facebook on aime participer à Big Brother, on aime participer à son propre emprisonnement (empoisonnement) moral et physique - on paie même pour :

« Celui qui vous maîtrise tant n'a que deux yeux, n'a que deux mains, n'a qu'un corps, et n'a autre chose que ce qu'a le moindre homme du grand et infini nombre de nos villes, sinon que l'avantage que vous lui faites pour vous détruire. D'où a-t-il pris tant d'yeux, dont il vous épie, si vous ne les lui baillez ? Comment a-t-il tant de mains pour vous frapper, s'il ne les prend de vous ? Les pieds dont il foule vos cités, d'où les a-t-il, s'ils ne sont des vôtres ? Comment a-t-il aucun pouvoir sur vous, que par vous ? Comment vous oserait-il courir sus, s'il n'avait intelligence avec vous ? Que vous pourrait-il faire, si vous n'étiez receleurs du larron qui vous pille, complices du meurtrier qui vous tue et traîtres à vous-mêmes ? »

Le citoyen participe à sa propre aliénation. On n'a jamais autant payé d'impôts en Amérique ou en France en 2016. L'Etat haï des pauvres libertariens n'a jamais été aussi sûr ! Quant au monstre froid européen... No comment.

Puis le jeune auteur parle des réseaux de la tyrannie qui sont sur une base six, comme le web (WWW_666, voyez mon livre qui d'ailleurs va être republié) :

« Toujours il a été que cinq ou six ont eu l'oreille du tyran, et s'y sont approchés d'eux-mêmes, ou bien ont été appelés par lui, pour être les complices de ses cruautés, les compagnons de ses plaisirs, les maquereaux de ses voluptés, et communs aux biens de ses pilleries. Ces six adressent si bien leur chef, qu'il faut, pour la société, qu'il soit méchant, non pas seulement par ses méchancetés, mais encore des leurs. Ces six ont six cents qui profitent sous eux, et font de leurs six cents ce que les six font au tyran. Ces six cents en tiennent sous eux six mille, qu'ils ont élevé en état, auxquels ils font donner ou le gouvernement des provinces, ou le maniement des deniers, afin qu'ils tiennent la main à leur avarice et cruauté et qu'ils l'exécutent quand il sera temps, et fassent tant de maux d'ailleurs qu'ils ne puissent durer que sous leur ombre, ni s'exempter que par leur moyen des lois et de la peine. »

C'était en 2016. Que celui qui pense que je me trompais me jette le premier clic. Le reste ira se faire vacciner et tout ôter, « même la peine de vivre », comme disait Tocqueville !

La 25ème heure et la prophétie de notre extermination technique

La vingt-cinquième heure ? C'est selon Virgil Gheorgiu : « Le moment où toute tentative de sauvetage devient inutile. Même la venue d'un messie ne résoudrait rien. »

Nous y sommes car nous avons devant nous une conspiration avec des moyens techniques et financiers formidables, une conspiration formée exclusivement de victimes et de bourreaux volontaires. On a vu les bras croisés le cauchemar s'asseoir depuis la mondialisation des années 90 et la lutte contre le terrorisme, puis progresser cette année à une vitesse prodigieuse, cauchemar que rien n'interrompt en cette Noël de pleine apostasie catholique romaine. La dégoutante involution du Vatican s'est faite dans la totale indifférence du troupeau de nos bourgeois cathos, et on comprend ce qui pouvait motiver Drumont, Bloy ou Bernanos contre une telle engeance de bien-pensants. Un pour cent ou un pour mille de résistants ? Le reste s'est assis masqué et a applaudi.

La situation est pire que sous le nazisme ou le communisme, car à cette époque elle était localisée. Il y a des Thomas Mann, il y a des Soljenitsyne pour témoigner, pour tonner contre, comme dit Flaubert. Là, la situation techno-nazie de Schwab et consorts est et sera globale. La crise du virus a déclenché une solution totalitaire planétaire et des expédients ubiquitaires et démentiels. Certes c'est surtout l'occident la cible, et cette vieille race blanche toujours plus gâteuse, que je mettais en garde il y a dix (Lettre ouverte) ou trente ans (La Nuit du lemming). Mais c'est le propre des Cassandre de n'être jamais crus ou des Laocoon d'être étouffés par les serpents. Lisez dans Virgile l'entrée du cheval dans la cité de Troie pour comprendre. Après la mort de Laocoon le peuple troyen enjoué abat les murs et laisse entrer la machine pleine de guerriers. Allez, un peu de latin :

Diuidimus muros et moenia pandimus urbis.

Nous sommes donc à la veille d'une gigantesque extermination et d'un total arraisonnement. Et tout cela se passe facilement et posément, devant les yeux des victimes consentantes ou indifférentes que nous sommes. Nous payons ici l'addition de la technique et de notre soumission. De Chateaubriand à Heidegger elle a été rappelée par tous les penseurs (voyez ici mes chroniques). C'est cette dépendance monotone qui nous rend incapables de nous défendre contre les jobards de l'économie et de l'administration qui aujourd'hui veulent faire de leur troupeau humain le bifteck de Soleil vert ou les esclaves en laisse électronique. Et le troupeau est volontaire, enthousiaste comme disait Céline avant juin 40.

Chateaubriand dans ses Mémoires :

« Au milieu de cela, remarquez une contradiction phénoménale : l'état matériel s'améliore, le progrès intellectuel s'accroît, et les nations au lieu de profiter s'amoindrissent : d'où vient cette contradiction ?

C'est que nous avons perdu dans l'ordre moral. En tout temps il y a eu des crimes ; mais ils n'étaient point commis de sang–froid, comme ils le sont de nos jours, en raison de la perte du sentiment religieux. A cette heure ils ne révoltent plus, ils paraissent une conséquence de la marche du temps ; si on les jugeait autrefois d'une manière différente, c'est qu'on n'était pas encore, ainsi qu'on l'ose affirmer, assez avancé dans la connaissance de l'homme ; on les analyse actuellement ; on les éprouve au creuset, afin de voir ce qu'on peut en tirer d'utile, comme la chimie trouve des ingrédients dans les voiries. »

Voilà pourquoi les parlements et les administrations ne seront arrêtés par rien. Et le troupeau renâclera peut-être trois minutes mais il se soumettra comme les autres fois sauf qu'ici ce sera global et simultané. Quant aux minorités rebelles (1% tout au plus) le moins que l'on puisse dire c'est qu'elles ne sont pas très agissantes...

Dans la vingt-cinquième heure Virgil Gheorghiu dénonce avec son personnage Trajan notre déchéance liée au progrès, au confort, à la technique, à la bureaucratie, ce qu'on voudra. Et cela donne :

« Nous apprenons les lois et la manière de parler de nos esclaves pour mieux les diriger. Et ainsi, peu à peu, sans même nous rendre compte, nous renonçons à nos qualités humaines, à nos lois propres. Nous nous déshumanisons, nous adoptons le style de vie de nos esclaves techniques... »

Cela explique pourquoi l'homme moderne fils des droits constitués et pas gagnés se laisse liquider partout si commodément.

« L'homme moderne sait que lui-même et ses semblables sont des éléments qu'on peut remplacer. »

Celui qui ne veut pas de leur ordre nouveau sera liquidé ou marginalisé (pas de restau, de magasin, de transport, d'eau, d'électricité). Georghiu, futur prêtre orthodoxe, le dit :

« Ceux qui ne respectent pas les lois de la machine, promue au rang des lois sociales, sont punis. L'être humain qui vit en minorité devient, le temps aidant, une minorité prolétaire. »

L'humain déshumanisé, Gheorghiu l'appelle le citoyen technique :

« Les esclaves techniques gagneront la guerre. Ils s'émanciperont et viendront les citoyens techniques de notre société. Et nous, les êtres humains, nous deviendrons les prolétaires d'une société organisée selon les besoins et la culture de la majorité des citoyens, c'est-à-dire des citoyens techniques. »

Et comme Chateaubriand Gheorghiu rappelle :

« Dans la société contemporaine, le sacrifice humain n'est même plus digne d'être mentionné. Il est banal. Et la vie humaine n'a de valeur qu'en tant que source d'énergie. »

Et de conclure moins lugubre que visionnaire :

« Nous périrons donc enchaînés par les esclaves techniques. Mon roman sera le livre de cet épilogue... Il s'appellera la vingt-cinquième heure. Le moment où toute tentative de sauvetage devient inutile. Même la venue d'un messie ne résoudrait rien. Ce n'est pas la dernière heure : c'est une heure après la dernière heure. Le temps précis de la société occidentale. C'est l'heure actuelle, l'heure exacte. »

Je dis moins lugubre que visionnaire car il est temps de voir et de dire que tout cela est au final scientifique et juste, comme disait l'orthodoxe

Vladimir Volkoff. Volkoff disait que le bolchévique c'est celui qui en veut plus, idéaliste, progressiste, banquier central, militaire ou agent secret ou même journaliste. Le troupeau c'est celui qui n'y croit pas ou ricane et de toute manière se soumet. C'est celui qui en veut moins. C'est le troupeau des troyens euphoriques.

Virgil Gheorghiu – La vingt-cinquième heure

2020, un bilan du dressage maçonnique et mondial

Cette année sinistre, cauchemardesque même se termine sur un vol électoral en Amérique, une privation totale de liberté ici, et surtout sur une célébration de victoire de l'ONU, où Michèle Bachelet déclare que les hommes doivent se tenir comme une famille, tels les maçons. L'occasion pour moi de revenir sur le dressage maçonnique (masque, gants, agenouillements, nombres, distanciation) en cours. Tout est évident sauf pour les imbéciles, comme dirait Avic, qui crieront au délire complotiste. D'ailleurs comme dit mon ami Blondet en Italie, on n'a plus besoin d'être complotiste ni même de complotiste. Tout est dit fièrement à la télé maintenant. Le système a trop gagné pour se couvrir (encore un terme maçonnique). Alors expliquons notre passage maçonnique à la Lumière (cf. Jack Lang en 1981).

Je revoyais le film de Peter Bogdanovitch sur John Ford et je tombais sur cette juste observation de Spielberg : le cinéma de John Ford est un cinéma de rituel. Ayant écrit un livre sur le folklore au cinéma et un autre sur les westerns, je ne peux que souscrire à cette assertion (les bals, les chants irlandais, les marches militaires, la hiérarchie, la courtoisie, le monde indien, la cavalerie, etc.). Revoyant aussi Eyes Wide Shut, je suis resté étonné par la force des images de masques dans le château des Rothschild (Mentmore Towers – Polanski a tourné la neuvième porte à Ferrières, autre demeure Rothschild) et celle, dans la salle de billard, où Tom Cruise se couvre la partie inférieure du visage de sa main, éminent signe de rituel maçonnique. Il montre sa soumission au moment où Ziegler confesse ses crimes d'un air ennuyé et entendu – en lui offrant une caisse de whisky, la Wise key de nos initiés de Seagram (les Bronfman-ADL) qui dirigent le monde avec une poignée de milliardaires et de vaccinateurs branchés mineures et rituels.

C'est pour cela que j'écris des livres sur le cinéma, pour montrer que comme les hexagrammes de mon Yi King, les films trouvent souvent dans la réalité une manifestation grossière, matérielle, massifiée et bien sûr politique. Revoyons donc ce que nous avons vécu depuis peu, et qui va à une vitesse extraordinaire – même si les protocoles ont été écrits il y a cent-vingt ans – et que l'on peut se demander ce que les Elders ont fait depuis. Tout n'était-il pas nécrosé, hiérarchisé et bloqué depuis la fin du dix-neuvième siècle ? Relisez Drumont, Hobson, Eco, Dostoïevski pour le comprendre. Nos tout-puissants n'avancent pas si vite qu'ils le croient. Ils patientent.

Mais voyons la symbolique de ce qui nous arrive, qui a été recensée par Henry Makow sur son site.

On a donc commencé par un grand confinement et on s'est tous retrouvés coincés devant un écran. Cette opération maçonnique se nomme cabinet de réflexion et elle précède la grande sortie vers la lumière pour le futur initié (pensez à Jack Lang et à Mitterrand au Panthéon, voyez mon livre sur ce maître en manipulation de symboles). On est entouré d'objets comme le sablier, le crâne (vanité, symbole de la mort, via le terrorisant virus), le miroir (l'écran, comme dans la Belle et la Bête de Cocteau), et on se prépare.

Ensuite on sort et on doit être équipé et surtout briefé. L'espace est compartimenté et réglementé et nos maîtres de cérémonie nous expliquent comme nous nous disposons dans cet espace que l'on nommait la terre et qui devient un temple maçonnique, une simple loge où l'on s'exécute avant de livrer ses enfants. Dans cet espace on porte un masque, qui couvre la partie inférieure du visage, nouvelle marque de soumission (cf. Tom Cruise). Le bal masqué au dix-neuvième siècle (voyez le bal Rothschild – toujours eux, mais qu'y faire ? – avec Audrey Hepburn) a des connotations symboliques et contre-initiatiques très fortes, que j'ai recensées dans mon livre sur le maître des maîtres Kubrick. On trouve aussi dans la légendaire série le Prisonnier (d'actualité puisqu'on ne peut plus sortir du village et que les masqués nous font la chasse) un épisode sur un bal masqué (Dance of dead) et un autre sur le harcèlement (Change of mind). Dans le film de Kubrick le masque est aussi un signe d'appartenance à la communauté des censeurs et des maîtres. Dans mon bled en Espagne les masqués sont de plus en plus autoritaires, arrogants, haineux, et je présume que ce fanatisme démasqué procède ainsi partout. J'oubliais que les maçons comme les masqués portent des gants (revoyez la Belle et la Bête, c'est une mine ce film/conte) et qu'ils ont la manie des nombres : 6, 7 ou 12...

Le tout sert évidemment à accéder à une nouvelle réalité : une réalité avec plus de lumière, moins de pollution, et aussi moins de gens –les non-initiés – car on veut les exterminer ces gens et ils ont été tellement hypnotisés depuis si longtemps qu'ils ne s'en rendront même pas compte (voyez la bande au colonel Kurz dans Apocalypse now qui finit noyée sous les bombes tout de même). J'ai évoqué ailleurs le film de Don Siegel l'invasion des profanateurs de sépulture qui montre le grand remplacement de nos âmes et de nos corps par des entités extraterrestres qui passent par des pods (cosses en anglais). Aujourd'hui la smart (douleur, mort) faune a permis de vider ce qui pouvait rester d'esprit aux gens, et fissa (vite, en arabe) en plus, comme on dit chez moi.

Et puis sont arrivées les émeutes. Je m'y attendais car on aime en haut lieu appliquer la formule : ordo ab chaos. Elles ne sont pas antigouvernementales – ils sont tous bien soumis nos « mutins de Panurge ») mais racistes anti-blanches. Détruire ce qui reste d'ordre blanc, de classe moyenne de fond chrétien (avec ce pape maçon, déiste et je-m'en-foutiste, comme c'est facile) et amener un chaos mondialiste qui permettra de promouvoir l'ordre nouveau voulu par Gates, Soros et tous nos susnommés. C'est ce que j'appelle la théorie de la constatation.

Henry Makow a admirablement montré le contenu maçonnique des grotesques manifestations planétaires d'agenouillement. Le kneeling est expliqué et commenté dans tous les dictionnaires maçonniques et il a été imposé comme par enchantement à tous les crétins de la planète (chez lesquels on trouve comme chez nos médecins plastifiés du virus pas mal d'acteurs tout de même). Le kneeling a été ritualisé comme les cérémonies de pardon, comme aussi les tas de briques au beau symbolisme maçonnique (revoyez les dix commandements pour vous amuser avec ces histoires de briques) soigneusement préparés pour détruire ce qui reste de petits et moyens commerces, ces symboles des blancs, invités à disparaître dans la propagande maoïste du frère Biden. Ce n'est pas que le Trump vaille mieux, il est leur idiot utile, leur faire-valoir, et si la sorcière Hilary n'avait pas été volée de son élection et avait été élue on n'en serait certainement pas là, mais à des années-lumière – sic. Trump a servi à bloquer, anesthésier notre résistance.

Tout de même ce qui m'émerveille –et je m'arrête là, sachant que le smart faune empêche de se concentrer plus de neuf secondes, faisant de nos cervelles celles de poissons rouges), c'est la facilité avec laquelle 90% des gens, comme dans le test de Milgram, vont se soumettre et coopérer. Des kapos et des zombis, comme a dit un lecteur.

Alexandre répond à Kunstler et évoque notre effarant « grand effondrement »

Bonjour Nicolas,

Oui je l'ai lu dès que tu l'as référencé dans ton article. C'est très intéressant du point de vue théorique, comme tu le sais j'aime bien l'anticipation. Selon moi il y a trop de choses indécises en ce moment focal, à partir desquelles les choses pourraient évoluer dans une direction où une autre, pour pouvoir être aussi catégorique et surtout aussi précis que lui.

De mon point de vue, la question centrale reste la valeur de la monnaie, puisqu'elle seule peut rendre une société complexe possible. Or cette valeur est liée à la maîtrise de l'énergie, surtout l'énergie fossile. Le texte de Kunstler est intéressant car une grande portion est consacrée au pétrole. Kunstler ne veut pas parler du pic pétrolier car ce terme est trop teinté, mais c'est ce dont il veut parler, en termes plus nuancés, plus polis et surtout en se focalisant sur des explications techniques qui sont toujours bienvenues.

Cette technicité fait défaut lorsqu'il aborde la question de sa "longue urgence/détresse" ("Long Emergency") qui là aussi est un effondrement qu'il ne veut pas nommer. Si nous devons revenir à une production locale de nourriture avec peu d'énergie et d'intrants, alors ça sera nécessairement après un effondrement quasiment total, car l'agriculture mécanisée dont il parle avec dérision est la seule qui puisse nourrir huit milliards de personnes pour un coût aussi faible.

De mon point de vue, la situation technique de l'humanité n'est pas réformable, même par une guerre, et nous allons donc inéluctablement vers un effondrement, comme cela a été anticipé voilà 50 ans par Dennis Meadows, le Club de Rome et d'autres. C'est de la pure logique, et c'est là le génie de la psychologie inversée qu'une chose aussi évidente soit perçue comme une conspiration de plus.

Notre monde grotesque, tuteur des sociétés post-effondrement

Une fois que cet effondrement est considéré comme acquis, les choses deviennent plus simples à modéliser. Quoi qu'il existe en termes de société organisée après cet effondrement aura été bâti par des survivants de cet effondrement, sur la base des enseignements que l'on en aura extrait sur la base de notre perception immédiate et des interprétations individuelles.

Notre époque aura été perçue comme entièrement corrompue, et on fait tout ce qu'il faut pour cela. J'avais écrit tout un texte (n'est-ce pas... ;) sur le fait que les malheurs de Trump sont nécessaires pour créer une renaissance crédible. Si l'on regarde l'équipe de Biden et tout ce qui s'y rattache (The Swamp/ le Marécage) tout est laid et corrompu, les gens, le wokenisme, la fraude électorale, les médias. En fait, on ne pourrait pas faire pire, c'est comme un film hollywoodien où le méchant a une tête de méchant.

De manière similaire, tout est fait pour que notre époque apparaisse a posteriori comme totalement corrompue. Par exemple le site "Vigilant Citizen" démontre avec force détails combien les clips vidéos destinés à la jeunesse regorgent de références sataniques, Illuminati et j'en passe. Cela pourrait passer pour un site un peu farfelu mais il s'avère que ces informations farfelues sont en fait quasiment universelles chez les "Anti-Systèmes" qui sont les graines des sociétés, ou au moins de leur culture, qui vont survivre à l'effondrement.

Les médias (grotesquement corrompus, et de manière terminale par la crise du Covid) ne sont pas la culture qui va survivre, c'est le tuteur sur lequel pousse la plante, la culture anti-Système qui se construit par réaction. Quoi qu'il se passe mercredi 6 janvier à Washington, ce ne sont que des péripéties au feu desquelles les sociétés "Red States" vont être forgées.

Nouvelle monnaie et tribalisme

Puisque l'effondrement est acquis, la fuite en avant des "marchés" devient tout à fait cohérente. Depuis 2008 (conséquence du pic pétrolier conventionnel de 2006) il n'a jamais été question que de prolonger la vie de ce patient en phase terminale, la civilisation industrielle née des ressources fossiles. Les marchés n'auront été qu'une "narrative" depuis lors, mais nous voyons bien que nous ne pourrons jamais revenir à ce système monétaire, associé à l'effondrement.

La nouvelle monnaie devra donc s'établir de nouvelles manières, mais elle aura besoin de gouvernements et de sociétés crédibles, qui seront peut-être localisés comme l'imagine Kunstler, mais qui auront du mal à reprendre le contrôle de leur culture et de la narrative, puisque tout sera né de la narrative pré-effondrement qui n'existe plus que pour préparer la suite.

C'est déjà le cas avec la radicalisation islamiste, qui n'existe qu'en négatif de notre monde corrompu et décadent. Les sociétés locales dont rêve Kunstler pourraient bien être aussi primitives et manipulées que les clans et tribus de Somalie de nos jours. Il est d'ailleurs assez frappant de constater que les idées de tolérance et d'ouverture, nécessaires pour construire des sociétés complexes qui puissent se hisser au-delà de la tribu, aient été décrédibilisées par la crise migratoire puis monopolisées par les sbires de Georges Soros, pour n'être plus que réduites à des utopies du "Leftism".

La nouvelle monnaie serait donc celle qui circulerait entre les différentes tribus, émise à partir d'une nouvelle Venise qui veillerait à que jamais les tribus post-effondrement ne puissent s'unir, une sorte de monde super-Guelfe en quelque sorte.

Addendum

Titre : Manufacturing Confidence (la Fabrique de la Confiance du Public)

Si on adopte le point de vue d'un Spectacle au sens de Guy Debord, la scène est bien plantée, conforme à nos esprits formés par le manichéisme (au sens dialectique) depuis que les enfants sont éduqués par Disney (c'est-à-dire tout le monde âgé de 80 ans et moins).

C'est un scénario bien établi dans les "films de sport" (c'est un genre à part entière) hollywoodiens, pour décrire le combat en cours aux Etats-Unis. Les films que nous regardons se passent là-bas, parce qu'ici c'est le Groland, et c'est ainsi que tout pays se perçoit dans le grand spectacle mondial.

D'un côté, il y a l'équipe dominante incontestée, pleine de morgue et de fautes morales, maintenant son status par la triche : Biden, les BLM, Soros, le Grand Reset, Bill Gates, la dictature-Covid, la censure des GAFA, les SJW-LGBT-Woke etc.

De l'autre côté, les donnés perdants (les "Underdogs") vertueux qui partent de tout en bas et qui arrivent, au prix d'un combat épique (qui est la substance du film, ce que l'on voit pendant 80 minutes même si on sait comment ça va finir) à remporter le match, et la Gloire finalement concédée par Dieu / les Dieux.

Les donnés perdants ce sont bien sûr les Républicains et ceux qui ont voté pour eux. Ils méritaient la victoire mais la triche leur en a dépossédé, à moins que... oh là là que se passe-t-il ? Eh bien c'est le début du film, c'est parti pour 80 minutes de coups de théâtre jusqu'au dénouement final + 10 minutes d'épilogue.

Or, c'est bien beau, mais quelle est la finalité de cet exercice politique ?

1- Restaurer la confiance

Voici deux citations pour illustrer l'enjeu :

Le premier est tiré des mémoires de Sebastian Hafnner, "Mémoires d'un Allemand", qui décrit l'arrivée de la nouvelle monnaie qui émerge après l'hyperinflation de 1923 : "Quand quelqu'un payait avec pour la première fois, il attendait avec curiosité de voir ce qui allait se passer. Il ne se passait rien. Les billets étaient bel et bien acceptés et il touchait sa marchandise (...) La même chose se produisait le lendemain, et le surlendemain, et le jour suivant. Incroyable."

le second est tiré de l'article Wikipédia sur le "billet-drapeau" (https://fr.wikipedia.org/wiki/Billet_drapeau), monnaie émise par l'AMGOT dans son plan "d'occupation" de la France libérée qui échoua rapidement.

L'expérience a été tentée à Bayeux, où les Américains avaient maintenu le sous-préfet vichyste en place, parce que le destin de la France depuis 1940 est d'être à jamais le Vichy de sa puissance de tutelle. Soit dit en passant, nous célébrons cette année les 80 ans de cet état de fait, seulement interrompu un bref moment par le trublion De Gaulle qui avait su reconquérir la confiance de son peuple, et c'est ce processus-là qui nous intéresse aujourd'hui.

Que faisaient les Français passés "under new management" de cette monnaie ? "La population normande chercha à utiliser les billets amgot le plus rapidement possible, par exemple, en s'en servant pour payer les impôts "

Bref on n'a aucune confiance en cette monnaie de pacotille, comme on n'aura jamais confiance dans le BitCoin, que l'on ne parvient même pas à expliquer.

Voilà en deux exemples presque centenaires expliqué pourquoi le Grand Reset est un machin qui va faire un flop, et ce flop est parfaitement anticipé par ceux qui le promeuvent.

La société marchande examine au microscope ce qui suscite la confiance dans une barre chocolatée ou un yaourt, vous pensez bien qu'il y a une connaissance parfaite de ce qui suscite ou non la confiance parmi le citoyen-consommateur.

Un candidat notoirement corrompu, détruit par l'âge et la maladie, une colistière impopulaire associée aux voyous du BLM, la dictature de la pensée par l'alliance des géants de la Nouvelle Economie avec le maoïsme-woke, ça ne suscite aucune confiance.

Une équipe comme celle de Trump qui mobilise des foules enthousiastes et qui bataille dur pour faire éclater la vérité, ça inspire déjà beaucoup plus de confiance. Bien sûr le combat va durer, comme dans un film de sport (il faut remplir les 80 minutes), et il y aura des rebondissements nombreux jusqu'à atteindre la situation d'arrivée.

2- Vendre du rêve

Notre système économique et financier ne reçoit aucune confiance, on continue à l'utiliser par intertie, faute d'alternative, mais les dysfonctionnements s'accumulent de manière exponentielle.

Nous n'allons accorder aucun crédit à l'équipe qui nous a placée dans cette situation, ils n'auront pas de deuxième chance. Au-delà du simple rapport de force politique, il y a un aspect religieux (dont parle Bruno Bertez sur son blog : https://brunobertez.com/2020/11/28/editorial-monnaie-bourse-le-processus-de-destruction-de-la-confiance-de-la-multitude-est-engage/). Pour le dire simplement, même avec la meilleure volonté du monde, nous ne pourrons pas croire que la nouvelle monnaie "Great Reset" vaudra quelque chose, notre expérience, notre vécu nous en empêchera.

C'est pourquoi le combat de Trump devra être difficile, car "à vaincre sans péril, on triomphe sans gloire" , et la gloire c'est ce qui permettra au nouveau système / au nouvel argent d'avoir de la valeur. Une bonne partie de nous partagerons sa victoire, pour certains parce qu'ils y auront participé, pour d'autres parce qu'il nous aura libéré de la vaccination obligatoire, de la police-woke de la pensée, et de toute une foule d'autres choses totalitaires.

Mais, pourquoi écrire "nous", d'ailleurs ? N'est-ce pas une affaire strictement états-unienne ? Eh bien tant que la monnaie d'échange mondiale sera le dollar, ce qui se passera aux Etats-Unis nous affectera tous et tous les jours, à la caisse du supermarché, tout simplement.

Personne n'aura confiance dans une monnaie d'échange internationale émise par la Chine, le seul compétiteur plausible au dollar de nos jours. Comme la monnaie est quelque chose de religieux, nous ne pouvons avoir aucune foi dans une monnaie qui non seulement serait émise par une digi-dictature aux pieds d'argile, mais qui est elle-même soumise aux mêmes

Dieux : le Chinois aime porter des Nike, et n'est pas fier des marques autochtones. Du point de vue de la foi, la valeur du dollar c'est la valeur de la marque Nike.

L'Euro aurait pu paraître comme une monnaie raisonnable, un avatar du Deutsch Mark, monnaie raisonnable et un peu ennuyeuse, mais l'Europe étant devenue ce que qu'elle aujourd'hui, et l'Euro à mesure, il est clair qu'elle ne suscite pas elle non plus quelque confiance que ce soit. Seuls les Etats-Unis peuvent nous vendre de la confiance transcendante.

3- Les purges nécessaires, ou "Il faut que tout change pour que rien ne change"

Nous sommes engagés trop profondément et depuis trop longtemps dans cette civilisation techno-scientifique pour pouvoir en changer. Un tel changement serait celui de l'effondrement réel, terminal, de notre civilisation, qui est au coin de la rue mais qui n'est pas encore au programme pour quelques années encore, si tout va bien.

Trump et le reste du monde auront besoin du Dow Jones, des smartphones et de la communication électronique. Or, dans cette profonde crise de confiance, cette économie-là est discréditée.

La traîtrise actuelle et évidente des entreprises de la Nouvelle Economie, ainsi que des médias plus traditionnels, envers le suffrage du peuple américain ne peut qu'appeler une purge aux dimensions staliniennes. Le Système doit redevenir crédible pour fonctionner, alors il va bien loin dans le péché pour n'en ressortir que purifié par le feu, comme le Phénix.

On pourrait comparer cela au programme du CNR en 1944 qui avait encouragé l'indépendance de la presse, ce qui avait fonctionné un certain temps, laissant la population confiante et béate s'engouffrer dans les Trente Glorieuses et la toute-puissance de la société du Spectacle.

En conclusion, il s'agit donc ici qu'une énième révolution de nos sociétés marchandes, qui ne peuvent rien changer car tout se décide ailleurs, dans notre mode de vie et dans l'économie. Dans tout film hollywoodien, l'épilogue est un retour à la normale, à l'ordre rétabli, une sorte d'idéal éternel et surtout immuable. Seule cette conclusion satisfait le public des films hollywoodiens.

Auteurs libertariens : une bonne petite bibliographie

Les intellectuels libertariens ont révisé toute leur histoire américaine. À l'heure de l'État profond devenu fou et (presque) rigolo, ce n'est pas une inutile affaire ; deuxièmement, ils se rapprochent du guénonisme (c'est très visible chez l'Allemand Hans Hoppe). La montée de l'État, de la bureaucratie, de la réglementation, de la fiscalisation suppose une dégénérescence métaphysique, celle que pressentaient d'ailleurs les taoïstes chinois il y a plus de deux mille ans, quand les empereurs (relisez René Grousset) organisaient déjà des Grands remplacements de population : un autre livre à écrire ! La réfutation taoïste de l'État providence fut il y a vingt ans mon premier texte posté sur le web, par Alain Dumait, aux 4 vérités.Tout est disponible gratuitement sur Mises.org. Vous donnez ce que vous voulez. Je ne sais pas si j'écrirai un livre de présentation de cette splendide école, qui se rattache à Tocqueville, Benjamin Contant, et Frédéric Bastiat. Raico n'aimait pas trop Hayek et il adorait ces penseurs français. Une grande partie des libéraux que j'ai connus dans les années quatre-vingt-dix ont fini néocons.

J'ai insisté surtout sur les travaux historiques, plus intéressants pour nous.

On commence par Murray Rothbard, auteur du manifeste libertarien. Ses pages sur l'histoire diplomatique sont extraordinaires de culot, de bon sens et d'autorité. Il exonère Staline pour la Guerre Froide, comme Ralph Raico d'ailleurs ! On peut lire aussi son livre sulfureux sur Wall Street et les banques. Enfin, bien sûr, Rothbard irrépressible, où il défend sa conception de la culture et du cinéma, qui est la mienne ; et le film de Corneau Tous les matins du monde. Dans le même livre, Murray faisait la chasse aux chasseurs d'antisémites ! On n'a pas fini de rire ! C'était à propos des menaces et des insultes qui frappaient le pauvre Buchanan. Murray définit nûment la théorie de la conspiration « Ce qui s'oppose au mensonge des historiens officiels. »

Ralph Raico vient de mourir, raison de plus pour l'honorer, ce maître. Son chef-d'œuvre concerne les grands leaders et les grandes guerres. Ces grands leaders sont tous des catastrophes car pour devenir un grand président, il faut la guerre, civile ou mondiale. Wilson, Lincoln, Roosevelt, etc. sont restés dans les mémoires grâce à leurs horreurs.

Lisez aussi le Raico sur les libéraux romantiques français.

Shaffer Butler : Les magiciens d'Ozymandia, d'après le beau poème oublié de Shelley. Le ton est plus philosophique et traditionnel. Butler fait le commentaire de l'écroulement vaseux de la civilisation US et occidentale. C'est lui l'auteur du « test Hitler », d'où il ressort que « l'écolo antitabac, contrôleur de vitesse, végétarien et guerrier humanitaire Hitler est, quand il est présenté anonymement, plus populaire auprès des jeunes que Jefferson (esclavagiste, rebelle armé, contrebandier, planteur de tabac,…) »

John Denson, Les reconsidérations sur la présidence. Livre collectif et splendide sur la montée du totalitarisme américain. Une contribution de l'universitaire Michael Levin, sur le président comme ingénieur social. Comment aussi on a saboté les études (un autre grand humaniste juif, Harold Bloom, en avait parlé), l'armée, tout au nom du PC.

Les coûts de la guerre, essai sur les victoires pyrrhiques de l'Amérique. Merveilleux ouvrage collectif. Édité encore par John Denson. Extraordinaire contribution de Rothbard sur les deux seules guerres justes (1776 et Sécession, côté sudiste bien sûr) et de Joseph Stromberg sur la guerre hispano-américaine de 1898, qui démarra avec un faux attentat et se termina par un génocide aux Philippines, puis la fondation de l'interventionnisme destructeur et presque calamiteux (Cuba, Corée, Vietnam, l'Amérique centrale…).

La Guerre perpétuelle pour une paix perpétuelle par Harry Elmer Barnes. J'ai évoqué Frédéric Sanford sur la manière dont Roosevelt empêcha un règlement européen et antihitlérien à Munich. Sur ces sinistres affaires, lire et relire aussi Guido Preparata. Hitler, le monstre anglophile et utile pour la dominance anglo-saxonne dans ce monde…

Le mythe de Roosevelt de John Flynn qui a vu la montée de l'ère managériale en même temps que James Burnham. Livre effarant par sa justesse. Lisez tout John Flynn, journaliste et héros de la guerre antisystème.

Thomas Di Lorenzo : Lincoln, qui montre ce que tous les lecteurs de mémorialistes savaient : Lincoln détraqué, homme du business et des tarifs douaniers, fanatique étatique de la loi, et qui prépara sur les cendres du vieux sud (600 000 morts pour abolir un esclavage aboli partout ?) le nouveau désordre américain.

Démocratie, le dieu qui a échoué, de L'Allemand Hans-Hermann Hoppe. Un régal pour les réacs.

Bernanos et la fin du réflexe de liberté

« **L'optimisme est un ersatz de l'espérance**, dont la propagande officielle se réserve le monopole. **Il approuve tout, il subit tout, il croit tout**, c'est par excellence la vertu du contribuable. Lorsque le fisc l'a dépouillé même de sa chemise, le contribuable optimiste s'abonne à une Revue nudiste et déclare qu'il se promène ainsi par hygiène, qu'il ne s'est jamais mieux porté... Si vous n'y prenez garde, un jour viendra où les méthodes actuelles de la propagande paraîtront ridiculement désuètes, inefficaces. La biologie permettra d'agir directement sur les cerveaux, **il ne s'agira plus de confisquer la liberté de l'homme, mais de détruire en lui jusqu'aux derniers réflexes de la liberté.** »

De son **splendide pamphlet antimarxiste et antimoderne** « **La liberté pourquoi faire ?** » extrayons ces perles :

Bernanos et l'optimiste : « **L'optimisme est un ersatz de l'espérance**, dont la propagande officielle se réserve le monopole. **Il approuve tout, il subit tout, il croit tout**, c'est par excellence la vertu du contribuable. Lorsque le fisc l'a dépouillé même de sa chemise, le contribuable optimiste s'abonne à une Revue nudiste et déclare qu'il se promène ainsi par hygiène, qu'il ne s'est jamais mieux porté. **Neuf fois sur dix, l'optimisme est une forme sournoise de l'égoïsme, une manière de se désolidariser du malheur d'autrui**. Au bout du compte, sa vraie formule serait plutôt ce fameux « après moi le déluge », dont on veut, bien à tort, que le roi Louis XV ait été l'auteur. L'optimisme est un ersatz de l'espérance, qu'on peut rencontrer facilement partout, et même, tenez par exemple, au fond de la bouteille (Bernanos, la liberté pourquoi faire ?). »

L'optimisme est une fausse espérance à l'usage des lâches et des imbéciles. L'espérance est une vertu, *virtus*, une détermination héroïque de l'âme. La plus haute forme de l'espérance, c'est le désespoir surmonté. [...]

Mais **l'espérance se conquiert. On ne va jusqu'à l'espérance qu'à travers la vérité, au prix de grands efforts et d'une longue patience**. Pour rencontrer l'espérance, il faut être allé au-delà du désespoir. Quand on va jusqu'au bout de la nuit, on rencontre une autre aurore. Le pessimisme et l'optimisme ne sont à mon sens, je le dis une fois pour toutes, que les deux aspects d'une même imposture, l'envers et l'endroit d'un même mensonge. Il est vrai que l'optimisme d'un malade peut faciliter sa guérison. Mais il peut aussi bien le faire mourir, s'il l'encourage à ne pas suivre les prescriptions du médecin. Aucune forme d'optimisme n'a jamais préservé d'un tremblement de terre, et le plus grand optimiste du monde s'il se trouve dans le champ de tir d'une mitrailleuse, ce qui aujourd'hui peut arriver à tout le monde, est sûr d'en sortir troué comme une écumoire.

L'homme, comme tout autre animal, ne vit que pour son bien-être, il n'y a rien pour lui qui soit plus précieux que la vie, et rien dans la vie qui ne soit plus précieux que la jouissance. Ce n'est souvent que trop vrai, soit. Mais si ce n'est pas vrai une fois sur cent, ou sur cent mille, ou sur un million, cela suffirait pour prouver que l'homme est un être capable de se dépasser lui-même, et dès lors **le monde capitaliste ou marxiste ne peut plus être qu'une expérience faussée, puisqu'elle part d'une définition fausse de l'homme.**

Car la machine est essentiellement l'instrument de la collectivité, le moyen le plus efficace qui puisse être mis à la disposition de la collectivité pour contraindre l'individu réfractaire, ou du moins le tenir dans une dépendance étroite. Quand les machines distribuent à tous la lumière et la chaleur, par exemple, qui contrôle les machines est maître du froid et du chaud, du jour et de la nuit. Sans doute, cela vous paraît très naturel. Vous haussez les épaules en vous disant que je veux en revenir à la chandelle. Je n'en veux nullement revenir à la chandelle, je désire seulement vous démontrer que les machines sont entre les mains du collectif une arme effrayante, d'une puissance incalculable.

[...] Si vous n'y prenez garde, un jour viendra où les méthodes actuelles de la propagande paraîtront ridiculement désuètes, inefficaces. La biologie permettra d'agir directement sur les cerveaux, **il ne s'agira plus de confisquer la liberté de l'homme, mais de détruire en lui jusqu'aux derniers réflexes de la liberté.** [...]

Des millions et des millions d'hommes dans le monde, depuis vingt ans, ne se sont pas seulement laissé arracher par la force la liberté de pensée, ils en ont fait, ils en feront encore, comme en Russie, **l'abandon volontaire, ils considèrent ce sacrifice comme louable. Ou plutôt, ce n'est pas un sacrifice pour eux, c'est une habitude qui simplifie la vie.** Et elle la simplifie terriblement, en effet. **Elle simplifie terriblement l'homme.** Les tueurs des régimes totalitaires se recrutent parmi ces hommes terriblement simplifiés.

L'homme est l'homme. Il est bien l'*homo faber*, dès le berceau il ne peut laisser ses mains tranquilles, ses mains puissantes et délicates au pouce opposable, ses merveilleuses mains, ... L'homme est grandement satisfait de ses mains, mais il n'est nullement satisfait de son âme, voilà ce qu'il faut comprendre. **Il n'a jamais de difficultés avec ses mains, ses mains font toujours ce qu'il veut, la contradiction est dans son esprit.** L'homme est *faber* par les mains ; il rêve d'en avoir quatre, huit, seize, autant de mains qu'il en pourrait compter, il les multiplie d'ailleurs par des machines, nous savons cela, nous l'avons déjà dit, c'est entendu.

[...] Les masses sont de plus en plus faites non pas d'hommes unis par la conscience de leurs droits et la volonté de les défendre, mais d'hommes de masse faits pour subsister en masse dans une civilisation de masse **où le moindre petit groupe dissident d'hommes libres serait considéré comme une grave rupture d'équilibre, une**

menace de catastrophe, une espèce de lézarde, de fissure capable d'entraîner brusquement la chute de tout l'édifice. **La dictature des masses n'est nullement la libération des masses.**

C'est la sainteté, ce sont les saints qui maintiennent cette **vie intérieure sans laquelle l'humanité se dégradera jusqu'à périr. C'est dans sa propre vie intérieure en effet que l'homme trouve les ressources nécessaires pour échapper à la barbarie, ou à un danger pire que la barbarie, la servitude bestiale de la fourmilière totalitaire.**

Bill Bonner et le grand effondrement après l'empire romain (ou comment on oublie...) : lisez bien, c'est ce qui va nous arriver.

Durant une période de 300 ans environ, la taille de pierre a disparu d'Angleterre. Pendant la période romaine, on trouvait des milliers d'artisans expérimentés qui savaient extraire la pierre... brûler de la chaux pour faire du mortier... mais aussi tailler et assembler les pierres pour faire d'élégantes villas.

Ils savaient comment construire une maison pavée de mosaïques, avec chauffage au sol – et un toit de tuiles d'argile.

Au VIème siècle, ils avaient oublié. Au VIIème siècle, on ne trouvait peut-être pas une seule personne, en Bretagne anglaise, qui sache comment faire du mortier de chaux – ou tourner un pot.

Il n'y avait plus d'importations de la Méditerranée – vin, huile d'olives, vaisselle, bijoux, épices, blé. Il n'y avait plus non plus de marché où les acheter... ni d'argent pour cela. La seule monnaie encore en circulation avait été frappée avant l'effondrement de l'empire romain.

Les gens fabriquaient encore des pots et des bols en terre, mais ils étaient grossiers ; les potiers avaient oublié comment faire un tour, et comment obtenir l'argile fine dont ils avaient besoin.

Les techniques, les outils et l'organisation agricoles furent eux aussi heurtés de plein fouet – peut-être à cause du grand nombre de morts suite aux invasions barbares. Les récoltes avaient été volées ou détruites. Les granges, brûlées. Les vaches, les porcs, les chevaux et la volaille furent pris ou massacrés. Les champs, les prés, les domaines, les fermes et les jardins « retournèrent à la nature ».

La vie élégante et ordonnée de l'époque romaine avait disparu pour toujours – emportant avec elle l'eau courante (froide et chaude), les patios et les fresques.

Le professeur Cipolla avait établi 5 lois immuables de la stupidité

Nous sommes entourés d'abrutis qui se font vacciner ou qui vont monter sur la haute montagne en groupes compacts. Il y en a même qui vont voter, malgré les conseils de Mirbeau il y a 120 ans. Il est temps de penser la bêtise. Un maître italien le fit, qui enseignait à Oxford, quand cette université n'était pas Woke. Il s'appelait Cipolla et il déclara : « une personne stupide est une personne qui crée des problèmes à une autre personne ou à un groupe de personnes sans en tirer elle-même le moindre bénéfice. » Les 5 lois de Carlo Cipolla sur la stupidité...

Loi 1: Toujours et inévitablement nous sous-estimons le nombre d'individus stupides en «liberté».

Peu importe le nombre d'idiots que vous imaginez autour de vous, vous sous-estimez invariablement le total. Pourquoi? Parce que vous partez du principe faux que certaines personnes sont intelligentes en fonction de leur travail, de leur niveau d'éducation, de leur apparence, de leur réussite... Ce n'est pas le cas.

Loi 2: La probabilité qu'une personne soit stupide est indépendante des autres caractéristiques de cette personne.

La stupidité est une variable constante dans toutes les populations. Toutes les catégories qu'on peut imaginer –de genre, ethnique, religieuse, de nationalité, de niveau d'éducation, de revenus– possède un pourcentage fixe de personnes stupides. Il y a des professeurs d'université stupides. Il y a des gens stupides au Forum de Davos, à l'ONU et dans toutes les nations de la terre. Combien y en a-t-il? Personne ne sait. Voir la Loi 1.

Loi 3: Une personne stupide est une personne qui crée des problèmes à une autre personne ou à un groupe de personnes sans en tirer soi-même le moindre bénéfice.

Cette loi implique qu'il y ait trois autres sortes de personnes. Celles intelligentes dont les actions bénéficient à elles-mêmes et aux autres. Les voyous qui tirent des avantages pour eux-mêmes au détriment des autres. Et ceux qui enrichissent les autres à leur détriment. Les non stupides agissent de façon inconsistante. Parfois, nous nous comportons intelligemment, parfois comme des voyous et parfois contre nos intérêts.

Mais les stupides sont eux constants. C'est pour cela qu'ils sont si dangereux pour Marco Cipolla.

«Les personnes stupides sont dangereuses et créent des dommages avant tout parce que les gens raisonnables ont du mal à imaginer et à comprendre des comportements aberrants. Une personne intelligente peut comprendre la logique d'un voyou. Une rationalité détestable, mais une rationalité... Vous pouvez l'imaginer et vous défendre... Avec une personne stupide, c'est absolument impossible. Une personne stupide va vous harceler sans aucune raison, pour aucun avantage, sans aucun plan et aucune stratégie... Vous n'avez aucune façon rationnelle de savoir quand, où, comment et pourquoi une créature stupide va attaquer. Quand vous êtes confronté à un individu stupide vous êtes complètement à sa merci...».

C'est votre oncle qui ne peut pas s'empêcher de répandre des «fake news» sur les réseaux sociaux ou l'employé du service en ligne qui va vous raccrocher trois fois au nez et va finir par ne pas régler votre problème et vous en créer d'autres.

Loi 4: les personnes non stupides sous-estime toujours les dégâts que peuvent faire les individus stupides. Elles oublient en permanence que conclure un marché ou s'associer avec des personnes stupides est une erreur très coûteuse.

Nous sous-estimons le stupide à nos risques et périls.

Loi 5: Une personne stupide est la plus dangereuse des personnes.

Elle est plus dangereuse qu'un voyou car nous ne pouvons rien faire ou presque contre la stupidité. La différence entre les sociétés qui s'effondrent sous le poids de leurs citoyens stupides et celles qui surmontent cette difficulté tient à une chose: leur capacité à produire des citoyens se comportant de façon intelligente dans l'intérêt de tous.

Si dans la population non stupide, la proportion de voyous et de personnes agissant à l'encontre de leurs propres intérêts est trop importante: «le pays devient alors un enfer» conclut Marco Cipolla

Tocqueville et la mort de la civilisation en démocratie-marché.

> « La variété disparaît du sein de l'espèce humaine ; les mêmes manières d'agir, de penser et de sentir se retrouvent dans tous les coins du monde ».

C'est René Guénon qui écrivait justement dans Orient et Occident que la civilisation disparut au moment où sa notion apparaissait ; et Tocqueville de confirmer.

Depuis 1815 l'humanité vit dans un présent permanent ; c'est une peine perpétuelle, que j'ai compris jeune en découvrant la conclusion des Mémoires d'outre-tombe. Une génération plus tard, un autre aristocrate français, Tocqueville, devine dans sa Démocratie en Amérique et surtout ailleurs que les carottes sont cuites ; il sera suivi par une certain Kojève, qui analyse tout lui à partir de Hegel et deux dates françaises : 1792 et 1806. Même un matheux dont j'ai parlé ici même et nommé Cournot comprend vers 1860 que nous entrons dans la posthistoire. Raison pourquoi nous pouvons appliquer aussi facilement Marx et d'autres analystes du dix-neuvième siècle (Michels, Engels, Drumont, Sorel, Pareto...) aux situations que nous vivons en ce moment ; tout semble bouger alors que tout est immobile. Tout est devenu de l'actualité, pas de l'histoire. Même les guerres mondiales voulues par l'empire britannique n'ont fait que renforcer un état de choses devenu universel et inévitable. Il fallait mettre l'aristocratie prussienne au pas, a dit Alexandre Kojève (« démocratisation de l'Allemagne impériale »).

Je relisais Tocqueville l'autre nuit en attendant mon vaccin, mon badge et le NWO qui datent de 1815 ; et je me disais : « vous n'avez jamais été vaccinés ? Vous n'avez jamais été massacrés lors des guerres truquées ? Vous n'avez jamais été victimes des banquiers ? Vous n'avez jamais été cocufiés aux élections ? Vous n'avez jamais lu Octave Mirbeau ? Vous n'avez jamais été désinformés par la presse ? Allez, le monde moderne est une colossale tromperie pour zombis. Et comme on ne peut pas tuer ce qui est mort (dixit Michelet), on n'en a pas fini avec lui et sa démocratie, et sa dette immonde, et sa laideur pantomime. »

Pour imposer cela il a fallu rendre les gens bêtes. On est passé de Racine et Mozart au rap et au rock. Tocqueville écrit :

« Ils aiment les livres qu'on se procure sans peine, qui se lisent vite, qui n'exigent point de recherches savantes pour être compris. Ils demandent des beautés faciles qui se livrent d'elles-mêmes et dont on puisse jouir sur l'heure ; il leur faut surtout de l'inattendu et du nouveau. Habitués à une existence pratique, contestée, monotone, ils ont besoin d'émotions vives et rapides, de clartés soudaines, de vérités ou d'erreurs brillantes qui les tirent à l'instant d'eux-mêmes et les introduisent tout à coup, et comme par violence, au milieu du sujet. »

Et Tocqueville évoque ensuite notre sujet – le présent permanent – ici : « comment l'aspect de la société, aux États-Unis, est tout à la fois agité et monotone ».

Sous l'impression d'agitation, Tocqueville note l'immobilité :

« Il semble que rien ne soit plus propre à exciter et à nourrir la curiosité que l'aspect des États-Unis. Les fortunes, les idées, les lois y varient sans cesse. On dirait que l'immobile nature elle-même est mobile, tant elle se transforme chaque jour sous la main de l'homme. À la longue cependant la vue de cette société si agitée paraît monotone et, après avoir contemplé quelque temps ce tableau si mouvant, le spectateur s'ennuie. »

Après c'est l'éternel retour et il me semble qu'on comprendrait mieux Nietzsche en appliquant cette notion à notre situation démocratique, si lucidement dénoncée par Zarathoustra (le dernier homme…) :

« Ils sont sujets, il est vrai, à de grandes et continuelles vicissitudes ; mais, comme les mêmes succès et les mêmes revers reviennent continuellement, le nom des acteurs seul est différent, la pièce est la même. L'aspect de la société américaine est agité, parce que les hommes et les choses changent constamment ; et il est monotone, parce que tous les changements sont pareils. »

L'homme moderne ou démocratique fabrique des objets industriels. Et avant Chaplin, Ellul ou Taylor, Tocqueville comprend que cela le transforme en mécanique industrielle :

« Or, l'industrie, qui amène souvent de si grands désordres et de si grands désastres, ne saurait cependant prospérer qu'à l'aide d'habitudes très régulières et par une longue succession de petits actes très uniformes. Les habitudes sont d'autant plus régulières et les actes plus uniformes que la passion est plus vive. »

Plus sinistre, l'unification du monde. Chateaubriand posait déjà une question :

« Quelle serait une société universelle qui n'aurait point de pays particulier, qui ne serait ni française, ni anglaise, ni allemande, ni espagnole, ni portugaise, ni italienne ? Ni russe, ni tartare, ni turque, ni persane, ni indienne, ni chinoise, ni américaine, ou plutôt qui serait à la fois toutes ces sociétés ? »

Tocqueville remarque de même :

« Ce que je dis de l'Amérique s'applique du reste à presque tous les hommes de nos jours. La variété disparaît du sein de l'espèce humaine ; les mêmes manières d'agir, de penser et de sentir se retrouvent dans tous les coins du monde. Cela ne vient pas seulement de ce que tous les peuples se pratiquent davantage et se copient plus fidèlement, mais de ce qu'en chaque pays les hommes, s'écartant de plus en plus des idées et des sentiments particuliers à une caste, à une profession, à une famille, arrivent simultanément à ce qui tient de plus près à la constitution de l'homme, qui est partout la même. »

Et Tocqueville de conclure sur cette mondialisation industrielle et marchande des médiocrités partagées :

« S'il était permis enfin de supposer que toutes les races se confondissent et que tous les peuples du monde en vinssent à ce point d'avoir les mêmes intérêts, les mêmes besoins, et de ne plus se distinguer les uns des autres par aucun trait caractéristique, on cesserait entièrement d'attribuer une valeur conventionnelle aux actions humaines ; tous les envisageraient sous le même jour ; les besoins généraux de l'humanité, que la conscience révèle à chaque homme, seraient la commune mesure. Alors, on ne rencontrerait plus dans ce monde que les simples et générales notions du bien et du mal, auxquelles s'attacheraient, par un lien naturel et nécessaire, les idées de louange ou de blâme. »

La dramatique tragédie à coups de tyrannie humanitaire et de génocide médical-scientifique que nous vivons en ce moment couronne le piège historique et terminal que représente l'avènement de la démocratie occidentale et industrielle sur cette planète.

Une lettre tragi-comique d'un ami sur la dictature Woke et Covid au Québec

Notre ami Hans-Patrice Perrier nous écrit :

Les séquelles de Mai 1968, indélébiles, presque une religion chez nous.

RADIO-CANADA, modelée sur la BBC, c'est la PRAVDA canadienne et au Québec les animateurs de « Tout le monde en parle », Guy A. Lepage et ses alcooliques, lancent des fatwas à tous vents contre ceux et celles qui osent apporter des bémols au NARRATIF ambiant.

Le féministe et le LGbétisme sont une religion d'état chez nous. Point barre.

Un père de Colombie Britannique qui refusait que sa fille de 9 ans, si ma mémoire est bonne, prenne des hormones afin de se préparer à un changement de sexe a été condamné à 6 mois de prison ferme.

Tu dois comprendre cela : nous ne sommes pas des « couillons », nous vivons dans un système soviétique 2.0.

TOUS les employés de la fonction publique, tant fédérale que provinciale, doivent suivre des cours d'ÉTHIQUE mondialiste et n'ont PAS le droit de DÉFENDRE des positions contraire à l'éthique du gouvernement sur leur PROPRES RÉSEAUX SOCIAUX.

C'est une dictature impitoyable et parfaite.

J'ai perdu deux amis et me suis battu sans fins en tentant de raisonner les membres de ma famille au sujet de la PLANDÉMIE.

Hier, fête des mères, d'énormes hélicoptères noires de (l'OTAN ?) survolaient le ciel de Montréal en surveillant le troupeau humain qui tentait de prendre un peu d'air et de jouer à la balle dans les quelques parcs qui permettent à la ville bétonnée de respirer un peu.

Des gens autour de moi s'exclament : « vivement quand nous seront TOUS vaccinés, on pourra relâcher un peu les mesures de contrôle, mais pas trop tout de même ! ».

Je ne suis pas d'accord pour dire que les gens sont des consommateurs entièrement décervelés, puisque leur pouvoir d'achat a été érodé de 300 % depuis 40 ans.

Un appartement de taille moyenne, en état passable, valait 75 euros il y a 40 ans. Le même réduit commande un bon 750 euros pas chauffé actuellement ...

Le salaire minimum est passé d'environ 2.85 euros en 1980 à autour de 10.85 euros actuellement.

Les salaires ont été multipliés par 4 durant cette transition, alors que le coût des appartements a été multiplié par 10 à 12 fois !

Il faut que tu comprennes que la classe moyenne a été LAMINÉE complètement chez nous, tout en avalant la pilule du « vivre ensemble », de la rectitude politique et du féminisme à tous crins.

La DISCRIMINATION POSITIVE a fait que je n'ai JAMAIS pu obtenir un poste en communication au sein du gouvernement, ce qui représentait une des très RARES fenêtres d'opportunité pour un petit-bourgeois intello déclassé.

Alors, j'ai cumulé des boulots minables à 10 euros de l'heure, des décennies durant, alors que certaines copines du secondaire avaient obtenus les fameuses promotions en com. pour un salaire de 25 euros et plus de l'heure.

Elles se sont payé une maison et un chalet, avec l'aide du salaire du conjoint, et puis elles l'ont foutu à la porte et ont raflé la quasi-totalité de la mise.

Les tribunaux, la fonction publique, l'enseignement, la police, l'ensemble du corps social a été formaté pour discriminer les HOMMES HÉTÉROS et faire en sorte qu'il devienne presque impossible de fonder une famille chez nous.

Moyenne des divorces à tous les 5, 6 ou 7 ans ... de vie « commune ».

La classe moyenne laminée, les mecs spoliés et névrosés, le boulot précaire et la qualité de vie quasi nulle, la PLANDÉMIE a fait le reste pour ÉCRASER la populace sous le rouleau compresseur des mesures d'URGENCE.

Chez nous, comme en France, ce sont les COMMISSAIRES de la SANTÉ PUBLIQUE (du salut), comme durant la RÉVOLUTION FRANÇAISE, qui gouvernent par décret. Des camps d'internements pour les récalcitrants ont bel et bien été érigé dans la ville de Québec et ailleurs ...

Si vous sortez après le couvre-feu ou faites une fête à 7 ou 8 personnes chez vous, vous vous exposez à des amendes astronomiques et même au risque d'être handicapé à vie après d'une demi-douzaine de poulets vous aient tabassé et presque démoli un coup que vous vous êtes effondré par terre.

Tout cela ne représente pas des JÉRÉMIADES ou des observations fallacieuses ou des fariboles, c'est la triste réalité mon ami.

Oui, il y a l'esprit moutonnier, mais il y a AUSSI une terrible dictature qui ne dit pas son nom, mais se contente de SÉVIR dans son plus simple appareil répressif à l'heure de t'écrire.

Dans tous les milieux de travail, en plus de devoir porter le masque, de n'avoir pas accès aux chiottes dans certains cas, de devoir se la fermer et bosser plus fort, il faut se coltiner à des CHARTES DU COMPORTEMENT et de l'ÉTHIQUE EN MILIEU DE TRAVAIL mitonnées par les paliers supérieurs de gouvernement ...

Qu'est-ce que l'éthique ? - Canada.ca

❋Qu'est-ce que l'éthique ? - Canada.ca

Tirée du mot grec « ethos » qui signifie « manière de vivre », l'éthique est une branche de la philosophie qui s'intéresse aux comportements humains et, plus précisément, à la conduite des individus en société.

Voilà mon pote, jusqu'à l'éthique qui a été détournée afin de satisfaire à la DOXA MONDIALISTE et de servir de courroie de transmission afin de nous abrutir encore plus.

Et, pourquoi les gens acceptent tout ça ?

Et, bien, nous sommes nés dans cet environnement autour des années 1960 et 1970 ... et, pour ma part, j'ai bien tenté de me révolté et de me regimber, alors j'ai perdu quantité de boulots, de copines et d'amis ... tu te retrouves seul et paumé quand tu es un mouton noir.

Seuls, la discipline personnelle, la foi et le courage permettent de s'en sortir et de ne pas perdre la tête au coeur d'une telle acédie.

Les gens ne sont PAS des couillons, ce sont des AUTOMATES programmés et dirigés à distance.

Nous sommes victimes d'une camapagne de MAGIE OPÉRATIVE à grand déploiement.

TOUT est basé sur la PEUR.

Mai 1968 : le PLAISIR et l'HÉDONISME

Mai 2021 : la PEUR et la SOUFFRANCE

Voilà le paradigme.

Comme Orlov et Bonnal, dans une certaine mesure, je crois que la seule issue possible c'est l'IMPLOSION de ce système machiavélique et proprement diabolique.

Bonne fête des mères en retard et bon printemps mon pote !

PHP

Zweig et Bernanos : la vie sans passeport (sanitaire ou autre) avant 1914

Le cataclysme totalitaire qui nous tombe dessus a des précédents dans notre Europe si démocratique et lumineuse, et qui aura inventé toutes les monstruosités du monde moderne. A l'heure ou le passe sanitaire est imposé à tous, où les comptes des non vaccinés, et leur téléphone, et leur eau, et leur électricité sont en passe d'être coupés (1), il est bon de le rappeler.

On va reprendre deux de nos écrivains favoris qui sont frères d'âme, le « juif libéral » et pacifiste Stephan Zweig, ami de Romain Rolland, et le catholique monarchiste Georges Bernanos, qui il y a un siècle dénonçaient la montée de l'étatisme totalitaire en occident. Les deux grands esprits à cette époque remarquent l'émergence de deux contraintes : le passeport et le visa... Nos lecteurs pourront retrouver aussi nos écrits sur Chesterton et son détestable voyage en Amérique dans les années vingt. Contrôle et obsession anticommuniste au programme.

On commence par Zweig et son fastueux Monde d'hier (le plus grand livre du monde selon nous sur le vingtième siècle, ce siècle tué en 1914 et partiellement survivant dans les années vingt) :

« La chute de l'Autriche a produit un changement dans ma vie privée que j'ai d'abord considéré tout insignifiant et purement formel : j'ai perdu mon passeport autrichien et j'ai dû demander aux autorités britanniques un document de substitution, un passeport apatride. Dans mes rêves cosmopolites, j'avais souvent imaginé dans mon cœur combien splendide et conforme à mes sentiments seraient de vivre sans État, de n'être obligé à aucun pays : et, par conséquent, appartiennent à tous sans distinction. Mais encore une fois, j'ai dû reconnaître à quel point le fantasme humain et dans quelle mesure nous ne comprenons pas les sensations les plus importantes jusqu'à ce que les ayons vécues nous-mêmes. »

Ce que nous allons vivre avec la dictature sanitaire de Macron-Schwab-Leyen nous allons bientôt le comprendre. Zweig poursuit :

« Tout consulat ou officier de police autrichien avait le droit ou l'obligation de me le prolonger en tant que citoyen à part entière. Au lieu de cela, le document pour étranger que les Anglais m'ont donné, j'ai dû le demander. C'était une faveur, mais une faveur qu'ils pouvaient se retirer à tout moment. Du jour au lendemain, il avait descendu un échelon de plus. Hier, il était encore un invité étranger et, en quelque sorte, un gentleman qui a passé sa revenus internationaux et payé ses impôts, et aujourd'hui j'étais devenu un émigré, un "réfugié". »

Préparez-vous, non-vaccinés, à ce statut de réfugié sur votre sol ; on est à 45% de vaccinés, attendez 51 puis 60% ; et arrêtez de dire que les chiffres sont truqués, de toute manière ils s'en moquent.

Zweig décrit l'entrée dans un monde pré-totalitaire en 1919 :

« En effet : rien ne démontre peut-être de façon plus palpable la terrible chute que le monde de la Première Guerre mondiale a connu comme limitation de la liberté de mouvement de l'homme et la réduction de son droit à la liberté. Avant 1914, la Terre appartenait à tout le monde. Tout le monde allait où il voulait et y restait aussi longtemps qu'il le voulait. Il n'y avait pas de permis ou autorisations; Je m'amuse de la surprise des jeunes chaque fois que je leur dis qu'avant 1914 j'ai voyagé en Inde et en Amérique sans passeport et je n'en avais jamais vu de ma vie. »

L'auteur d'Amok décrit ensuite ce monde d'avant la guerre mondiale éternelle voulue par les banquiers mondialistes :

« Là les gens montaient et descendaient des trains et des bateaux sans demander ou être invités, ils n'avaient pas à remplir un seul des cent papiers qui sont requis aujourd'hui. Il n'y avait pas de sauf-conduits ou les visas ou l'un de ces tracas ; les mêmes frontières qu'aujourd'hui les douanes, la police et gendarmes se sont transformés en fil de fer barbelé, à cause de la méfiance pathologique de tous vis-à-vis de tous, ils ne représentaient que des lignes symboliques qui croisaient la même nonchalance que le méridien de Greenwich. »

La laisse électronique et même psychologique (désolé, il y a ou aura 80 ou 90% de volontaires extatiques) a perfectionné cette horreur. Zweig poursuit en n'oubliant pas les vaccins, conséquence du militarisme, des guerres et aussi cause partielle du génocide planifié et absurdement nommé grippe espagnole :

« Toutes les humiliations qui avaient été autrefois inventés uniquement pour les criminels, ils étaient maintenant infligés à tous les voyageurs, avant et pendant le voyage. L'un devait être représenté de droite et de gauche, visage et profil, coupé ses cheveux pour qu'on puisse voir ses oreilles, laisser ses empreintes digitales, d'abord celles du pouce, puis ceux de tous les autres doigts ; De plus, il fallait présenter des certificats de toutes sortes : de santé, de vaccination et de bonne conduite, lettres de recommandation, invitations et adresses de parents, garanties morales et économiques, remplir des formulaires et signer trois ou quatre exemplaires, et si un seul de cette pile de papiers manquait, un était perdu. Cela ressemblait à des bagatelles, mais... »

Bernanos va utiliser le même mot : bagatelle. C'est le même en allemand. Zweig évoque ensuite notre avilissement qui en découle surnaturellement :

« Nous, les jeunes, avions rêvé d'un siècle de liberté, de l'âge futur du cosmopolitisme. Quelle part de notre production, de notre création et de notre la pensée s'est perdue à cause de ces singeries improductives qui avilissent en même temps l'âme! »

C'est dans le chapitre l'Agonie de la paix.

Voyons Bernanos, réfugié au Brésil comme Zweig, de six ans son cadet, et qui défendit la liberté comme personne, ce qui le rend peu lisible par les temps qui courent. Il fait les mêmes observations avec les mêmes mots que Zweig sur cette volonté médicale et donc pathologique de tout contrôler et de tout vérifier :

« Ce que vos ancêtres appelaient des libertés, vous l'appelez déjà des désordres, des fantaisies. « Pas de fantaisies ! disent les gens d'affaires et les fonctionnaires également soucieux d'aller vite, le règlement est le règlement, nous n'avons pas de temps à perdre pour des originaux qui prétendent ne pas faire comme tout le monde... », comme ne pas se vacciner par exemple. »

Après Bernanos évoque le passeport :

« Cela va vite, en effet, cher lecteur, cela va très vite. J'ai vécu à une époque où la formalité du passeport semblait abolie à jamais. N'importe quel honnête homme, pour se rendre d'Europe en Amérique, n'avait que la peine d'aller payer son passage à la Compagnie Transatlantique. Il pouvait faire le tour du monde avec une simple carte de visite dans son portefeuille. »

Oui, cela sonne un peu rustique et bucolique aux temps des commissaires politiques et sanitaires, pas vrai ? Puis on parle des empreintes digitales, autre bagatelle :

« Les philosophes du XVIIIe siècle protestaient avec indignation contre l'impôt sur le sel — la gabelle — qui leur paraissait immoral, le sel étant un don de la Nature au genre humain. Il y a vingt ans, le petit bourgeois français refusait de laisser prendre ses empreintes digitales, formalité jusqu'alors réservée aux forçats. Oh ! oui, je sais, vous vous dites que ce sont là des bagatelles. Mais en protestant contre ces bagatelles le petit bourgeois engageait sans le savoir un héritage immense, toute une civilisation dont l'évanouissement progressif a passé presque inaperçu, parce que l'État Moderne, le Moloch Technique, en posant solidement les bases de sa future tyrannie, restait fidèle à l'ancien vocabulaire libéral, couvrait ou justifiait du vocabulaire libéral ses innombrables usurpations. »

Après on arrive au siècle des intellectuels qui comme les BHL ou Onfray vont tout justifier :

« Au petit bourgeois français refusant de laisser prendre ses empreintes digitales, l'intellectuel de profession, le parasite intellectuel, toujours complice du pouvoir, même quand il paraît le combattre, ripostait avec dédain que ce préjugé contre la Science risquait de mettre obstacle à une admirable réforme des méthodes d'identification, qu'on ne pouvait sacrifier le Progrès à la crainte ridicule de se salir les doigts. »

Et là comme Zweig, esprit peu religieux s'il en fut, Bernanos évoque l'avilissement de nos âmes :

« Erreur profonde ! Ce n'était pas ses doigts que le petit bourgeois français, l'immortel La Brige de Courteline, craignait de salir, c'était sa dignité, c'était son âme. »

Depuis ces temps nous n'avons fait que descendre. On va voir maintenant qui est prêt à payer pour la liberté.

Sources :

Bernanos – la France contre les robots (PDF sur le web)

Zweig – Le monde d'hier (LDP)

Nicolas Bonnal – Guénon, Bernanos et les gilets jaunes

https://leblogalupus.com/2021/06/13/article-du-jour-liberte-ta-rarete-fait-ton-prix-et-il-men-coute-de-ten-etre-alle-par-master-t/

Stefan Zweig et la grande uniformisation du monde

« On aurait dit des grosses bêtes bien dociles, bien habituées à s'ennuyer. »

Le Voyage

La dictature sanitaire a renforcé la tendance lourde à l'extermination des nations, des cultures et des traditions. L'unification parfois folle et aberrante des politiques de santé au détriment de la santé des nations a bien renforcé ce « capitalisme totalitaire » (Bernanos) et anglo-saxon dont le but est le meurtre du monde par le lit social-impérialiste de Procuste de la mondialisation. Les persécutions et la dérive autoritaire des soi-disant démocraties occidentales et de l'Europe de la monstrueuse Van Der Leyen (descendante de nazis et d'esclavagistes tout de même, voyez Wikipédia) ne connaissent plus de limites et n'e connaitront plus, si nous n'y mettons un terme, d'une manière ou d'une autre.

Liquéfaction des nations, des sexes, des religions (avec la bonne volonté papiste c'est entendu) d'un côté, renforcement du terrorisme sanitaire et administratif de l'autre, le tout pour créer ce paradis infernal dont rêvent nos utopistes depuis des siècles (voyez le grand livre de Mattelart qui détaille bien la montée séculaire de cette utopie planétaire). L'alliance de la finance, du capital, des administrations et des médias sous contrôle rendent cette opération de magie noire apparemment imparable.

Cette dénonciation a souvent été l'apanage de gens de droite comme Céline ou Bernanos. Comme j'e l'ai montré c'est dans la Conclusion des mémoires d'outre-tombe que résonne le premier appel à la mobilisation politique et spirituel contre le monde moderne. Dans mon livre sur Céline j'ai établi un aparallèle entre les dénonciations souvent incomprises de Céline et les meilleurs chapitres du surprenant Loup des steppes de Hermann Hesse, qui lui aussi se déchaîne contre l'entrée en vigueur d'une civilisation basée sur la consommation, l'abrutissement et la massification ; j'ai nommé la civilisation américaine, pas la première qui a ses défauts et ses qualités comme toutes (qui va jeter la pierre à Poe, Melville, Frank Lloyd Wright ou Charles Ives ?) mais la deuxième celle de l'écrasement des identités de tout ordre, et qui réunit le monde sous la grand étendard (standardisation) de la consommation. C'est la révolution hollywoodienne si l'on veut, celle que célèbre Bernays dans un livre célèbre que j'ai maintes fois évoqué.

Elle apparait dans les années vingt et commence à gêner des gens plus à gauche, et même des « juifs cosmopolites » comme Stefan Zweig l'alors l'écrivain le plu dans le monde, et qui avant de devenir un nostalgique furieux (voyez l'admirable Monde d'hier) tente de dénoncer cette uniformisation/ américanisation du monde et de nous donner les moyens (toujours plus difficiles) d'y échapper.

C'est dans une dissertation que Zweig dénonce en 1926 cette entropie du monde moderne. Il voit deux choses : cette menace est américaine, et elle menace l'Europe, qui est encore le continent de la variété et des nations – aujourd'hui un conglomérat affairiste et russophobe. Zweig :

« Une impression tenace s'est imprimée dans mon esprit : une horreur devant la monotonie du monde.... Nous devenons les colonies de la vie américaine, de son mode de vie, les esclaves de la mécanisation de l'existence ...»

Certes cette américanisation peut aussi enchanter les imbéciles ; mais Zweig voit dans cette américanisation une tendance lourde à la servitude volontaire. A la même époque Céline parle de ce troupeau américain de bêtes dociles, bien habituées à obéir. Un coup de woke et de Biden, de masque et de vaccin ?

Zweig : « Pour les âmes serviles tout asservissement parait doux et l'homme libre sait préserver sa liberté en tout lieu... Le vrai danger pour l'Europe me parait résider dans le spirituel. »

La Boétie parlé comme Chrysosotome des boissons, des tables et des spectacles pour abrurir les massés (voyez le apssage sur les origines lydiennes du mot ludique) ; et Zweig de noter :

« La plupart des gens ne s'aperçoivent pas à quel point ils sont devenus des particules, des atomes d'une violence gigantesque. Ils se laissent ainsi entrainer par le courant qui les happe vers le vide ; comme le disait Tacite : « Ruere in servitium » ils se jettent dans l'esclavage ; cette passion pour l'autodissolution a détruit toutes les nations... »

La dissolution ici en Espagne comme en France (oùl'on a pas besoin d déconsruire une histoire qui n'est plsu enseigéne depuis des décennies, pas vraie ?) de la nation est notoire. Et on ne parlera aps de 'lAllemagne et du reste.

Zweig ajoute sur ce renforcement à la passivité (le masque étant un vêtement à la mode comme les autres maintenant) :

...Cette uniformité enivre par son gigantisme. C'est une ivresse, un stimulant pour les masses, mais toutes ces merveilles techniques nouvelles entretiennent en même temps une énorme désillusion pour l'âme et flattent dangereusement la passivité de l'individu. Ici aussi comme dans la danse, la mode et le cinéma, l'individu se soumet au même gout moutonnier, il ne choisit plus à partir de son maître intérieure mais en se rangeant à l'opinion de tous... Conséquences : la disparition de toute individualité, jusqu'à dans l'apparence extérieure. »

La conclusion de Zweig :

« Le fait que les gens portent tous les mêmes vêtements, que les femmes revêtent toutes la même robe et le même maquillage n'esr pas sans danger : la monotonie doit nécessairement pénétrer à l'intérieur. Les visages finissent tous par se ressembler parce que soumis aux mêmes désirs... Une âme unique se crée, mue par le désir accru d'uniformité, et la mort de l'individu en faveur d'un type générique».

Et à lépoqu ou un seviteur de la Bête comme Bernays, encense ce monde de la manipulation et d'luniomisation, Zweig écrit : «Séparons-nous à l'intérieur mais pas à l'extérieur : portons les mêmes vêtements, adoptons tout le confort de la technologie, ne nous consumons pas dans une distanciation méprisante, dans une résistance stupide et impuissante au monde. Vivons tranquillement mais librement, intégrons nous silencieusement et discrètement dans le mécanisme extérieur de la société, mais vivons enfin en suivant notre seule inclination, celle qui nous est la plus personnelle et gardons notre propre rythme de vie...»

Zweig lutte contre l'empire (le monde moderne donc). Ce n'est pas un hasard s'il se rapproche d'une autre machine à niveler, l'empire romain, dont le résultat fut de rendre les hommes sots (voyez nos réflexions sur Hollywood et l'idiocratie) pour des siècles. Il se rapproche donc notre écrivain de Sénèque qui note (Lettre à Lucilius, V) : « Ayons des façons d'être meilleures que celles de la foule, et non pas contraire (Id agamus ut meliorem vitam sequamur quam vulgus, non ut contrariam...) ».

C'est que Sénèque aussi avait en tant que penseur fort à faire avec son empire...

On peut trouver le texte en bilingue de Zweig aux éditions Allia, pour une somme dérisoire.

Auteurs libertariens : une bonne petite bibliographie

Les intellectuels libertariens ont révisé toute leur histoire américaine. À l'heure de l'État profond devenu fou et (presque) rigolo, ce n'est pas une inutile affaire ; deuxièmement, ils se rapprochent du guénonisme (c'est très visible chez l'Allemand Hans Hoppe). La montée de l'État, de la bureaucratie, de la réglementation, de la fiscalisation suppose une dégénérescence métaphysique, celle que pressentaient d'ailleurs les taoïstes chinois il y a plus de deux mille ans, quand les empereurs (relisez René Grousset) organisaient déjà des Grands remplacements de population : un autre livre à écrire ! La réfutation taoïste de l'État providence fut il y a vingt ans mon premier texte posté sur le web, par Alain Dumait, aux 4 vérités.Tout est disponible gratuitement sur Mises.org. Vous donnez ce que vous voulez. Je ne sais pas si j'écrirai un livre de présentation de cette splendide école, qui se rattache à Tocqueville, Benjamin Contant, et Frédéric Bastiat. Raico n'aimait pas trop Hayek et il adorait ces penseurs français. Une grande partie des libéraux que j'ai connus dans les années quatre-vingt-dix ont fini néocons.

J'ai insisté surtout sur les travaux historiques, plus intéressants pour nous.

On commence par Murray Rothbard, auteur du manifeste libertarien. Ses pages sur l'histoire diplomatique sont extraordinaires de culot, de bon sens et d'autorité. Il exonère Staline pour la Guerre Froide, comme Ralph Raico d'ailleurs ! On peut lire aussi son livre sulfureux sur Wall Street et les banques. Enfin, bien sûr, Rothbard irrépressible, où il défend sa conception de la culture et du cinéma, qui est la mienne ; et le film de Corneau Tous les matins du monde. Dans le même livre, Murray faisait la chasse aux chasseurs d'antisémites ! On n'a pas fini de rire ! C'était à propos des menaces et des insultes qui frappaient le pauvre Buchanan. Murray définit nûment la théorie de la conspiration « Ce qui s'oppose au mensonge des historiens officiels. »

Ralph Raico vient de mourir, raison de plus pour l'honorer, ce maître. Son chef-d'œuvre concerne les grands leaders et les grandes guerres. Ces grands leaders sont tous des catastrophes car pour devenir un grand président, il faut la guerre, civile ou mondiale. Wilson, Lincoln, Roosevelt, etc. sont restés dans les mémoires grâce à leurs horreurs.

Lisez aussi le Raico sur les libéraux romantiques français.

Shaffer Butler : Les magiciens d'Ozymandia, d'après le beau poème oublié de Shelley. Le ton est plus philosophique et traditionnel. Butler fait le commentaire de l'écroulement vaseux de la civilisation US et occidentale. C'est lui l'auteur du « test Hitler », d'où il ressort que « l'écolo antitabac, contrôleur de vitesse, végétarien et guerrier humanitaire Hitler est, quand il est présenté anonymement, plus populaire auprès des jeunes que Jefferson (esclavagiste, rebelle armé, contrebandier, planteur de tabac,...) »

John Denson, Les reconsidérations sur la présidence. Livre collectif et splendide sur la montée du totalitarisme américain. Une contribution de l'universitaire Michael Levin, sur le président comme ingénieur social. Comment aussi on a saboté les études (un autre grand humaniste juif, Harold Bloom, en avait parlé), l'armée, tout au nom du PC.

Les coûts de la guerre, essai sur les victoires pyrrhiques de l'Amérique. Merveilleux ouvrage collectif. Édité encore par John Denson. Extraordinaire contribution de Rothbard sur les deux seules guerres justes (1776 et Sécession, côté sudiste bien sûr) et de Joseph Stromberg sur la guerre hispano-américaine de 1898, qui démarra avec un faux attentat et se termina par un génocide aux Philippines, puis la fondation de l'interventionnisme destructeur et presque calamiteux (Cuba, Corée, Vietnam, l'Amérique centrale...).

La Guerre perpétuelle pour une paix perpétuelle par Harry Elmer Barnes. J'ai évoqué Frédéric Sanford sur la manière dont Roosevelt empêcha un règlement européen et antihitlérien à Munich. Sur ces sinistres affaires, lire et relire aussi Guido Preparata. Hitler, le monstre anglophile et utile pour la dominance anglo-saxonne dans ce monde...

Le mythe de Roosevelt de John Flynn qui a vu la montée de l'ère managériale en même temps que James Burnham. Livre effarant par sa justesse. Lisez tout John Flynn, journaliste et héros de la guerre antisystème.

Thomas Di Lorenzo : Lincoln, qui montre ce que tous les lecteurs de mémorialistes savaient : Lincoln détraqué, homme du business et des tarifs douaniers, fanatique étatique de la loi, et qui prépara sur les cendres du vieux sud (600 000 morts pour abolir un esclavage aboli partout ?) le nouveau désordre américain.

Démocratie, le dieu qui a échoué, de L'Allemand Hans-Hermann Hoppe. Un régal pour les réacs.

Chateaubriand et la conclusion de notre histoire

Un des plus importants textes du monde moderne, le premier qui nous annonce comment tout va être dévoré : civilisation occidentale et autres, peuples, sexes, cultures, religions aussi. C'est la conclusion des Mémoires d'outre-tombe. On commence avec l'unification technique du monde :

« Quand la vapeur sera perfectionnée, quand, unie au télégraphe et aux chemins de fer, elle aura fait disparaître les distances, ce ne seront plus seulement les marchandises qui voyageront, mais encore les idées rendues à l'usage de leurs ailes. Quand les barrières fiscales et commerciales auront été abolies entre les divers Etats, comme elles le sont déjà entre les provinces d'un même Etat ; quand les différents pays en relations journalières tendront à l'unité des peuples, comment ressusciterez-vous l'ancien mode de séparation ? »

On ne réagira pas. Chateaubriand voit l'excès d'intelligence venir :

« La société, d'un autre côté, n'est pas moins menacée par l'expansion de l'intelligence qu'elle ne l'est par le développement de la nature brute. Supposez les bras condamnés au repos en raison de la multiplicité et de la variété des machines, admettez qu'un mercenaire unique et général, la matière, remplace les mercenaires de la glèbe et de la domesticité : que ferez-vous du genre humain désoccupé ? Que ferez-vous des passions oisives en même temps que l'intelligence ? La vigueur du corps s'entretient par l'occupation physique ; le labeur cessant, la force disparaît ; nous deviendrions semblables à ces nations de l'Asie, proie du premier envahisseur, et qui ne se peuvent défendre contre une main qui porte le fer. Ainsi la liberté ne se conserve que par le travail, parce que le travail produit la force : retirez la malédiction prononcée contre les fils d'Adam, et ils périront dans la servitude : In sudore vultus tui, vesceris pane. »

Le gain technique va se payer formidablement. Vient une formule superbe (l'homme moins esclave de ses sueurs que de ses pensées) :

« La malédiction divine entre donc dans le mystère de notre sort ; l'homme est moins l'esclave de ses sueurs que de ses pensées : voilà comme, après avoir fait le tour de la société, après avoir passé par les diverses civilisations, après avoir supposé des perfectionnements inconnus on se retrouve au point de départ en présence des vérités de l'Ecriture. »

Puis Chateaubriand constate la fin de la monarchie :

« La société entière moderne, depuis que la barrière des rois français n'existe plus, quitte la monarchie. Dieu, pour hâter la dégradation du pouvoir royal, a livré les sceptres en divers pays à des rois invalides, à des petites filles au maillot ou dans les aubes de leurs noces : ce sont de pareils lions sans mâchoires, de pareilles lionnes sans ongles, de pareilles enfantelettes tétant ou fiançant, que doivent suivre des hommes faits, dans cette ère d'incrédulité. »

Il voit le basculement immoral de l'homme moderne, grosse bête anesthésiée, ou aux indignations sélectives, qui aime tout justifier et expliquer :

« Au milieu de cela, remarquez une contradiction phénoménale : l'état matériel s'améliore, le progrès intellectuel s'accroît, et les nations au lieu de profiter s'amoindrissent : d'où vient cette contradiction ?

C'est que nous avons perdu dans l'ordre moral. En tout temps il y a eu des crimes ; mais ils n'étaient point commis de sang–froid, comme ils le sont de nos jours, en raison de la perte du sentiment religieux. A cette heure ils ne révoltent plus, ils paraissent une conséquence de la marche du temps ; si on les jugeait autrefois d'une manière différente, c'est qu'on n'était pas encore, ainsi qu'on l'ose affirmer, assez avancé dans la connaissance de l'homme ; on les analyse actuellement ; on les éprouve au creuset, afin de voir ce qu'on peut en tirer d'utile, comme la chimie trouve des ingrédients dans les voiries. »

La corruption va devenir institutionnalisée :

« Les corruptions de l'esprit, bien autrement destructives que celles des sens, sont acceptées comme des résultats nécessaires ; elles n'appartiennent plus à quelques individus pervers, elles sont tombées dans le domaine public. »

On refuse une âme, on adore le néant et l'hébétement (Baudrillard use du même mot) :

« Tels hommes seraient humiliés qu'on leur prouvât qu'ils ont une âme, qu'au-delà de cette vie ils trouveront une autre vie ; ils croiraient manquer de fermeté et de force et de génie, s'ils ne s'élevaient au-dessus de la pusillanimité de nos pères ; ils adoptent le néant ou, si vous le voulez, le doute, comme un fait désagréable peut–être, mais comme une vérité qu'on ne saurait nier. Admirez l'hébétement de notre orgueil ! »

L'individu triomphera et la société périra :

« Voilà comment s'expliquent le dépérissement de la société et l'accroissement de l'individu. Si le sens moral se développait en raison du développement de l'intelligence, il y aurait contrepoids et l'humanité grandirait sans danger, mais il arrive tout le contraire : la perception du bien et du mal s'obscurcit à mesure que l'intelligence s'éclaire ; la conscience se rétrécit à mesure que les idées s'élargissent. Oui, la société périra : la liberté, qui pouvait sauver le monde, ne marchera pas, faute de s'appuyer à la religion ; l'ordre, qui pouvait maintenir la régularité, ne s'établira pas solidement, parce que l'anarchie des idées le combat... »

Une belle intuition est celle-ci, qui concerne...la mondialisation, qui se fera au prix entre autres de la famille :

« La folie du moment est d'arriver à l'unité des peuples et de ne faire qu'un seul homme de l'espèce entière, soit ; mais en acquérant des facultés générales, toute une série de sentiments privés ne périra–t–elle pas ? Adieu les douceurs du foyer ; adieu les charmes de la famille ; parmi tous ces êtres blancs, jaunes, noirs, réputés vos compatriotes, vous ne pourriez-vous jeter au cou d'un frère. »

Puis Chateaubriand décrit notre société nulle, flat (cf. Thomas Friedman), plate et creuse et surtout ubiquitaire :

« Quelle serait une société universelle qui n'aurait point de pays particulier, qui ne serait ni française, ni anglaise, ni allemande, ni espagnole, ni portugaise, ni italienne ? ni russe, ni tartare, ni turque, ni persane, ni indienne, ni chinoise, ni américaine, ou plutôt qui serait à la fois toutes ces sociétés ? Qu'en résulterait–il pour ses mœurs, ses sciences, ses arts, sa poésie ? Comment s'exprimeraient des passions ressenties à la fois à la manière des différents peuples dans les différents climats ? Comment entrerait dans le langage cette confusion de besoins et d'images produits des divers soleils qui auraient éclairé une jeunesse, une virilité et une vieillesse communes ? Et quel serait ce langage ? De la fusion des sociétés résultera–t–il un idiome universel, ou bien y aura–t–il un dialecte de transaction servant à l'usage journalier, tandis que chaque nation parlerait sa propre langue, ou bien les langues diverses seraient–elles entendues de tous ? Sous quelle règle semblable, sous quelle loi unique existerait cette société ? »

Et de conclure sur cette prison planétaire :

« Comment trouver place sur une terre agrandie par la puissance d'ubiquité, et rétrécie par les petites proportions d'un globe fouillé partout ? Il ne resterait qu'à demander à la science le moyen de changer de planète. »

Elle n'en est même pas capable...

Source

Chateaubriand, Mémoires d'Outre-Tombe, conclusion

Confinement et crétinisation systémique des enfants (et des parents)

On connaît les conséquences sur les sportifs français (Lemaître, Mbappé, cyclistes du Tour de France...) des décisions de nos génies de la politique et de la médecine des labos. Voyons pour les enfants. On se doute que ces derniers allaient sortir particulièrement esquintés et déglingués des décisions gouvernementales. Pour une fois, on ne va pas crier au complotisme, car ces données viennent du Monde. On cite donc sans commenter cet extrait qui vient du quotidien de la pensée inique (« dans le monde renversé le vrai est un moment du faux », a dit excellemment Guy Debord):

« Une baisse sensible des capacités physiques, mais aussi intellectuelles, des enfants... Les effets des confinements successifs liés à la pandémie de Covid-19 sont préoccupants, selon une étude menée auprès de 90 élèves de CE1 et CE2 d'écoles de Vichy, dans l'Allier, et de Riom, dans le Puy-de-Dôme, en septembre 2019 et en septembre 2020. »

Et puis, zut alors, on se met même à parler de catastrophe :

« Les chiffres sont catastrophiques », résume Martine Duclos, chef du service de médecine du sport au CHU Clermont-Ferrand, qui dirige l'Observatoire national de l'activité physique et de la sédentarité (Onaps), et coordonne ce travail dont les résultats, préliminaires, ont été soumis à publication. En un an, l'indice de masse corporelle (IMC, poids divisé par la taille au carré), reflet de la corpulence, a augmenté de 2 à 3 points en moyenne. « Nous n'avons jamais vu ça, s'alarme la spécialiste. Des enfants sportifs, sans aucun problème de santé, aucun problème de poids, ont grossi de 5 à 10 kg, du fait de l'arrêt de la pratique sportive. Et tous n'ont pas repris l'activité physique. »

On découvre aussi qu'ils ne peuvent plus courir ni réfléchir (remarquez, c'était presque déjà le cas, car le capitalisme de catastrophe a fait tout ce qu'il a pu) :

« Essoufflés au bout de dix mètres

La condition physique de ces jeunes de 7-8 ans s'est fortement dégradée. Lors du test navette, épreuve classique qui consiste à courir de plus en plus vite d'un plot à un autre (éloignés de 10 m), « des enfants, déjà très essoufflés, n'arrivaient pas à atteindre le premier plot avant le premier bip », décrit la professeure Duclos. Un constat également inédit, selon elle. Certains étaient incapables de faire le parcours d'habiletés motrices (parcours chronométré comprenant différents obstacles). »

Ici chez moi je vois des crétins pousser des chariots à 500 euros avec des gosses de cinq à sept ans dedans. Ces enfants sont condamnés à ne pas courir en attendant de ne pas savoir marcher (voyez le film Wall E). Mais restons-en à l'article du Monde qui évoque l'abrutissement massif des petits d'homme (que ne les confie-t-on aux loups, comme Romulus ou Mowgli ?) :

« Parallèlement, leurs capacités cognitives auraient baissé d'environ 40 %. Pour les mesurer, l'équipe du CHU de Clermont-Ferrand a notamment eu recours à un test consistant à relier les lettres aux chiffres correspondant dans l'ordre alphabétique, dans un temps imparti. Tous les écoliers l'ont fait dans le temps limite en septembre 2019. Un an plus tard, un grand nombre n'a pas terminé. « Un an de confinement a été catastrophique, à un moment essentiel de plasticité neuronale », constate Martine Duclos. »

Pas si sottes, les deux journalistes du Monde rappellent qu'on était déjà mal partis :

« Ces résultats sont d'autant plus inquiétants que la situation antérieure était déjà peu brillante. Ainsi, avant la pandémie, en France, 87 % des adolescents de 11 à 17 ans ne respectaient pas l'heure quotidienne d'activité physique préconisée par l'Organisation mondiale de la santé (OMS). Et pendant le premier confinement, seulement 0,6 % d'entre eux ont atteint ce seuil, la proportion étant de 4,8 % chez les 5-11 ans (2,8 % des filles et 6,5 % des garçons), selon le Report Card de l'Onaps, l'état des lieux de l'activité physique et de la sédentarité des enfants et adolescents publié en janvier. »

Le reste est réservé aux abonnés du Monde ! Donc...

Comme on l'a dit la situation était déjà grave. Les enfants sont rendus tarés par la technologie, la malbouffe et la prostration physique (voyez mon article sur l'idiocratie, et les références au cinéma de Jarmusch ou Payne). Je vais donc republier une lettre de lecteur, PHD en linguistique (ce n'est pas pour faire chic), père de trois enfants, expatrié et qui m'écrivait il y a trois ans déjà sur ce sujet :

« Pour le dire rapidement, ma belle-mère, instit donc depuis presque quarante ans, est terrifiée par ce qu'elle voit depuis peu. Les parents perçoivent majoritairement leurs enfants comme des nuisances. Du coup au moindre bruit, à la moindre agitation, ils leur mettent la tablette dans les mains, ils ne parlent jamais avec eux, ne s'intéressent pas à ce qu'ils font, ne jouent pas avec eux... Ils cherchent seulement à les figer (poussette, tétine, tablette, nourriture sucrée à volonté). »

Mon lecteur poursuit :

Dans sa classe de 4/5 ans, elle observe:

- les mains complètement molles (elle appelle ça les "mains tabléteuses"): ils ne savent pas tenir un plateau droit, ont du mal à utiliser des crayons de couleur.
- ils ne savent pas jouer avec des cubes. Quand on leur donne un bac de cubes, ils se contentent de brasser les cubes, il ne leur vient pas à l'esprit qu'on peut faire quelque chose avec.
- un élève fait son activité en étant debout sur sa chaise : "Aydan assied toi". Le gamin va ranger son activité, il n'a pas compris.
- à un autre élève : "Louan, va prendre une activité", l'élève va s'asseoir.
- les mômes connaissent tous leurs couleurs en anglais, mais aucun ne les connaît en français (parce que l'appli de jeu gratuite sur les tablettes est en anglais)
- premières tentatives de fellation dans les toilettes. Les garçons regardent du porno dans le bus qui les conduit aux matchs de foot/rugby avec papa.
- la plupart des élèves pourraient être diagnostiqués comme ayant des TED (troubles envahissants du développement, incluant l'autisme), pourtant c'est juste l'effet des tablettes et du comportement des parents qui se débarrassent de leurs enfants.

- Elle a dû abandonner la lecture de livres pour enfants de ce niveau, pour des livres habituellement réservés à un public d'enfants de 18 mois/2 ans parce que les élèves ne comprennent rien. Ils n'ont pas de vocabulaire, leurs phrases ne sont pas structurées. Les instits commencent traditionnellement l'apprentissage des gestes d'écritures dès la fin de la grande section. Il s'agit de travailler la motricité fine, de comprendre ce que c'est "en dessous", "sur", "entre" ou "au-dessus" par rapport à une ligne. Elle ne peut plus le faire, car les élèves de 4 ans ont la motricité d'un enfant de 12 mois. Ils vont devoir reculer l'âge d'apprentissage de l'écriture, et donc de la lecture. »

La démission des parents est bien entendu totale, pardon, globale :

Mon lecteur :

« Les parents ne sont donc plus violents avec leurs enfants (on a beau jeu de légiférer sur la fessée quand presque tout le monde assomme son môme à coups de tablettes, de tétines, de poussettes et de sucreries), mais le deviennent de plus en plus avec le personnel enseignant. Ils mentent aussi sans vergogne, pour des motifs futiles. Ils se plaignent qu'on mette leurs mômes à la sieste. "Vous comprenez, quand ils dorment l'après-midi, à la maison, ils sont plein d'énergie". Avoir autre chose que des zombies, quelle horreur en effet... »

Et de comparer la situation avec d'autres endroits :

« On parle ici d'école de campagne, entendez-moi bien. Tout cela est confirmé par une autre connaissance, instit en Lozère.

Une amie institutrice en Australie reconnaît parfaitement ces descriptions, et ajoute que le manque d'empathie, et le manque de patience, sont absolument effarants. Un gamin de 5 ans est maintenant incapable d'attendre quelques minutes, ou se mettra à hurler comme un autiste à la moindre frustration.

Moi je veux bien qu'on m'explique que la baisse du QI c'est le grand remplacement, et que le grand remplacement ça doit nous inquiéter. Mais c'est le grand remplacement de l'humain par le zombie, par le golem, par le robot qu'on observe. Car face à la destruction du monde par la tablette, toutes les races et toutes les classes semblent également atteintes dans les témoignages qui nous sont faits.

Vous imaginez ces mômes dans quarante ans ? »

Non on ne les imagine pas. Ceux qui parlent de l'an 2100 se foutent de nous comme ceux qui parlent de reprise économique, de victoire contre la Russie, d'immunité à partir du vaccin.

Sources principales :

https://voxnr.com/49225/un-lecteur-met-en-garde-parents-et-enfants-contre-les-nouvelles-technologies-meurtrieres/

https://www.lemonde.fr/sciences/article/2021/06/28/les-confinements-ont-nettement-reduit-les-capacites-physiques-et-intellectuelles-des-enfants_6086079_1650684.html

Dictature sanitaire et Reset ou simple effondrement occidental ?

C'est le grand et dernier débat du moment. On nous prépare des horreurs ; mais est-ce pour obéir aux caprices des oligarques qui tiennent la planète (ou plus exactement le petit occident si timide au G7) ou parce que quelque chose de plus grave se prépare ? Mon lecteur et ami Alexandre l'a écrit ici : le grand Reset « c'est la pénurie et internet ». C'est avant tout la pénurie. Sur son blog déjà ancien, Patrick Reymond martèle notre épuisement des ressources et des énergies, un peu comme Ugo Bardi (et sa falaise de Sénèque) régulièrement traduit par Hervé sur lesakerfrancophone.fr. La pénurie sera terrible et frappera le monde entier. Voyez le déclin de vie américain expliqué depuis quinze ans par des observateurs alertes comme Michel Snyder (doublement du prix du logement et des voitures d'occasion en deux ans) et Howard Kunstler, qui recommande de vivre dans de petites villes.

Cela ne nous empêche pas d'être dirigé par des idiots de village médiatique. On laisse un concurrent résumer les vaticinations et décisions du G7 :

« Le document entérine la mise en place de passeports vaccinaux et de moyens de contrôle numériques pour tous les voyageurs du monde (si vous habitez l'un des pays concernés ou si vous y passez, attendez-vous à être infiniment plus surveillés et à ce que votre liberté de voyager soit entravée). Le document prévoit aussi la fin des véhicules à moteur fonctionnant aux carburants fossiles et la transition vers les énergies vertes et vers un objectif zéro carbone (si vous habitez l'un des pays concernés, attendez-vous à être plus pauvre car cela va couter très cher, et c'est vous qui paierez, attendez-vous aussi à un chômage élevé, à une croissance en chute libre, et apprenez à faire du vélo). Le document prévoit la fin des réfrigérateurs, des congélateurs et de l'air conditionné pour 2030, au nom d'un machin appelé le SEAD, Super-Efficient Equipment et Appliances Deployment (attendez-vous à un retour aux années 1950, ou l'absence de réfrigération et de congélation conduisait à des intoxications alimentaires, et attendez-vous si vous vivez dans des régions chaudes à transpirer). »

Le niais occident prétend par ce modèle misérable contrer la Chine :

« Comme tout cela implique des règlementations et des bureaucrates, le document prévoit aussi des embauches de bureaucrates par milliers et des dépenses par dizaines de milliards. En supplément, les signataires entérinent la mise en place d'un impôt minimal de 15 pour cent pour toutes les entreprises dans les pays concernés, et ils prévoient de dépenser des milliards pour équiper les pays en voie de développement en moyens d'utilisation d'énergies renouvelables, aux fins de contrer la Belt and Road Initiative chinoise, qui ne repose sur aucune de ces lubies. »

Sauf que la Chine, certainement mieux dirigée par son élite de bureaucrates, sera aussi victime de cette crise de l'énergie ; mais on lui fait plus confiance qu'à Macron et à ses éoliennes...

Je laisse ici Patrick Reymond prendre le relais. Il évoque la Russie puissance autarcique la plus riche du monde (et qui devrait le rester) :

« – Intoxication médiatique grave de Jean Quatremer : Il dit que la Russie n'est plus une superpuissance.

Bon, une puissance nucléaire capable de détruire la totalité de la flotte US en une journée, l'armée ukrainienne en une heure, l'OTAN en trois jours (optimisme débridé), qui est excédentaire pour toutes les matières énergétiques, ce qui en fait la caid le la cours de récré et de la planète, ouvre une usine par jour depuis 20 ans, parce que le bredin n'a pas compris que sans énergie, il n'y a tout simplement pas d'économie. Simplement en remontant les manettes du gaz et du pétrole, la Russie est capable de détruire l'économie mondiale en un claquement de doigts... »

L'abrutissement du journaliste moyen français est total : Quin et ses copains nous annonçaient un lâcher de croc par le sénile Biden : on a vu le résultat ; car on n'est qu'au début du prochain et rapide effondrement final des Etats désunis d'Amérique.

Puis Patrick évoque un article de Sannat sur l'effondrement du logement neuf en France. Rappelons qu'EDF produit 20% de moins d'énergie qu'en l'an 2000. Et ça donne :

«Sannat n'a pas compris... Quand on a moins d'énergie, on fait moins de tout, y compris des logements, gros consommateurs pour la construction. Et comme je l'ai dit, au bas mot, c'est la remontée du nombre de têtes par logement qui est à l'œuvre. 5 au lieu de 2.5, ce n'est pas encore beaucoup. Pour la « demande forte », on verra si elle est plus forte avec le resserrement bancaire. »

Tout cela est à rapprocher de l'explosion des prix du logement (doublement dans les Rocheuses) et des voitures d'occasion (+20% en six mois !) aux USA. Rappelons qu'en France l'âge médian de l'acheteur de voiture neuve est de soixante ans. En vérité on est déjà pauvre et on est déjà en pénurie. Comme je l'ai déjà écrit, nous sommes en mode reset depuis cinquante ans. La France produit beaucoup moins de voitures qu'en 1970. Et les trottinettes électriques pour bobos usagés ont remplacé partout ou presque le chopper d'Easy rider.

Et je ne sais plus si cela se terminera en dictature. Ils vont essayer mais on aura peut-être l'effondrement avant. Notre Lucien Cerise écrivait/répondait dans Rivarol :

« Le monde va donc sombrer dans l'inintelligence artificielle et le stade terminal de l'idiocratie. L'automatisation complète du globe terrestre, objectif poursuivi par le Great Reset, sera en fait le grand dysfonctionnement généralisé et la grande désorganisation méthodique de la vie sur Terre. Nous allons entrer dans le royaume de la déglingue définitive et de l'effondrement systémique dans l'abrutissement technophile. »

Autrement dit ce sera : déglingue par pénurie ou déglingue par tyrannie ; ou déglingue par les deux. On comprend pourquoi l'Assemblée nationale se met à persécuter les survivalistes !

La situation US est catastrophique, voyez le point quotidien de Snyder ; et on comprend pourquoi Biden ne la ramène plus face à Poutine, qui est dix fois mieux armé. On risque d'assister à un effondrement énergétique, économique, voire militaire de plusieurs pays occidentaux. Certains nonagénaires génocidaires comme Schwab ou la Reine de pique britannique essaieront de nous parler du reset et de transition énergétique, reprenant à leur manière torve le mot de Cocteau : « de ce mystère feignons d'être les organisateurs ».

Sources principales :

http://lachute.over-blog.com/2021/06/pele-mele-du-17/06/2021.html

Pénurie de logements neufs ! « On assiste à une chute vertigineuse de la construction neuve »

https://www.cultureetracines.com/actualites/lucien-cerise-nous-allons-entrer-dans-le-royaume-de-la-deglingue-definitive-et-de-leffondrement-systemique–n286

https://www.dreuz.info/2021/06/17/biden-humilie-les-etats-unis/

http://theeconomiccollapseblog.com/we-should-be-shocked-by-what-inflation-is-doing-to-home-prices-because-we-have-never-seen-this-before/

Dostoïevski et le Nouvel Ordre Mondial

Dostoïevski a annoncé dans ses Possédés le bric-à-brac souffreteux de notre enseignement avancé, des magistrats subversifs et de l'avant-garde ploutocratique qui rêve de parader humanitaire dans les soirées milliardaires et philo-entropiques. Notre société ne se renouvelle pas, elle fait du surplace depuis longtemps en fait, et Tocqueville, Edgar Poe, Tolstoï ou Dostoïevski en rendaient très bien compte.

Toute cette théologie les pieds dans l'eau aura liquidé notre bonne vieille civilisation en un siècle et demi ; et ce qui reste de monde libre n'a qu'à bien se tenir, car le feu nucléaire n'est pas loin. On devient, si l'on n'est pas un dégénéré, une menace pour la sécurité nationale américaine.

Dostoïevski décrit le basculement occidental vers l'adoration du mal à cette époque flétrie ; Il écrit :

« Le précepteur qui se moque avec les enfants de leur dieu et de leur berceau, est des nôtres. L'avocat qui défend un assassin bien élevé en prouvant qu'il était plus instruit que ses victimes et que, pour se procurer de l'argent, il ne pouvait pas ne pas tuer, est des nôtres. Les écoliers qui, pour éprouver une sensation, tuent un paysan, sont des nôtres. Les jurés qui acquittent systématiquement tous les criminels sont des nôtres. Le procureur qui, au tribunal, tremble de ne pas se montrer assez libéral, est des nôtres. »

Et Dostoïevski parle aussi des progrès de la presse libérale et de la nécessaire compréhension des criminels :

« Savez-vous combien nous devrons aux théories en vogue ? Quand j'ai quitté la Russie, la thèse de Littré qui assimile le crime à une folie faisait fureur ; je reviens, et déjà le crime n'est plus une folie, c'est le bon sens même, presque un devoir, à tout le moins une noble protestation ».

On connaît tous la longue tirade du Grand Inquisiteur dans les Frères Karamazov. Mais celle-ci n'est pas mal non plus, qui annonce Orwell, et tout le Nouvel Ordre Mondial anglo-saxon en fait :

« M. Chigaleff a étudié trop consciencieusement son sujet et, de plus, il est trop modeste. Je connais son livre. Ce qu'il propose comme solution finale de la question, c'est le partage de l'espèce humaine en deux groupes inégaux. »

Il y aura les illuminés ou l'élite, et les autres baptisés de populistes. Ici Dostoïevski annonce avec un bon demi-siècle d'avance les grands romans dystopiques. Il annonce bien sûr Huxley et son meilleur des Mondes. Il y aura ceux qui vont à Davos (siège de la Montagne magique de Thomas Mann) en jet et ceux qui subiront la mondialisation. Dostoïevski :

« Un dixième seulement de l'humanité possèdera les droits de la personnalité et exercera une autorité illimitée sur les neuf autres dixièmes. Ceux-ci perdront leur personnalité, deviendront comme un troupeau ; astreints à l'obéissance passive, ils seront ramenés à l'innocence première, et, pour ainsi dire, au paradis primitif, où, du reste, ils devront travailler. Les mesures proposées par l'auteur pour supprimer le libre arbitre chez les neuf dixièmes de l'humanité et transformer cette dernière en troupeau par de nouvelles méthodes d'éducation, – ces mesures sont très remarquables, fondées sur les données des sciences naturelles, et parfaitement logiques. »

Dans Les Possédés aussi, il envoie son équipe d'illuminés en Amérique où ils effectuent un stage. Cela donne la perle suivante où des apprentis célèbrent un millionnaire :

« Il a légué toute son immense fortune aux fabriques et aux sciences positives, son squelette à l'académie de la ville où il résidait, et sa peau pour faire un tambour, à condition que nuit et jour on exécuterait sur ce tambour l'hymne national de l'Amérique. Hélas ! Nous sommes des pygmées comparativement aux citoyens des États-Unis... »

Car l'Amérique est la puissance mimétique de René Girard, celle que tous doivent imiter. Les illuminés expliquent leur complexe d'infériorité et leur relation hypnotisée :

« ...nous avions posé en principe que nous autres Russes, nous étions vis-à-vis des Américains comme de petits enfants, et qu'il fallait être né en Amérique ou du moins y avoir vécu de longues années pour se trouver au niveau de ce peuple.

Tout cela évidemment a un coût : on se fait frapper et exploiter par le plus dur et incompétent des patronats (qui n'hésitait à briser les grèves en faisant venir plus d'immigrants souillons européens) :

« Que vous dirai-je ? Quand, pour un objet d'un kopek, on nous demandait un dollar, nous payions non seulement avec plaisir, mais même avec enthousiasme. Nous admirions tout : le spiritisme, la loi de Lynch, les revolvers, les vagabonds. »

L'univers des cowboys ou des gangsters, des stars et des milliardaires fascine déjà : en réalité l'Amérique n'a jamais eu à se forcer pour épater les imbéciles. Son éducation supérieure fait le reste, en transformant les élites mondiales en agents de son empire.

Evoquons deux autres livres.

La bêtise occidentale est cruelle, mais elle est aussi risible parfois (les humanistes massacrés d'Alep). J'ai publié un essai sur le satirique Crocodile de notre grand auteur.

Vers la fin du texte, la question animale revêt un aspect plus contemporain. C'est la zoophilie moderne et surtout le besoin de pénal qui vont s'exprimer :

« Depuis longtemps déjà, en Europe, on traîne devant les tribunaux ceux qui traitent sans humanité les animaux domestiques ».

La fin de Krokodil comme on sait échappe à toute logique. Un certain Prokhor Savitch s'amuse à la pensée de cette volonté prémoderne de respecter à n'importe quel prix les droits juridiques des animaux :

— Qu'importe que la pitié aille à un mammifère ou à l'autre ? N'est-ce pas à l'européenne ? On y plaint aussi les crocodiles, en Europe ! Hi ! hi ! hi !

Le roman L'Idiot proposait lui des envolées géniales, mais pleines de lucidité tragique.

Voyez le ton de Lebedev qui voit avant Nietzsche que le nouvel ordre mondial économique va créer ce dernier homme médiocre et rabougri :

« Et osez dire après cela que les sources de vie n'ont pas été affaiblies, troublées, sous cette " étoile ", sous ce réseau dans lequel les hommes se sont empêtrés. Et ne croyez pas m'en imposer par votre prospérité, par vos richesses, par la rareté des disettes et par la rapidité des moyens de communication ! Les richesses sont plus abondantes, mais les forces déclinent ; il n'y a plus de pensée qui crée un lien entre les hommes ; tout s'est ramolli, tout a cuit et tous sont cuits ! Oui, tous, tous, tous nous sommes cuits !... Mais suffit ! »

C'est l'effet de serre, le réchauffement climatique (qui est surtout psychologique dans nos parages abrutis) que notre auteur désigne.

Dostoïevski voyait même l'étoile absinthe de notre Apocalypse (Tchernobyl en russe !) poindre à l'horizon avec notre manie moderne des réseaux :

« Le collégien lui affirma que l'"Étoile Absinthe" qui, dans l'Apocalypse, tombe sur terre à la source des eaux, préfigurait, selon l'interprétation de son père, le réseau des chemins de fer étendu aujourd'hui sur l'Europe. »

Et de lancer un dernier défi aux promoteurs du Nouvel Ordre Mondial :

« Je vous lance maintenant un défi à vous tous, athées que vous êtes : comment sauverez-vous le monde ? Quelle route normale lui avez-vous ouverte vers le salut, vous autres, savants, industriels, défenseurs de l'association, du salariat et de tout le reste ? Par quoi sauverez-vous le monde ? Par le crédit ? Qu'est-ce que le crédit ? À quoi vous mènera-t-il ? »

Au nouvel ordre mondial et vaccinal…

Bibliographie

Fiodor Dostoïevski – L'Idiot (1869) – Les Possédés (1872) – ebooksgratuits.com

Nicolas Bonnal - Le Crocodile et Dostoïevski (en PDF sur France-courtoise.info)

Du retour de Malthus et du devoir de dépeuplement

Marx a écrit de nombreux textes contre Malthus. Il sentait que la tendance lourde ou finale serait au malthusianisme qui est le propre des élites anglo-saxonnes (normandes plutôt). Ces élites éternellement sans pitié ont dépeuplé l'Ecosse, l'Irlande et aussi le pays de Galles, dépeuplé par les guerres et le charbon, et où fut tourné l'effrayant Prisonnier. Puis elles ont créé une Amérique vide de rares colons où furent massacrés les indiens et exploités les esclaves africains. L'explosion démographique européenne et le capitalisme industriel peuplèrent cette Amérique, mais le Canada, la Nouvelle-Zélande et l'Australie restèrent vides ; on sait que ces médiocres dominions appliquent à la lettre la dictature sanitaire, avec une conscience que seule peut leur envier la France à Macron ou l'Allemagne de Merkel, qui applique le plan Morgenthau presque à la lettre.

Marx explique surtout que pour Malthus il faut rendre la population surnuméraire. Elle ne l'est pas au départ, mais elle le devient. On fabrique un être humain bon à rien dans les mégalopoles et puis on le lui reproche ensuite. Nous sommes de trop et pour être de trop – et donc « exterminables » – il faut être sans travail, ce qui arrive partout maintenant. Complexé ou abruti, le surnuméraire humain se laisse effacer.

Comme je l'ai expliqué dans mon texte sur le Reset, nous avons été conditionnés par le cinéma pour crever, et ce depuis un demi-siècle. Nous vivons une époque formidable qui relève en effet des bonnes dystopies des années 70. Je recommanderais ironiquement « Woody et les robots (Sleeper) »... En voyage dans les années 2200 dans une société néototalitaire, notre bon Woody trouve qu'elle ressemble à sa bonne vieille Californie sociétale. On n'y a aucune liberté, on n'y fait plus l'amour ni l'humour... Quant à ce qu'on y mange... On n'y voit pas d'enfants. On n'en voit jamais dans les films dystopiques. Car à quoi serviraient-ils en effet sinon à être mangés ? Kronos le mangeur d'enfants rime avec chronos le temps qui passe.

L'addiction technologique, les news, la théorie du genre, les migrations impromptues, le pullulement législateur (relisez Lao Tsé), l'ineptie fiscalité, le féminisme ultra, les éoliennes, la dinguerie écolo ou la mode hyper-végétarienne ont un seul but : la réduction du stock humain jugé pléthorique. Mais tout cela reste timide à côté du moyen définitif employé par nos grands-argentiers et usuriers : l'argent.

Rien de neuf depuis Marx et Malthus, dira-t-on.

Le coût de la vie devient fou en occident et il est nié par les instituts de statistiques ; on sait évidemment pourquoi. Car la folie haussière voulue par les banquiers centraux et leurs séides a un effet collatéral – une conséquence objective bien visible : le dépeuplement. Il est trop cher de faire des enfants, de les élever, de les mettre au monde au sens noble du terme.

Mon ami Hervé avait traduit pour lesakerfrancophone.fr un texte étonnant de l'économiste hérétique Chris Hamilton. Et lui donne une info que taisait Michael Snyder dans ses chroniques sur les US décatis : la belle chute démographique.

Et cela donne :

« De 2007 à 2018, les naissances aux États-Unis ont diminué de 470 000 sur une base annuelle, soit une baisse de 11 %. Le taux de fécondité aux États-Unis a également baissé, passant de 2,12 à 1,72 naissances, soit une baisse de 18 % (2,1 naissances chez les femmes en âge de procréer est considéré comme une croissance zéro). Cela s'est traduit par 4,5 millions de naissances nettes de moins aux États-Unis depuis 2007 que ce que le recensement avait estimé en 2000 et à nouveau en 2008. C'est plus d'une année entière de naissances qui n'ont jamais eu lieu. »

Chris donne les conséquences de cet effondrement forcé de la natalité :

« La forte baisse des naissances, par rapport à la hausse anticipée, et le ralentissement de l'immigration anticipée ont eu pour conséquence que le recensement a revu à la baisse la croissance de la population américaine jusqu'en 2050 de plus de 50 millions de personnes. »

Les détails arrivent chez notre économiste et accrochez-vous ? car ils sont effrayants et concernent toutes les races (même les gilets jaunes ?)...

« Le déclin des naissances aux États-Unis a été particulièrement marqué chez les personnes ayant les revenus et les actifs les plus faibles. De 2007 à 2016, les taux de fécondité des Amérindiens sont passés de 1,62 à 1,23. Le taux de natalité hispanique est passé de 2,85 à seulement 2,1. Le taux de natalité des Noirs est passé de 2,15 à environ 1,9 et celui des Blancs de 1,95 à 1,72 (mise à jour avec le rapport national des statistiques de l'état civil jusqu'en 2017 … Le taux de natalité des Hispaniques est tombé sous le seuil de remplacement à 2,006, celui des Noirs à 1,824 et celui des Blancs à 1,667). Encore une fois, ces taux de natalité ne sont valables que jusqu'en 2016, les baisses en 2017 et 2018 sont importantes et s'accélèrent. »

La natalité baisse ou s'effondre en Grèce en en France, en Espagne, en Italie, etc. Idem en Amérique du sud ou en Asie où le coût de la vie est prohibitif.

Hamilton explique la conspiration des Harpagon pour nous faire disparaître :

« La raison de la baisse rapide des taux de natalité depuis 2007 aux États-Unis et dans la plupart des pays du monde semble être les programmes actuels de ZIRP, les faibles taux d'intérêt et les programmes d'assouplissement quantitatif qui ont pour effet de gonfler les prix des actifs. »

Observation-clé de notre hérétique :

« La majorité des actifs sont détenus par de grandes institutions et par des populations qui ne sont plus en âge de procréer. Ces politiques se traduisent par une hausse des prix des actifs beaucoup plus rapide que celle des revenus. Par exemple, les éléments non discrétionnaires comme la maison ; le loyer ; l'éducation ; les soins de santé ; les assurances ; la garde d'enfants, etc. augmentent en flèche par rapport aux salaires. »

A moins de bosser dans le foot ou comme gardiens-cadres-supérieurs du camp électronique-GAFA, les jeunes adultes sont sacrifiés, on le voit autour de nous.Serveur dans un café paumé ou ingénieur sous-payé dans une métropole surpeuplée ; je connais personnellement des dizaines de cas, tous d'anciens étudiants du reste.

Hamilton écrit :

« Pour les jeunes adultes, cela signifie qu'ils comptent beaucoup plus sur l'endettement pour s'instruire et qu'une proportion beaucoup plus grande de leur revenu subséquent est consacrée au service de cette dette. Il en résulte aussi une plus grande dépendance des jeunes adultes à l'égard de l'endettement pour acheter une maison ou une plus grande partie de leur revenu pour payer leur loyer, fournir des soins de santé, s'assurer ou s'occuper de leurs enfants (puisque les deux parents travaillent généralement à temps plein). »

On liquide les stocks de population pauvre :

« Le résultat net de ces politiques du gouvernement fédéral et de la banque centrale visant à stimuler le marché boursier, le prix des maisons et l'effondrement des intérêts payés sur l'épargne est l'effondrement des taux de natalité et du total des naissances. Cela diminue la demande actuelle et future et la qualité de vie des jeunes, des pauvres, surtout des non-Blancs, ce qui représente peut-être le plus grand transfert de richesse que l'humanité ait connu. »

Le robot remplacera le philippin. La bourse monte comme ça, miraculeusement, indépendamment du chiffre d'affaires et des perspectives macroéconomiques. Les banques centrales suffisent à rassurer les marchés par leur comportement saligaud. Le super-Mario a bien mérité de son employeur Goldman Sachs. Par contre, si le marché n'a plus besoin de notre consommation, mais seulement de notre disparition ou de notre remplacement, faisons notre prière...

Et Chris de conclure pour nous éclairer :

« Ainsi, les États-Unis continuent le débat ridicule sur le « Mur de Trump » et les naissances internationales continuent de s'effondrer de Chine en Russie, en Europe, au Japon, en Corée du Sud, etc. Le coupable de la décélération des naissances est la « médecine » de la banque centrale et du gouvernement fédéral pour gaver le prix des actifs, détruisant l'avenir pour faciliter la vie des riches et des personnes âgées. Il en résulte un effondrement des taux de fécondité dans le monde entier [...] ce qui fait que les gains financiers sont transférés à une minorité décroissante de détenteurs d'actifs et les pertes aux jeunes, aux pauvres et à ceux qui ont peu ou pas de biens. »

C'est Gilles Chatelet que j'ai évoqué ici qui mêlait Hermès (la duperie de la communication typique de notre monde néototalitaire) et le vieux scélérat anglican. Car comme on citait Malthus et son irréprochable et inusable essai sur les populations :

« Un homme qui est né dans un monde déjà occupé, s'il ne peut obtenir de ses parents la subsistance qu'il peut justement leur demander et si la société n'a pas besoin de son travail, n'a aucun droit à la plus petite portion de nourriture et, en fait, il est de trop. Au grand banquet de la Nature, il n'a pas de couvert pour lui. »

Très juste donc, grand maître et inspirateur de nos socialos-néo-libéraux. A ceci près qu'aujourd'hui, non content d'interdire la table aux pauvres, on vire de table une partie de ceux qui étaient déjà assis. C'est même pour cela qu'on nous demande de voter... on verra si les exterminés réagiront...

Rappelons que les Harpagon qui dirigent le monde, les décisionnaires donc, sont des nonagénaires génocidaires. On a la famille d'Angleterre, le prince Charles, Schwab, Rockefeller, Soros, Rothschild, Gates (qui a 66 ans mais en paraît le double), des poignées de faces hideuses effritées qui n'ont qu'une seule obsession : liquider la jeunesse et dépeupler à coups de vaccins ou de privations.

Ecrabouillement de Trump et soumission de la masse occidentale

Je n'ai pas longtemps cru à la prise d'assaut du capitole par les patriotes américains ; je me disais en effet que les patriotes resteraient chez eux à cliquer et à râler comme nous. Et j'avais raison, puisque Mike Adams sur naturalnews.com a vite parlé de masse endormie et surtout de false flag. Après le printemps arabe on a créé un printemps américain pour imposer ici comme dans ces braves pays jadis nationalistes, socialistes et libres (aujourd'hui islamistes et technophiles) l'idéologie woke dont a besoin le système non pas pour nous soumettre, mais pour nous exterminer – surtout dans les pays occidentaux, qui sont ceux de la vieille race blanche que j'ai dénoncée il y a dix ans.

Trump dont j'ai toujours parlé amusé est un Berlusconi yankee, un idiot utile qui a servi à radicaliser le système, mais aussi un idiot inutile. La rage du petit blanc était plus forte en 2012 ou en 2016, et si la Clinton était passée en 2016 on aurait assisté à une résistance. Le Donald a radicalisé l'ennemi qui est revenu plus fort que jamais et il a anesthésié et neutralisé les petits blancs (je me suis fait insulter pour écrire cela, mais insulter…) ; Il a enrichi la Chine et Wall Street comme personne, obéi à Fauci comme personne, et démantibulé l'occident comme personne. Il a aussi repoussé Assange, Poutine, la Russie comme personne, et je n'ai pas envie de continuer, les aveugles parmi les antisystèmes étant devenus pires que les aveugles du système.

Il fallait être « un optimiste, c'est-à-dire un imbécile heureux » (Bernanos) pour penser que « trahi de toute part, accablé d'injustices », le guignol orange prendrait des risques pour sauver son électorat qui préfère le clic et la télé à la liberté, ou qui s'achète des armes comme des médicaments. Dans cette histoire le smartphone a joué un rôle fantastique : regardez autour de vous dans la rue et vous verrez que, masqués ou pas, les zombis ont tous ou presque le pif dans le smartphone. Masqué et vacciné fera partie du kit. On est déjà en mode techno-zombi, ils le savent en en profitent.

On nous a fait le coup du coup d'Etat fasciste et cela a marché comme à la parade, avec ce viking indien vu déjà chez les antifas et BLM, que Mike Adams a eu tôt fait de reconnaître. Cela montrait que le Donald était totalement isolé dans son narcissisme obtus, lui qui de toute manière a fait comme personne la pub du vaccin avant de le refourguer aux israéliens (les pauvres...). Trump aura marqué pour la énième fois la bouffonnerie des populistes et des libéraux de droite, des vieux droitistes et des je-ne-sais-quoi encore. Pour moi qui ai étudié et vécu cela depuis quarante ans, cette sanie confirme la notion de présent éternel avec un ricanement. Car Trump ce n'est que leur général Boulanger. Une coterie de mécontents, de réacs et de bidons qui se réunissent pour râler et tempêter, puis se dispersent à la première pluie, au premier vent, comme dirait le vieux Rutebeuf.

La suite va être abominable mais comme je l'ai dit le peuple la veut cette suite. Il faut arrêter de s'aveugler, rares résistants. Le peuple veut du grand Reset lui aussi : il veut moins travailler, se vacciner, moins polluer, moins se reproduire. Il est fatigué le peuple, comme l'a vu Nietzsche dès la fin des années 1880. On pourra aussi relire Maupassant qui montre comme Drumont l'arrivée du parisien moderne. C'est une médiocrité ontologique séculaire comme le catho d'aujourd'hui ou son monstre de pape, médiocrité que l'on assoupit ou que l'on conditionne pour les guerres contre l'Allemagne, l'arabe, le chinois, le virus. Ce type-là disait Drumont est un nihiliste qui ne tient à rien, pas même à la vie qu'on va lui enlever avec le Reset. De toute manière Greta lui a expliqué l'an dernier qu'il était de trop : du coup les maires écolos ont pris toutes les grandes villes françaises d'assaut, et on ne parlera pas de ce qui se passe en Angleterre ou en Allemagne ! Le système n'impose rien, c'est ce que je veux dire.

La suite va être une abomination. La grosse masse des zombis va se faire liquider ou va être privée de tout, tout en étant contente. La plupart des résistants trop vieux et trop mous continueront de cliquer et subiront le joug comme les autres. Refuge alors avec armes et pièces d'argent dans les campagnes dans des coins reculés, dans les montagnes ? Attention, ils ont la technologie, ils ont les drones (voyez l'excellente séquence de Bourne avec le drone) et ils auront tous les moyens de couper (cf. le général Barrons de l'OTAN) électricité, comptes bancaires, eau, etc. aux contrevenants et même aux autres. Certes si nous avions plus résisté ils auraient été moins méchants. Ils créent maintenant l'élite de SS et de kapos, de commissaires politiques et médicaux dont ils ont besoin pour liquider la masse.

Tout se sera passé comme dans le western de Richard Brooks La Dernière chasse : on voit les bisons se faire abattre (to shoot : vacciner) et continuer de brouter et de bailler. Les autres bisons peu futés s'en foutent.

Notre esclavage n'a fait que progresser depuis trois siècles. Il a été hallucinatoire (politique) et technique. Sur ce thème Jünger a tout dit dans son Traité du rebelle :

« L'homme tend à s'en remettre à l'appareil ou à lui céder la place, là même où il devrait puiser dans son propre fonds. C'est manquer d'imagination. Il faut qu'il connaisse les points où il ne saurait trafiquer de sa liberté souveraine...Tout confort se paie. La condition d'animal domestique entraîne celle de bête de boucherie. »

Cela c'est pour la masse. Pour l'élite dont a bien parlé Jack London (le Talon de fer) l'expression-clé c'est : « conviction de bien faire ».

Sources

Nicolas Bonnal – Littérature et conspiration – Guénon, Bernanos et les gilets jaunes

Ecroulement militaire et « wokenisme » US

« Les forces armées américaines ne sont plus qu'un département d'aide sociale avec des drones. »

L'effondrement militaire américain est une évidence. On a même vu Hollywood s'en mêler avec le film 13 hours du cinéaste boutefeu Michael Bay qui montre la désorganisation et l'incapacité sur le terrain. De ce talentueux et lucide bouilleur d'images on recommandera aussi Gain and Pain et The Island qui explique comment on maintient des gens prisonniers (clones sans le savoir) dans une bulle d'extermination : en les maintenant dans l'enfance, et en leur faisant croire qu'il y a une épidémie au dehors...

Mais restons-en à la folie pentagonale. Il semble que Biden va encore être un plus gros cadeau que Trump pour les ennemis de l'empire – sauf si le gâteux s'effondre sur un bouton nucléaire pour en finir avec Poutine... On connait tous (sauf au Monde ou à Libé) les progrès des armes russes et chinoises. Une fois que la suprématie liée à la flotte et à l'aviation est terminée, que reste-t-il ? De la communication et du wokenisme. Les imbéciles auto-hypnotisés qui annonçaient que les généraux américains allaient remettre Trump au pouvoir (lui le louveteau de Wall Street, disciple d'Epstein, bon apôtre du vaccin, de Wall Street et de Netanyahou...) en seront pour leur grade. Les généraux sont des enthousiastes de la révolution des éveillés qui à coups de Reset, migrants ou de LGBTQ achève l'occident...

L'armée US n'a donc plus grand-chose à voir avec le vieil Hollywood et John Wayne. Et cela commence à se savoir en Amérique. Le courageux Tucker Carlson en parle dans son journal télévisé (remplacera-t-il le gourou New Age Trump la prochaine fois ? Ce serait bien...). La revue Revolver.news écrivait le 13 mars :

« Tucker Carlson n'a peut-être jamais servi dans les forces armées, mais il est en train de gagner de manière décisive une guerre de relations publiques contre l'armée américaine. Cela ne devrait surprendre personne, bien sûr. L'armée américaine perd la plupart des guerres qu'elle

mène de nos jours.
» Pendant le long âge d'or de l'Amérique en tant que pays, l'armée s'abstenait généralement de faire de la politique et gagnait les guerres. Mais dans l'empire mondialiste américain en déliquescence, l'armée joue un rôle très différent. Protéger l'Amérique et gagner des conflits ne sont pas du tout le but de l'armée. Au lieu de cela, les forces armées sont devenues une peau de chagrin [dans le domaine qui est traditionnellement le sien de faire la guerre et de la gagner]. Cette institution autrefois formidable a été transformée en un véhicule pour les objectifs politiques intérieurs des globalistes et de la gauche. »

Revolver.news parle alors de l'Afghanistan, de la brillante invasion et occupation de cet espace pas comme les autres qui fascina Kipling :

« L'objectif de politique intérieure de l'armée apparaît également dans la manière dont elle est utilisée. L'Amérique maintient 2 500 soldats en Afghanistan, qui sont inutiles pour contrôler le pays ou vaincre les talibans. Leur seul objectif est national, afin de permettre aux politiciens de Washington de se présenter comme durs face au terrorisme, favorables aux droits des femmes ou vaguement "pro-militaire". Deux fois plus de troupes sont déployées autour du Capitole de Washington D.C., ostensiblement pour le "protéger" d'une "insurrection de droite".

On avait vu il y a quelques années Lara Croft alias Angelina donner des cours de wokenisme aux généraux. Lucien Cerise en avait aussi très parlé de cet OTAN comme organisme d'avancement sociétal…

Biden en outre agit comme Sarkozy ou Hollande, chefs d'Etat des démocraties devenues folles. Il délaisse ses frontières et va porter la mort à l'autre bout du monde. Il laisse rentrer les migrants du Mexique (migrants venus du sud qui désolent aussi le bon président mexicain…), tout en voulant confiner indéfiniment ce qui reste du pays.

Revolver.news :

» Pendant ce temps, aucune troupe n'est déployée le long de la frontière entre les États-Unis et le Mexique, même si des centaines de milliers de personnes traversent la frontière illégalement chaque année et même si la protection de la frontière a été l'obligation traditionnelle des armées permanentes tout au long de l'histoire de l'humanité. Pourquoi ont-elles disparu ? Parce que seules les armées concentrées sur les menaces étrangères protègent la frontière de leur pays. L'armée américaine est tournée vers l'intérieur. »

Et le courageux et anonyme journaliste d'enfoncer le clou :

« L'Amérique ne dépense pas $700 milliards par an pour décourager l'agression chinoise ou vaincre les talibans. L'Amérique dépense $700 milliards par an pour dire aux femmes qu'elles sont tout aussi bonnes que les hommes pour être soldats et marins. Elle dépense $700 milliards par an pour affirmer, contre toute évidence extérieure, que "la diversité est notre force". Elle dépense $700 milliards pour soutenir les bilans des industriels de la défense et fournir une aide sociale de facto à la classe moyenne inférieure. Elle dépense $700 milliards pour permettre aux soldats transgenres de changer gratuitement de sexe. Réduire de moitié le budget de la Défense pourrait être l'approche la plus appropriée pour une "réforme de l'aide sociale".

Une belle définition de l'armée pour terminer :

« Après tout, les forces armées américaines ne sont plus qu'un département d'aide sociale avec des drones. »

Attention ce n'est pas nouveau : dans le brillant et libertarien recueil de textes Reassessing the presidency, Michael Levin et Ralph Raico ont montré le rôle destructeur des militaires dans la société. J'ai insisté sur ce point dans mon livre sur la comédie musicale (les comédies à base de marins et d'escales...). Les marins sont un instrument de déliquescence, un anti-modèle en Amérique et ailleurs, amenant bordels, bases, vices, passe-droits et ingénierie sociale. De ce point de vue le wokenisme est le couronnement de cette école de dégénérescence qu'on appelle l'Amérique, et qui effarait Baudelaire alors traducteur du visionnaire Edgar Poe. Mais on en a déjà parlé.

En attendant l'empire retourne sa violence contre sa population : voir l'Israël, l'Europe ou l'Amérique : comme on sait en temps de paix les suicides augmentent. Et comme ces imbéciles ne peuvent plus livrer (je ne dis pas gagner) de guerre, ils exterminent leurs peuples. Céline encore et toujours :

« Une hébétude si fantastique démasque un instinct de mort, une pesanteur au charnier, une perversion mutilante que rien ne saurait expliquer sinon que les temps sont venus, que le Diable nous appréhende, que le Destin s'accomplit. »

Sources

https://www.revolver.news/2021/03/the-pentagons-fight-with-tucker-carlson-proves-it-doesnt-even-exist-to-win-wars-anymore/

Reassessing the presidency – Mises Institute (PDF gratuit).

Bonnal (Tetyana/Nicolas) - Céline, le pacifiste enragé ; la comédie musicale américaine (Editions Tatiana, Amazon.fr)

Néo-colonialisme occidental et fascisme vert

EDF privatise ses barrages et on pense en détruire beaucoup, ce qui pourrait créer des inondations sur Paris, m'apprend Antoine, un ami qui vit en Bourgogne, et dont le restaurant ne peut plus rouvrir depuis des mois. Le meurtre économique accompagne et précède le génocide humain et il a les couleurs vertes de l'écologie. Pour le défunt prince Philip comme pour les agents Smith de Matrix, les robots sont le futur et les humains sont les virus. L'objectif du Reset date des années 70 (sur le plan politique) ; mais de tout cela nous avons déjà parlé. Je renverrai au chapitre du Capital (I, VI) où Marx explique comment les féodaux chassent des paysans affamés pour les remplacer par du gibier. Les mêmes féodaux (les Sutherland, comme le sinistre commissaire européen) sont déjà Woke et promeuvent la fin de l'esclavage noir en Amérique pendant qu'ils exterminent leur population locale. C'est typiquement britannique, notez. La scène se passe en Ecosse, comme dirait Jarry. Pour le reste il faut le dire une fois pour toutes : la préoccupation postmoderne et mondialiste pour l'environnement a des buts exclusivement (je dis bien exclusivement) génocidaires, comme la lutte contre cette épidémie. Car ceux qui installent du 5G et des éoliennes partout ne vont pas nous faire le coup du respect pour la nature, pas vrai ?

Austin Williams, architecte et essayiste anglais a mis le doigt sur un autre crime de nos élites écologiques. En un mot sa thèse, sa constatation c'est : il ne faut plus vous développer. Les pays en voie de développement doivent comme nous en Europe devenir des pays en voie de sous-développement. Sinon ils polluent.

Austin Williams rappelle que ces pays pauvres ont été jadis martyrisés par la dette et le FMI : « L'Occident utilise le changement climatique pour retenir le monde en développement. De grands mots, mais derrière eux se cache une sombre réalité. Les pays «vulnérables» dont parle Sharma sont des États souverains pauvres qui ont été vissés pendant des décennies par des organismes supranationaux, comme le Fonds monétaire international et la Banque mondiale. Et ils sont sur le point de se faire défoncer à nouveau par les mêmes institutions, mais cette fois au nom de la sauvegarde de la planète. »

Williams explique :

« Dans les années 80, les institutions mondiales, comme le FMI, ont fourni une aide financière aux pays en développement à la condition qu'ils modifient leurs politiques économiques , réduisent l'inflation, dévaluent leur monnaie, etc. Ces soi-disant programmes d'ajustement structurel (PAS) ont imposé des diktats de style impérial sur la manière dont ces pays lourdement endettés ont été autorisés à se développer. Ils les ont forcés à restreindre la demande interne, à réorienter la production en fonction des priorités des marchés extérieurs et à imposer des politiques qui fourniraient un beau retour au donateur. »

Et d'un coup, alors que la dette occidentale explose formidablement (d'ailleurs à dessein, pour réduire à la famine les populations), on ne parle plus de dette mais d'environnement. Et les bourreaux d'imposer leur doxa Ubu et orbi :

« Ces dernières années, les dirigeants et les institutions mondiaux ont changé de cap. Ils ne disent plus aux nations soumises comment elles doivent se développer. Au lieu de cela, ils poussent les pays en développement à se demander s'ils veulent se développer. Au nom de l' environnement , ils encouragent les pays en développement à rester là où ils sont, à l'abri de quelque chose d'aussi étranger que le progrès économique. »

Se réservant de grandes chasses initiatiques (pensez au Saint Julien de Flaubert), nos féodaux envoient promener toute idée de progrès et de développement avec l'aides des écolos :

« Ce n'est pas une surprise. Dans les cercles occidentaux, l'idée de «développement» a longtemps été présentée comme une mauvaise chose. Écrivant dans Open Democracy , les auteurs de «Development» is Colonialism in Disguise soutiennent: «Le Sud imite le Nord, captivé par ses modes de vie éblouissants dans un cours apparemment imparable qui pose de plus en plus de problèmes sociaux et environnementaux. Sept décennies après que le concept de «développement» a éclaté sur la scène, le monde entier est embourbé dans le «sous-développement».

Tout cela permet de renforcer le joug colonial (je ne dis pas même néocolonial) :

« Pour des misérables comme ceux-ci, c'est un récit simple: l'Occident s'est (mal) développé, nous devons donc empêcher le monde en développement de «faire les mêmes erreurs». Les auteurs ignorent la paupérisation continue des pays sous-développés. Et ils refusent de reconnaître leur propre état d'esprit colonial, dans lequel le développement dont l'Occident a bénéficié doit être refusé aux plus pauvres et aux sans voix du monde (qui, d'ailleurs, semblent vouloir le développement). »

Malheureusement tout cela est orchestré par l'ONU qui a calculé l'humanité depuis 1945 :

« Cette antipathie vis-à-vis du développement est inscrite dans l' étude de l' ONU en 2012 sur son plan d'action de 1992, initialement formulé lors du Sommet de la Terre à Rio. L'ONU se plaignait que, jusqu'à présent, «les donateurs accordaient le plus souvent la priorité à la participation à des projets dits axés sur le développement et non à la gouvernance du développement durable». Au lieu de cela, l'ONU a exhorté les agences donatrices à se concentrer sur l'environnement, le développement durable et le changement climatique.

Et Williams de résumer ce que nous savons maintenant :

« L'ONU et les agences d'aide méconnaissent effectivement la souveraineté, sans parler des désirs, des nations auxquelles elles prêtent de l'argent. Et, ce faisant, ils contrecarrent les aspirations de développement des pays pauvres. À la place de telles aspirations, l'agenda vert inculque un message de limites et dépeint le développement comme un processus uniquement destructeur. »

Les pays pauvres comme le Malawi n'ont donc plus droit au développement :

« Le Malawi n'a donc peut-être pas d'économie à proprement parler, mais il a un littoral magistral, un paysage préservé, une faune et des écosystèmes. Tous ces éléments, selon l'ONU, doivent être pris en compte dans les comptes économiques d'une nation. De cette manière, la logique folle de l'environnementalisme décide que les pays non en développement les plus pauvres sont vraiment très riches. »

Et comme le monstrueux Bill Gates passait encore par-là :

« Dans Comment éviter une catastrophe climatique, Bill Gates préconise même de «payer les pays pour maintenir leurs forêts». Cela signifie en fait qu'il faut corrompre les pays pour qu'ils s'arrêtent pour sauver la planète. »

Il est amusant de rappeler que le bois se raréfie et que son coût a triplé en un an aux USA. L'inflation va servir aussi à nous liquider et les règlements écolos (on ne peut plus rien faire, il faut tout saboter) fabriquent de la pénurie de masse, ce qu'ala suvait compris le Donald tant honni.

La suite est prévisible : le retour de la politique de la canonnière pour contraindre les pauvres à le rester. Williams :

« Les politiciens et les organes politiques occidentaux tombent maintenant sur eux-mêmes pour être à l'avant-garde de cet effort néocolonial pour mener la lutte mondiale contre la crise climatique et dicter les conditions d'un développement écologiquement responsable au Malawi ou en Afrique subsaharienne. »

Mise en place dès le début du vingtième siècle (les 300 qui gouvernent le monde de Rathenau), la classe mondialiste contrôle tout depuis 1945 sous l'égide des USA. L'agenda fut révélé dans les années 70 (voyez mon texte sur le grand reset qui se termine) et aujourd'hui, devenue folle et sûre de son outil informatique de contrôle, cette même surclasse planétaire veut passer à la dystopie et à l'extermination. Mais l'essai de Williams permettait de voir que le petit blanc n'est pas la seule victime de son atroce projet. Il y en aura pour tout le monde, du contrôle, de la pénurie, et du dépeuplement.

Je ne sais pas ce qui nous fera réagir. Si la masse se laisse liquider, j'invite les éveillés à survivre comme ils le peuvent, ou à combattre. Une chose est sûre : les bourreaux volontaires dont j'ai parlé se multiplient pour nous éliminer aussi. Rappelons pour terminer les origines esclavagistes et nazies de la tribu Van der Leyen. C'est dans Wikipédia, alors pourquoi se priver ?

La plus parfaite et plus armée tyrannie de l'histoire de l'humanité vient de commencer, avec la bénédiction du pape vert.

Quelques sources :

Austin Williams est l'auteur de l'Academy of Ideas ' Letters on Liberty: Greens: The New Colonialists .

https://academyofideas.org.uk/letters-on-liberty-greens-new-neocolonialists/

https://reseauinternational.net/pourquoi-le-grand-reset-se-termine-et-ne-commence-pas/

https://reseauinternational.net/le-nouvel-ordre-mondial-et-ses-bourreaux-volontaires/

https://reseauinternational.net/la-25eme-heure-et-la-prophetie-de-notre-extermination-technique/

https://www.spiked-online.com/2021/04/26/neo-colonialism-has-gone-green/

Macron et la France « orange psychiatrique »

Macron tient cet hexagone et il ne va pas le lâcher. Pourquoi se fatiguer à organiser des élections présidentielles que de toute manière il gagnerait grâce à BFM, au juge, au bobo, à l'écolo, au bourgeois ? Macron est venu à point pour profiter de ce qui faisait rêver Sarkozy : la France « orange psychiatrique. » si l'on veut se consoler, on précisera que l'élite chinoise est indélogeable, que l'élite anglaise l'est aussi : que Netanyahou ou Merkel sont au pouvoir depuis treize ou trente ans, et qu'en somme la gouvernance totalitaire est déjà en place dans presque tous les pays.

Si la France est devenue un pays relativement violent, elle est surtout devenue un pays sous contrôle psychiatrique permanent. De ce point de vue la référence à Kubrick reste essentielle car Orange mécanique est d'abord une réflexion sur le conditionnement moderne – bien plus que sur la violence et le sexe qui servent de prétexte au dit conditionnement. Le conditionnement permet comme le masque et la distanciation de créer cet individu robotique dont rêve le pouvoir moderne, et finalement tout pouvoir. Dans le film le conservateur Tory vire au fascisme, comme Boris Johnson, Merkel, Bayrou, tant d'autres…

Ce à quoi nous assistons planétairement c'est à un triomphe des Etats et des administrations, y compris et surtout dans les pays prétendument libéraux ; les penseurs libéraux m'ont toujours paru hypocrites ou ridicules dans leur défense des belles démocraties anglo-saxonnes…. Le flicage mondial convient parfaitement au pouvoir, comme les technologies et c'est pourquoi ils affolent, ruinent et terrorisent leur population en attendant d'en liquider une partie. L'Etat hégélien se réalise partout, qui avait fait de Bonaparte (« cette âme du monde », disait Hegel) son modèle.

Citons Marx et son Dix-huit Brumaire qui évoque le Second Empire, régime qui inspira Maurice Joly et ses dialogues aux enfers :

« Chaque intérêt commun fut immédiatement détaché de la société, opposé à elle à titre d'intérêt supérieur, général, enlevé à l'initiative des membres de la société, transformé en objet de l'activité gouvernementale, depuis le pont, la maison d'école et la propriété communale du plus petit hameau jusqu'aux chemins de fer, aux biens nationaux et aux universités. La république parlementaire, enfin, se vit contrainte, dans sa lutte contre la révolution, de renforcer par ses mesures de répression les moyens d'action et la centralisation du pouvoir gouvernemental. Toutes les révolutions politiques n'ont fait que perfectionner cette machine, au lieu de la briser. Les partis qui luttèrent à tour de rôle pour le pouvoir considérèrent la conquête de cet immense édifice d'État comme la principale proie du vainqueur. »

On répète car c'est grandiose : « Toutes les révolutions politiques n'ont fait que perfectionner cette machine, au lieu de la briser. »

Dans le cas de Macron on sait que le parti n'avait pas d'antécédent. C'est un parti d'aventuriers, comme a dit Régis de Castelnau. Et c'est tant pis pour les Français et tant mieux pour l'horreur qui doit se passer en France l'an prochain.

Marx explique encore, et voyez comme cette situation de présent éternel, comme j'aime à dire s'applique pour nous :

« Ce n'est que sous le second Bonaparte que l'État semble être devenu complètement indépendant. La machine d'État s'est si bien renforcée en face de la société bourgeoise qu'il lui suffit d'avoir à sa tête le chef de la société du 10 Décembre, chevalier de fortune venu de l'étranger, élevé sur le pavois par une soldatesque ivre, achetée avec de l'eau-de-vie et du saucisson, et à laquelle il lui faut constamment en jeter à nouveau. »

D'où le désespoir qui aide à maintenir la dictature :

« C'est ce qui explique le morne désespoir, l'effroyable sentiment de découragement et d'humiliation qui oppresse la poitrine de la France et entrave sa respiration. Elle se sent comme déshonorée. »

Déshonneur après la manif pour tous, déshonneur après les gilets jaunes... Un petit livre de développement personnel pour surmonter tout cela alors ? Comme disait Boris Vian, fils des guerres et de la crise de 29, « ils cassent le monde, il en reste assez pour moi ! »

Le contrôle psychiatrique avant de devenir chimique et audiovisuel fut d'abord tatillon et bureaucratique. Pas besoin de citer Tocqueville pour rappeler que c'est ainsi que l'on crée le troupeau commode qui se masque ou se confine. C'est le développement de cette bureaucratie qui comme dans la Chine eunuque décrite par le sociologue hongrois Balasz crée ce citoyen bancal, handicapé, plus très bon à grand-chose. Certains comme nous peuvent avoir une nostalgie athénienne ou rousseauiste du citoyen autonome qui enflammait les romantiques allemands comme Schlegel, mais comme les autres dépendent de leur pitance étatique, de leur bureaucratie policière et médicale... Il est amusant de rappeler que les deux rares défenseurs de la liberté individuelle et du libre choix dans Orange mécanique sont le gardien de prison et le bon aumônier. Mais ils incarnent un ordre ancien – et donc moqué et caricaturé chez Kubrick – qui va disparaître devant l'appareil des Gestapos médiatiques et médicales. Le reste acclame le ministre Tory qui prépare déjà le virage fasciste de l'Angleterre anticipée par Burgess, dont la femme avait été violée pendant la guerre par des soldats américains.

C'est l'éminent Castelnau, comme je le disais plus haut, qui a le mieux défini le régime de Macron. Les deux tyrans mondialistes comme Sarkozy ou Hollande furent vus comme étant de droite ou de gauche. Il fallait être au centre-droit, et Macron le fut avec tous les Bayrou, cathos et maçons de la place, partant résolument le bourgeois. Il fallait être aussi roué et aventurier, et il le fut dès le début. Marx encore :

« A côté de « roués » ruinés, aux moyens d'existence douteux, et d'origine également douteuse, d'aventuriers et de déchets corrompus de la bourgeoisie, des forçats sortis du bagne, des galériens en rupture de ban, des filous, des charlatans, des lazzaroni, des pickpockets, des escamoteurs, des joueurs, des souteneurs, des tenanciers de maisons publiques, des porte-faix, des écrivassiers, des joueurs d'orgues, des chiffonniers, des rémouleurs, des rétameurs, des mendiants, bref, toute cette masse confuse, décomposée, flottante, que les Français appellent la « bohème ». »

Castelnau a décrit cette faune LREM sur son blog :

« ...chez LREM, recrutés sur CV par Jean-Paul Delevoye y voisinent commerçants faillis, aventuriers, opportunistes sans principe, incompétents notoires et parfaits ahuris dont la seule caractéristique est d'obéir au doigt et à l'œil aux gardes chiourmes nommés par Macron pour les surveiller. Et les punir si jamais ils renâclent. Ce parlement croupion humiliant pour la France, est fort utile à Emmanuel Macron qui l'a complètement enrégimenté. Il n'est que de voir comment sont fixés les ordres du jour, proposés des textes liberticides adoptés sans aucune discussion véritable pour mesurer l'ampleur du désastre... »

La même bohème fut à l'œuvre avec le nazisme qui fut aussi une dictature gay (lisez le Rose et le brun de Philippe Simonnot), écolo, pharmaceutique et petite-bourgeoise. N'oublions pas sa russophobie...

Comme on trouve tout dans les classiques, on trouve même la notion de mascarade chez Marx :

« Vieux roué retors, il considère la vie des peuples, leur activité et celles de l'État, comme une comédie au sens le plus vulgaire du mot, comme **une mascarade, où les grands costumes, les grands mots et les grandes poses ne servent qu'à masquer les canailles les plus mesquines.** Ce Bonaparte, qui s'institue le chef du sous-prolétariat, qui retrouve là seulement, sous une forme multipliée, les intérêts qu'il poursuit lui-même personnellement, qui, dans ce rebut, ce déchet, cette écume de toutes les classes de la société, reconnaît la seule classe sur laquelle il puisse s'appuyer sans réserve... »

C'est la racaille des banlieues (revoyez les images de Macron à Pantin) et des universités anglo-américaines qui s'impose : c'est la génération Mitterrand. Quel bourgeois ne rêve d'envoyer son rejeton en Angleterre ? On a assisté à un basculement anthropologique et pédagogique ici, et à l'émergence d'une élite techno-fasciste et cosmopolite qui va nous en faire voir de toutes les douleurs... Elle s'appuie sur la racaille de rues qui sert de supplétif à une police alléchée par le sang.

Terminons sur cette France « orange psychiatrique », qui a peur du virus, de musulman, du pollueur, du complotiste, du démasqué, mais pas de l'hydre qui la dévore. Il y a six ans Gérard Chaliand déclarait :

« L'autre jour, je suis passé à la pharmacie et la pharmacienne me disait que les clients défilent, depuis le 13 novembre, pour prendre des calmants. Les gens se demandent ce qui va se passer ; ils ont peur. Les médias nous pourrissent la vie avec leur audimat. Ils rendent service à Daech ; ils font leur propagande : si je relaie six fois un crime de guerre de l'ennemi, je lui rends cinq fois service. C'est la société du spectacle. C'est minable. Mais, non, contrairement à ce que raconte Hollande, nous ne sommes pas en guerre : une guerre, ce serait comme ça tous les jours ; on est dans une situation conflictuelle... En l'espace de trente ans, les gens se sont ramollis. Ils ont peur. Mes compatriotes, dans l'ensemble, ont peur de tout... Comme je l'ai dit, c'est le prix de la paix et de la prospérité. C'est aussi le vieillissement de la population qui engendre le conservatisme. L'espèce humaine cherche la sécurité, hélas, à tout prix. Je l'ai fui car c'est le début de la mort. »

C'est le César de Pagnol, ce chantre de la médiocrité républicaine, qui croyant faire un bon mot, déclare préférer une laide vie à une belle mort. On peut le rassurer : dans la France « orange psychiatrique », il aura une laide vie et une laide mort.

Sources :

Nicolas Bonnal – Kubrick (Dualpha, Amazon) ; Céline (Avatar) ; chroniques sur la fin de l'histoire (Amazon)

Marx – Le dix-huit brumaire

Frédérique Moebius et le grand incendie : théorie de la constatation (incendiaire !)...

ANALYSE TECHNIQUE DE L'INCENDIE ET CONCLUSIONS.
EXPLOSION => https://www.youtube.com/watch?v=Nbg56_XlApk
https://www.youtube.com/watch?v=De3diDVonzo

En Février dernier la charpente a été traitée, (voir le reportage sur A2) contre les insectes avec un gel. Elle ne l'avait jamais été depuis plus de 800 ans. L'entreprise qui a « désinsectisé » à du faire preuve de talent car il a fallu pulvériser à 15 m. Pulvériser du gel à 15 m de haut n'est pas à la portée de tout le monde. Suite à ce traitement le bois change de couleur et devient un peu couleur acajou.
Le 15 avril la charpente prend feu et brûle en faisant un bruit très important pour un feu de bois situé en hauteur. Ce bruit gêne les reporters les obligeant à s'éloigner pour faire leur travail. Assez significativement le feu augmente au moment où les pompiers sont intervenus comme si l'eau activait les flammes. La charpente est en chêne ors le chêne sec ne fait pas de flamme, il rougeoie d'où l'intérêt d'un tel bois pour les cheminée car c'est un feu qui dure très longtemps : une buche de chêne peut tenir facilement un feu toute la nuit. Il m'est arrivé de faire tenir 12 heures une bonne bûche dans ma cheminée.
Des vidéos de bonne foi (non truquées) (caméra Survey) montreront par la suite une personne sur le toit de la cathédrale s'activant avec du feu sous forme d'éclairs ou au moins de grosses lueurs très brèves et jaunes-orangées comme seront les flammes de la charpente ensuite, après le départ des ouvriers. Puis cette personne disparait.
L'entreprise, qui a désinsectisé a été bernée en répandant non pas un produit désinsectiseur mais un produit pyrotechnique qu'on lui a obligatoirement fournit car elle n'est pas en mesure de le produire sur le plan chimique. Le produit de type « thermite » est composé d'oxyde de fer et d'oxyde d'aluminium ce qui donne la couleur acajou obtenue après la pulvérisation et la couleur des flammes jaunes-orangées de l'incendie. Depuis Février le produit sans doute associé à une colle a séché et s'est solidifier sur les poutres comme une pâte devenue très fine, une sorte de vernis, sauf que ce n'était pas du vernis....
Le 15 avril, il ne suffisait plus que d'un vrai « pot thermique » générant une chaleur intense de 2200 degrés pour percer la toiture par sa très forte température et allumer ainsi toute la charpente pré-imbibée située nécessairement juste en dessous du toit. Le pot thermique c'est la

personne vue sur le toit avec des flammes jaunes-orangées qui met le feu. En fait toute la charpente était un pot thermique avec cette fausse désinsectisation. Pour avoir montré aux vidéos des éclairs ou des flammes orangées-jaunes le pot thermique initial a été allumé classiquement avec du magnésium par la personne sur le toit, la toiture est en plomb donc aucun problème de perçage. Après l'amorçage sur le toit le feu a gagné toutes les parties pulvérisées pendant la fausse désinsectisation. Sous l'action des lances incendies le feu augmente dans un 1er temps car l'eau active ce type de pyrotechnie avec des crépitements intenses et même de petites explosions. Si l'eau active ce genre de feu c'est en raison de l'extrême chaleur produite. En effet l'eau se catalyse au-dessus de 1100 degrés libérant ainsi ses deux gaz : l'Hydrogène et de l'Oxygène d'où les flammes sur un bois qui d'ordinaire n'en fait pas, flammes dues à l'Hydrogène et à l'Oxygène. C'est deux gaz : H^2 et O s'additionnent à l'oxyde de fer et à l'oxyde d'aluminium augmentant la combustion. Un pot thermique est capable de détruire un char, c'est pour ça qu'il a été inventé. En produisant une chaleur de 2200 degrés ils placent au double de la valeur de sa catalyse (séparation en gaz) l'eau, dont la catalyse est à 1100 degrés, c'est pourquoi la charpente a fait comme un feu de paille sous les lances à incendie, les pompiers ne sachant pas à quel genre de feu ils avaient à faire.

Il s'agit donc d'un attentat grandiose, soigneusement calculé et qui ne peut être l'œuvre que d'esprits pervers de la pire espèce venant d'un État et non pas d'un simple quidam ou terroriste primaire, et sans doute tout cela est-il au profit d'intérêts commerciaux voulus par des salopards ignobles. Le traces du forfait sont présents partout. Il suffit de chercher et les bouts de charbons tombés au sol sont les bienvenus pour faire des analyses.ALORS TOI oui toi AMI COMPLOTISTE RAMASSE ET GARDE CHEZ TOI DES BOUTS DE POUTRES CALCINES , TU LES DONNERA A UN LABORATOIRE (tres loin de PARIS)EQUIPE D UN SPECTROGRAPHE DE MASSE …. IL Y DECOUVRERA DE LA NANOTHERMITE MILITAIRE A TOI DE JOUER AMI COMPLOTISTE AMI CONSPIRATIONNISTE , POUR COMMENCER CHERCHE LE FOURNISSEUR DU GEL EMPLOYE PAR L ENTREPRISE D ÉPINAL AUBRIAT SARL QUI EST INTERVENU SUR SITE EN 2018 AFIN DE PROCÉDER AU TRAITEMENT DES CHARPENTES … CE FOURNISSEUR DE PRODUIT RÉVOLUTIONNAIRE DE TYPE GEL EST LE FIL CONDUCTEUR IL FAUT CONNAITRE QUI IL EST ET OU LE PRODUIT EST FABRIQUE ? IL S AGIT SANS AUCUN DOUTE DE NANOTHERMITE DE TYPE MILITAIRE EN SOLUTION DANS LE FAMEUX GEL (il est plus probable qu a la suite de l appel d offre pour ce GIGANTESQUE chantier ce dernier a du êtres approche par des fournisseurs dont celui du fameux gel révolutionnaire insecticide …. qui dit GEL dit produit épais et donc en solution non volatile et pouvoir de grande concentration de nanothermite militaire en solution ...) , IL S AGIT D UNE OPÉRATION DE TYPE MILITAIRE ET DONC UNE ORGANISATION GOUVERNEMENTALE ... l observation suffit a s en convaincre j attend des lors les analyses de ces précieux bouts et poussières de charpentes de Notre Dame , les parisiens en font la chasse comme jadis les new-yorkais firent la chasse a la poussière des WTC le 911 , on n y découvrit la fameuse nanothermite d origine militaire infiniment plus puissante que celle que tu fera dans ton garage pour tes feux de Bengale ... CHERCHEZ google est votre ami ! EXPLICATION Une nanothermite ou superthermite est un composite intermoléculaire métastable (metastable intermolecular composite, MIC en anglais). Les nanothermites se distinguent par la très grande quantité de chaleur produite lorsqu'elles sont enflammées. Les MIC sont un mélange très fin, à l'échelle nanométrique, d'un oxydant et d'un réducteur. Leur combustion est donc une oxydoréduction. Les MIC sont des substances dangereuses qui peuvent être étudiées et mises au point dans un but militaire ou pour des applications pyrotechniques, comme ergols ou explosifs.Ce qui distingue les MIC des aluminothermiques courants est que l'oxydant et le réducteur, oxyde de fer et aluminium en général, ne sont pas à l'état de fine poudre micrométrique mais plutôt de nanoparticules, ce qui augmente considérablement « le degré de mélange des réactifs », autrement dit leur « surface de contact » et donc leur vitesse de réaction.... INCENDIE de NOTRE-DAME : Quelques éléments intriguants

1 – De la fumée blanche et jaune dès le départ de l'incendie, alors qu'un incendie « conventionnel » provoque de la fumée noire, et que la fumée ne devient blanchâtre qu'à partir du moment où l'eau est envoyée en quantité, et que la vapeur d'eau prend le dessus sur le carbone. A gauche sur la photo du post, des fumées noires provoquées par la combustion du bois, qui s'échappent à travers la façade de Notre-Dame. A droite, la combustion très puissante d'autre chose, chimique dans tous les cas, sans doute de la thermite (dont la combustion produit des flammes intenses et une fumée jaune). Faisons la supposition que de la thermite ait été déposée à la base de la flèche et mise à feu. La température d'un incendie impliquant des poutres de bois est de 800 degrés. Le plomb fond à 335 degrés et ne change rien à la température de l'incendie. La température de fusion de l'acier galvanisé de l'échafaudage est de 1485 degrés. La température de combustion de la thermite est d'environ 2200 degrés. Donc, s'il y avait eu combustion initiale de thermite à la base de la flèche, il serait logique que l'échafaudage soit fondu à proximité de la position initiale de la flèche, et de moins en moins fondu au fur et à mesure que l'on s'éloigne de ce point chaud. Logique aussi, que les poutres ayant brûlé directement sous l'échafaudage ne lui aient causé aucun dommage.

Ça tombe bien, c'est justement ce que nous montre la deuxième photo ci-dessous !

2 – D'autre part, il y eut une alerte incendie à 18h47, puis tout le toit est en flammes à 19h, et la flèche s'effondre à 19h45. Or, il est totalement impossible de faire prendre des poutres de chêne 400 mm à une telle vitesse. Il faut plusieurs heures pour faire prendre des poutres d'une telle section   (avec   un   feu   normal).
De plus, les charpentiers du moyen âge faisaient subir des traitements par bains de minéraux à leurs bois de charpentes, pendant des années. Ces bois sont pratiquement pétrifiés comme ceux qui sont immergés dans la lagune de Venise, et qui continuent de porter toute la ville, y compris la basilique de la place Saint Marc, structure au poids considérable. Bref, au moyen âge vers 1200, les mêmes techniques de bains ont été utilisées pour Notre Dame comme pour Venise, et ces techniques, auxquelles nous ne connaissons plus grand chose, rendaient le bois imputrescible   et   ininflammable.
Enfin, l'ancien architecte officiel de Notre-Dame, responsable du bâtiment de 2000 à 2013, et architecte de sa sécurité incendie, est incrédule face à la   rapidité   de   la   propagation   du   feu   :
https://youtu.be/9_qJuCgLEz4

3 – Une vidéo capturée à 17h05, à distance du toit de Notre-Dame. Officiellement, il n'y avait sur le toit, que des monteurs d'échafaudage, dont les outils, selon la version officielle, n'étaient que des marteaux et des clefs de 22. Les ouvriers disent être descendus de l'édifice à 17h20 et remis les   clefs   du   chantier   à   la   conciergerie.
Or, deux flashes peuvent être vus sur les vidéos, à la 3ème et la 16ème seconde, à proximité d'un homme. Ces flashes peuvent s'expliquer par une mèche en magnésium pour activer la thermite. On peut penser à une chaine pyrotechnique simple avec des mèches lentes, un détonateur, et une   charge   principale.
https://youtu.be/IL_F5Bjm8lk

Voilà   quelques   éléments   qui   peuvent   faire   réfléchir...
Chacun   se   fera   son   opinion...
https://www.viavosges.tv/Info-en-plus/Notre-Dame-societe-vosgienne-Aubriat-avait-traite-
LDjHJsVSNx.html?fbclid=IwAR0IuZ2FUJ01tndD0LH5rakti6MNZmCb_3-JS8iVMIqMWWFRCUMKJaf4b80

Source   1   :   Interview   Architectes   interdit
https://www.liberation.fr/.../notre-dame-le-gouvernement-a-t-...

Source 2 : Avis de l'ancien architecte en chef de Notre Dame
https://www.youtube.com/watch?v=q64pMLHXm2A

Source 3 : Tours fermés plus tôt
https://www.liberation.fr/.../pourquoi-les-tours-de-notre-dam...

Source 4 : Agents incendies non intervenu
https://www.europe1.fr/.../incendie-a-notre-dame-entre-la-pre...

Source 5 : Interdiction d'accès pour les enquêteurs
https://www.parismatch.com/.../Incendie-de-Notre-Dame-une-enq...

Source 6 : Remy Heitz dirige l'enquête
https://www.bfmtv.com/.../au-lendemain-de-l-incendie-a-notre-...

Source 7 : Echaffaudage en construction
http://www.lefigaro.fr/.../notre-dame-l-entreprise-chargee-de...

George Orwell et la guerre feinte antirusse

Le général de Gaulle disait à Alain Peyrefitte sur cette rivalité russo-américaine qui l'énervait quelque peu : « les deux super-grands s'entendent comme larrons en foire. »

C'est l'historien Charles Beard qui a parlé au moment de la lugubre présidence Truman d'une guerre perpétuelle pour une paix perpétuelle. La guerre perpétuelle est celle que mène à tout moment l'Amérique dans telle ou telle partie du monde. Les Etats-Unis ont mené dans le monde 200 conflits comme l'avait montré Oliver Stone dans un angoissant documentaire. La paix perpétuelle consiste à faire de ce monde libre un monde sûr pour la démocratie - dixit Woodrow Wilson qui détruisit des empires anciens, laissa bolchévisme et fascisme s'installer en Europe. Ses héritiers ont imposé l'islamisme aux musulmans.

Revenons en 2021, cent ans et quelque après l'entrée en guerre des USA le 2 avril 1917.

Le pentagone a toujours ses mille milliards de rallonge et c'est très bien comme ça. On aura peut-être les guerres que désire l'Etat profond US, quoique George Orwell soit d'un autre avis. Car un autre historien, Harry Elmer Barnes, a établi en 1953 un lien entre la politique US (l'Amérique a la rage disait alors Sartre, aujourd'hui tout le monde la célèbre) et 1984. Le livre de George Orwell redevient un bestseller, il y a de quoi. Souvenez-vous des déclarations hystériques du général Mad Dog Mathis au sénat sur la menace existentielle que font peser la Chine et la Russie sur l'Océanie orwellienne, pardon sur l'Amérique et son chenil européen peu éclairé en ces temps derniers.

Orwell a basé son Océanie sur l'Oceana de John Harrington un écrivain contemporain de Cromwell (il y a Orwell dans Cromwell) et inspiré par le modèle du sanhédrin et de l'oligarchie vénitienne. Orwell voit l'Océanie se heurter à Eurasia (la Russie) et à Estasie, une Asie unifiée par la Chine. Cela donne :

« … à ce moment, on annonça qu'après tout l'Océania n'était pas en guerre contre l'Eurasia. L'Océania était en guerre contre l'Estasia. L'Eurasia était un allié. Il n'y eut naturellement aucune déclaration d'un changement quelconque. On apprit simplement, partout à la fois, avec une extrême soudaineté, que l'ennemi c'était l'Estasia et non l'Eurasia. »

Puis Orwell explique qu'on est toujours en guerre, ou en guéguerre (la Chine et la Russie seront pour l'Océanie US ou la France socialiste de plus gros morceaux à avaler que la Libye) contre des rivaux diabolisés par la bureaucratie de la haine.

« Groupés d'une façon ou d'une autre, ces trois super-États sont en guerre d'une façon permanente depuis vingt-cinq ans. La guerre, cependant, n'est plus la lutte désespérée jusqu'à l'anéantissement qu'elle était dans les premières décennies du vingtième siècle. C'est une lutte dont les buts sont limités, entre combattants incapables de se détruire l'un l'autre, qui n'ont pas de raison matérielle de se battre et ne sont divisés par aucune différence idéologique véritable.»

Cette interminable mais parfois léthale phony war sert à maintenir quiète la masse russe ou américaine plutôt pauvre. Voyez ce qui en résulte avec 93 millions d'adultes sans emploi et 50% de la population active à moins de trente mille dollars par an, une misère avec l'exorbitant coût de la vie US.

« Le but primordial de la guerre moderne, ajoute George Orwell dans son long chapitre IX de la deuxième partie, est de consommer entièrement les produits de la machine sans élever le niveau général de la vie. Le problème était de faire tourner les roues de l'industrie sans accroître la richesse réelle du monde. Des marchandises devaient être produites, mais non distribuées. En pratique, le seul moyen d'y arriver était de faire continuellement la guerre (…). L'acte essentiel de la guerre est la destruction, pas nécessairement de vies humaines, mais des produits du travail humain. »

La guerre aussi permet à l'oligarchie de s'enrichir (Silicon Valley, Lockheed, Booz Allen, Boeing, CIA, NSA, Goldman Sachs, Fed, Hollywood, Marvel). Orwell encore :

« En même temps, la conscience d'être en guerre, et par conséquent en danger, fait que la possession de tout le pouvoir par une petite caste semble être la condition naturelle et inévitable de survie. »

La guerre permet surtout de contrôler la population ; voyez Henry IV de Shakespeare et ces querelles à l'étranger (foreign quarrels) pour occuper les esprits agités (to keep busy giddy minds).

Comme vu chez Thucydide, le public se soumet au pouvoir en se soumettant à la guerre :

« Fanatique, crédule, ignorant… En d'autres mots, il est nécessaire qu'il ait la mentalité appropriée à l'état de guerre. Peu importe que la guerre soit réellement déclarée et, puisque aucune victoire décisive n'est possible, peu importe qu'elle soit victorieuse ou non. Tout ce qui est nécessaire, c'est que l'état de guerre existe. »

La folie des Mad Dogs américains est aussi expliquée par Orwell. On sait dans le Deep State que ni la Russie ni la Chine ne sont dangereuses. On n'en est donc que plus hystérique. Orwell :

« C'est précisément dans le Parti intérieur que l'hystérie de guerre et la haine de l'ennemi sont les plus fortes. Il est souvent nécessaire à un membre du Parti intérieur de savoir qu'un paragraphe ou un autre des nouvelles de la guerre est faux et il lui arrive souvent de savoir que la guerre entière est apocryphe, soit qu'elle n'existe pas, soit que les motifs pour lesquels elle est déclarée soient tout à fait différents de ceux que l'on fait connaître. Mais une telle connaissance est neutralisée par la technique de la doublepensée. »

Mathis doit en rajouter.

Orwell établit :

« Aucun des trois super-États ne tente jamais un mouvement qui impliquerait le risque d'une défaite sérieuse. Quand une opération d'envergure est entreprise, c'est généralement une attaque par surprise contre un allié. »

Orwell rassure sur ces tontons flingueurs. On ne défouraille plus. La guerre ne serait plus dangereuse.

« Tant que les guerres pouvaient se gagner ou se perdre, aucune classe dirigeante ne pouvait être entièrement irresponsable. Mais quand la guerre devient continuelle, elle cesse aussi d'être dangereuse. Il n'y a plus de nécessité militaire quand la guerre est permanente. Le progrès peut s'arrêter et les faits les plus patents peuvent être niés ou négligés. »

Et on jouerait à la guéguerre avec 666 milliards par an alors ? Ces bases militaires sont des parcs d'attraction ? Et Philippe Grasset qui nous parle d'incapacité opérationnelle US systémique !

Par contre Orwell évoque la police de la pensée ; un coup de Decodex ici, un impeachment pour le candidat sibérien là, une omniprésence des bandeaux info dictés par la CIA partout.

« L'efficience, même l'efficience militaire, n'est plus nécessaire. En Océanie, sauf la Police de la Pensée, rien n'est efficient. »

L'inefficacité militaire US fut évoquée ici : on ne voit pas les USA et la valetaille croisée défier de vraies puissances. Orwell :

« La guerre donc, si nous la jugeons sur le modèle des guerres antérieures, est une simple imposture. Elle ressemble aux batailles entre certains ruminants dont les cornes sont plantées à un angle tel qu'ils sont incapables de se blesser l'un l'autre. Mais, bien qu'irréelle, elle n'est pas sans signification. Elle dévore le surplus des produits de consommation et elle aide à préserver l'atmosphère mentale spéciale dont a besoin une société hiérarchisée. »

L'antirussisme a un seul but clair : le renforcement de cette oligarchie et de son emprise sur son monde.

Sources

Guerre du Péloponnèse, I

1984, deuxième partie, chapitre IX

Perpetual war for perpetual peace; the costs of war (Mises.org)

Harrington, Oceana (Gutenberg.org)

Peyrefitte – c'était de Gaulle

Shakespeare, Henry IV, part 2, act 4, sc. 5

Therefore, my Harry,

Be it thy course to busy giddy minds

With foreign quarrels, that action, hence borne out,

May waste the memory of the former days

Idiocracy et la montée de la stupidité en occident

Notre ami Martyanov a rappelé la stupidité stratégique et le déclin militaire américain. On sait l'effondrement de la maison Europe et de son personnel politique et même économique. De ce point de vue nous vivons une grande époque : la chute intégrale de l'intelligence (trois à dix points de QI en moins dit-on) qui a accompagné la montée de l'intelligence (ou de l'inintelligence) artificielle. La réponse à une maladie pas très mortelle c'est la dictature technologique. Et la masse d'obtempérer...

Le cinéma a peut-être décliné puis John Ford ou Fritz Lang, mais il reste toujours ce qui dit la vérité vingt-quatre fois par seconde, surtout quand il est d'essence commerciale. Certainement plus que la réalité organisée des news et des docus. C'est que la fiction, comme disait Mark Twain rend certainement plus compte de la réalité que le journalisme, qui n'a jamais été aussi totalitaire et diffus qu'aujourd'hui.

Que nous apprend cette crise du virus, cette montée du totalitarisme technologique et du camp de concentration planétaire ? Que nous sommes des idiots et des lâches (regardez le pauvre Philippot qui se débat avec quelques centaines de manifestants chaque fois) dirigés par des tyrans débiles, dont les solutions sont criminelles, suicidaires, inefficaces. Le dénominateur commun de tout cela c'est l'idiotie. La foule mondialiste veut du reset et du vaccin, de la prison et de la mort – ce que son élite appelle par exemple la transition énergétique. Elle veut aussi de l'esclavage volontaire, et cette soumission, on le sait depuis La Boétie et depuis l'Antiquité, accompagne l'idiotie. Au sens strict de mon dictionnaire de grec ancien, l'idiot est celui qui n'a pas de vie sociale, celui qui s'est marginalisé, confiné dans la cité – du fait de sa stupidité, mais pas seulement. Aujourd'hui nous sommes tous confinés, mais devant la télé – ou les écrans. Nous sommes réunis dans le séparé, disait Guy Debord. Cette idiotie sociale s'accompagne surtout chez nos élites aussi d'un délabrement intellectuel. Tout devenant théorie de complot, on ne saurait s'intéresser à rien, sous peine... L'imbécillité des Schwab, Gates, Macron, ne saurait nous étonner. Mon maître Cipolla professeur à Oxford a brillamment défini le stupide : c'est l'homme de décision qui nuit à tous ses prochains sans forcément en tirer parti. Certes certains peuvent être achetés par Soros (les parlements, les juges) ou Bill Gates (les médecins, les journalistes), mais cela ferait trop de gens ; et ce qui caractérise le gouvernement Macron c'est le pullulement des imbéciles. Il est évident en France ce pullulement je dirais depuis l'ère Sarkozy et peut-être même l'époque de Chirac, qui mit ce même Sarkozy et notre sorcière Lagarde aux affaires (le gouvernement Juppé de 1995 était aussi un désastre obscur). Depuis cette époque (comme je regrette mon « grand initié » Mitterrand qui m'avait même répondu !) la France n'a fait que se déliter sur le plan intellectuel, moral, matériel, économique, libéral, bref sur tous les plans.

J'en viens au cinéma : le cinéma a reflété cette montée de l'imbécillité et des idiots. Avant les idiots faisaient rire (Laurel et Hardy) ; aujourd'hui ils sont les héros. En Espagne on a eu Torrente, en France Dujardin avec Brice ou OSS 117. En Amérique on a eu les excellents Dumb et Dumber (jouer à l'handicapé physique ou mental pour ne pas travailler devient une industrie occidentale) et puis le mouvement s'est accéléré : on a eu les débiles bourrés de Las Vegas et Hong-Kong (la trilogie de « Hangover » de l'excellent et très lucide Todd Phillips), on a eu les wedding crashers, et toutes ces comédies grand public ont accompagné le cinéma d'auteur américain.

Cela fait quarante ans en effet que Jim Jarmusch décrit l'imbécillité américaine, cela a commencé avec « Stranger than paradise », puis cela s'est prolongé avec le grand acteur de cette prostration intellectuelle et morale, j'ai nommé Bill Murray, qui chassait jadis les démons à New York (« Ghostbusters »). Exaspéré par Trump et cette montée irrésistible, Jarmusch a filmé aussi les zombies dans un film éponyme qui montre les zombies le pif toujours dans leur smartphone ! Jarmusch a aussi été le cinéaste du délitement industriel américain (qui commence à Cleveland, comme « Voyage au bout de l'enfer ») et il semble que deux décisions aient contribué à cette montée de l'imbécillité de masse : la fin de l'étalon-or qui fit enfler les programmes sociaux et la désindustrialisation (les délocalisations). Je vais vous dire une chose : je ne parle qu'aux gens qui exercent un travail manuel utile, car les autres sont devenus cons comme la lune, fonctionnaires, bureaucrates, profs, etc. Le travailleur manuel est l'avenir de l'humanité, et il en reste fort peu. Vive le marteau et la faucille, comme dirait Georges Marchais.

À côté de Jarmusch on a les frères Coen, qui ont très bien filmé l'imbécillité des riches dans « Intolerable cruelty » par exemple. Mais leur record de la stupidité cruelle à tous les niveaux reste « Fargo » ; ici on est dans la vingt-cinquième heure de Gheorghiu, dont j'ai déjà parlé. Désolé pour tout le monde, il est trop tard pour le messie et ceux qui s'aspergent d'apocalypse feraient mieux d'étudier la notion de nécro-politique ou hystérésie. Quelque chose (un pays, la démocratie, les hommes), peut être mort et vivre encore. On verra ce que le futur nous réserve quand plus de la moitié des imbéciles seront vaccinés et persécuteront cruellement ceux qui ne le sont pas ; tout ça pour une maladie qui tue une personne sur trois mille...

Je vais citer d'autres noms ; la fille Coppola, qui ne cesse de surprendre et qui est un génie incompris alors qu'elle a magnifiquement montré le devenir idiot de la mondialisation. « Lost in translation » montre l'abrutissement du grand peuple japonais, avec cet incessant bombardement médiatique qui déclenche dans chaque pays un Hiroshima intellectuel. C'est la pluie noire dont a parlé Ridley Scott dans un grand film méconnu. Coppola aussi a montré l'abrutissement des jeunes par les réseaux sociaux dans « Bling Ring ». On cambriole des stars vues dans Facebook ou Instagram puis on se fait prendre en photo avec le butin avant d'être fait prisonniers par la police... Le film « Somewhere » montre la nullité de la vie d'un people à Los Angeles qui couche avec toutes les filles qui l'assaillent (et ne lui ont pas fait le coup de Me Too). Même « Marie-Antoinette » montrait la crétinisation de la Cour versaillaise que Taine avait magnifiquement dénoncée dans le premier tome de ses « Origines de la France contemporaine » (voyez mon texte). Taine aussi a vu l'inquiétante montée (y compris chez Molière) du fonctionnaire et bourgeois qui depuis la république tyrannisent la France. Ils avancent avec un pouvoir fort et centralisé, explique-t-il, oubliant qu'ils fabriquent leurs idiots à la chaîne ensuite, via les médias, la médecine, les études (oh, ces femmes savantes contre qui se bat la grand-mère de notre ami Boutry...).

On terminera avec Alexander Payne cinéaste américain de culture orthodoxe dont les comédies décalées (« Sideways », « les Descendants », « Nebraska ») filment sans concession mais aussi sans lourdeur et sans méchanceté, ce dumbing, downs, cet effritement intellectuel des américains et de notre humanité. Et on ajoutera ceci : ces films ne sont pas des produits critiques d'avant-garde façon « Weekend » de Godard. Ce sont des films grand public qui reflètent un affaissement ontologique intégral, et dans lesquels le grand public s'est joyeusement reconnu.

La crétinisation a été mal évaluée : on a vu Céline (voyez mes textes), Cipolla (voyez mes textes encore) on rappellera Debord : « L'ineptie qui se fait respecter partout, il n'est plus permis d'en rire ; en tout cas il est devenu impossible de faire savoir qu'on en rit ». Debord ajoutait toujours dans ses Commentaires si extraordinaires : « Et plus assurément il a été presque partout estimé que les recherches géologiques d'un gisement pétrolier dans le sous-sol de la ville de Paris, qui ont été bruyamment menées à l'automne de 1986, n'avaient pas d'autre intention sérieuse que celle de mesurer le point qu'avait pu atteindre la capacité d'hébétude et de soumission des habitants ; en leur montrant une prétendue recherche si parfaitement démentielle sur le plan économique ».

Le reset et la lutte contre le virus relèvent de la même démence et de la même hébétude : rien de nouveau au royaume du sommeil.

Terminons par une brève allusion à « Idiocracy ». Les frères Coen ont déclaré qu'ils ne pensaient pas arriver en 15 ans à une situation qu'ils pensaient voir arriver dans 500 ans. Certes, certains se défoulent avec Trump mais à voir ce que Biden accomplit en ce moment avec ses woke, ses BLM, son pentagone et ses errances sinophobes on ne peut qu'admirer l'accélération de cette Fin de l'Histoire décidément pas comme les autres. Il est clair me confirmait Lucien Cerise que l'on va vers un effondrement plus que vers une dictature terrifiante. « Le destin du spectacle n'est pas de finir en despotisme éclairé ». Le spectacle, c'est la démocratie libérale avancée de Giscard qui vire au fascisme gâteux et inopérant. Ce cadre déprimant peut toutefois fournir à une poignée de jeunes bien organisés et de militants survivalistes une extraordinaire fenêtre d'action. Il faudra en reparler.

Il a vraiment visité les pestiférés

Il a vraiment visité les pestiférés, pour montrer par un exemple que l'on peut triompher de la peste quand on est capable de triompher de la crainte. Et il a raison ! Je peux raconter un fait semblable de ma propre vie ; une fois je n'ai échappé à la contagion de la fièvre putride que par la volonté arrêtée de détourner de moi le mal. La volonté morale a, dans ces circonstances, une puissance incroyable. Elle pénètre pour ainsi dire le corps, et le met dans un état d'activité qui repousse toute influence pernicieuse. Au contraire, la peur est un état de faiblesse inerte qui rend plus sensible, et qui permet à tout ennemi de s'emparer de nous sans peine. Napoléon savait parfaitement cela, et il savait qu'il ne risquait rien en donnant à son armée cet imposant exemple (Goethe, conversations avec Eckermann)...

Il faut des ministres idiots

Il faut des ministres idiots pour que l'on accepte une situation idiote. Alexandre : « Nous avons donc un gouvernement qui fait bien attention à apparaître le plus idiot possible, avec grande régularité et en s'aidant si besoin était des « fuites » type SMS-photo-de-cul afin que nous acceptions une situation économique et juridique abusive et même insensée. On met tout cela sur le dos des guignols qui nous gouvernent, sans se rendre compte que cela est au contraire très bien agencé. » Mais on prépare la dictature...

Ce qui est bien avec les élites françaises, c'est qu'elles sont tellement habituées à suivre des recettes qu'elles le font systématiquement et sans discernement. Nous ne connaissons pas ces recettes mais on peut commencer à s'en douter.

Ce qui a été frappant dès le début de l'épisode macronien, c'est l'idiotie quasi généralisée de l'équipe au pouvoir. Certes il y a eu des talents naturels comme Sibeth Ndiaye ou Marlène Shiappa, mais aussi des épisodes qui semblent fabriqués, comme, pêle-mêle, toute l'affaire de la photo du sexe de Benjamin Griveaux (qui aurait pu rester dans la sphère du privé), les vidéos de Benalla brutalisant quelques personnes éparses, la fête du 14 Juillet en bas-résilles à l'Élysée, la fête de la coupe du Monde cochonnée, des délinquants blacks au torse nu qui se font prendre en photo avec le président en lui faisant un doigt d'honneur...

La liste est longue mais surtout continue : pas six semaines sans de nouvelles frasques navrantes.

Cette constance est suspecte et ne se combine que trop opportunément avec notre maudite capacité à endurer.

Mon intuition, c'est qu'on ne peut pas accepter de situation idiote si elle a été crée par des personnes compétentes. C'est d'ailleurs ce qui se passe quotidiennement dans le monde du travail : un supérieur compétent et capable ne peut pas imposer des mesures structurellement injustes ou abusives.

Nous avons donc un gouvernement qui fait bien attention à apparaître le plus idiot possible, avec grande régularité et en s'aidant si besoin était des « fuites » type SMS-photo-de-cul afin que nous acceptions une situation économique et juridique abusive et même insensée. On met tout cela sur le dos des guignols qui nous gouvernent, sans se rendre compte que cela est au contraire très bien agencé.

Maintenant que ce gouvernement qui a été excellemment idiot est en fin de parcours, il semble qu'on nous prépare un autre champ lexical politique, pour la suite de la pénurie, de l'effondrement et de la révolte inévitable.

Après tout, seuls des militaires à la mode Contre-Insurrectionnelle peuvent nous faire accepter une situation de dictature et de privations permanentes ; ça commencerait avec des cités-zones-de-non-droit traitées comme la Bande de Gaza, et puis après... il faudrait voir la version originale de la série aux États-Unis, États Rouges contre États Bleus, pour deviner son adaptation européenne / française et la suite des opérations.

Je suis en Israël…Lettre de lecteur sur la démence sanitaire en Israël

Je suis en Israël et je peux vous dire que ce qui se passe ici est insensé. Le gouvernement est devenu totalement fasciste. La pression et les niveaux de propagande sont incroyables – c'est une panique 24h/24 et 7j/7 qui balance des nouvelles de covid depuis un an maintenant.

Lorsque le Ministère de la Santé a signé le contrat avec Pfizer, le gouvernement a dû divulguer le contrat, et même si la moitié de celui-ci est expurgé, j'ai quand même été stupéfait que les médias dans leur ensemble l'ignoraient à peu près. Fondamentalement, le gouvernement a accepté d'envoyer les données médicales de toute la population à Pfizer, sans le consentement de personne en échange de participer à un essai humain, encore une fois sans le consentement de personne. Le procès humain peut être interrompu en cas de catastrophe et le produit doit être rappelé en raison de dommages ou de la mort. C'est le langage qu'ils utilisent – et le public n'a pas hésité, les médias ont disparu avec l'histoire.

À un moment donné, ils ont voulu commencer à vacciner les femmes enceintes. Ils ont donc commencé à publier un cas de femme enceinte sous respirateur. Puis des « experts » ont commencé à apparaître de nulle part en disant que les risques de covid étaient plus élevés que ceux des vaccins non testés, même si aucune femme enceinte n'est morte de covid depuis le début de la « pandémie ». Maintenant, ils ciblent les enfants. Le récit maintenant est que les enfants non vaccinés représentent une menace pour les personnes vaccinées (!!!). On en est arrivés au point où, à l'heure actuelle, les enfants ne sont pas autorisés à quitter le pays sans une autorisation spéciale du gouvernement.

Pendant ce temps, certains médecins qui ont commencé à être en désaccord avec le récit ont perdu leur licence parce qu'ils « menacent la vie des gens en diffusant une propagande anti-vax ».

Le gouvernement tente de faire adopter une loi permettant aux employeurs de licencier des personnes non vaccinées. Ils ne peuvent pas à ce stade, alors ils ont des avocats qui donnent des interviews expliquant comment ils peuvent légalement faire pression sur leurs employés pour qu'ils se fassent vacciner.

Je dois vous dire, c'est effrayant à quel point les gens tombent dans le panneau. J'ai l'impression que les gens ne pensaient pas qu'un gouvernement juif nuirait au peuple juif.

Le patriarche Joseph et l'expert médical comme arme de destruction massive

Nous vivons aux siècles des experts, dont le patriarche Joseph, le conseiller de Pharaon, est le fondateur (voyez Genèse, 41 à 48). Aujourd'hui nous avons Ferguson, Fauci, Lacombe, Hill, experts tous plus indispensables les uns que les autres, à l'heure du vaccin obligatoire et du pass sanitaire – et du grand reset.

Les lignes qui vont suivre ont été écrites en 2013 pour le patriotique journal russe pravda.ru. Ma femme avait aussi interviewé pour eux Marion Le Pen, qui s'en était très bien sortie. C'est d'ailleurs la seule avec Florian Philippot à défendre en ce moment le peu de libertés qui nous restent (on a donc raison de parler de péril fasciste...).

Mon texte traitait de la « prolifération cancéreuse (Debord) » des experts qui occupent aujourd'hui les télévisions en infectant le cerveau des politiciens et des téléphages à l'heure des décisions criminelles et imbéciles. Le virus a révélé l'importance de cette secte de sots savants, comme dirait Molière (il n'a jamais été si actuel, c'est pourquoi ils vont anéantir tous ses textes), à qui nous devons misère, camp de concentration électronique, extension du domaine du crétinisme. Or le pédant, écrit Henri Bergson, dans le Rire, c'est celui qui veut en remontrer à la nature. Nous y sommes, alors on relit :

« Le domaine par excellence de l'expertise est celui de la science économique : ce n'est pas pour rien que, dans Le Monde, les économistes comme Piketty avaient décrété que le programme de Hollande était le meilleur pour sortir de la crise. Mais dans un petit film intitulé "Pourquoi les experts se trompent", le documentariste John Freed a relevé les inepties de tous les caïds concernés.

Pourquoi un tel recours au sot savant de Molière ? C'est le nombre de chaînes de télé qui devient prodigieux, confirmant que l'humanité ne fait plus rien : on regarde 6.000 chaînes de télé et on a besoin d'experts sur tous les sujets pour savoir quoi penser en matière de vaccins, de nourriture, de sexe, d'atomisme nord-coréen ou de gamins transgenre.

Et qu'est-ce qu'un expert ? C'est un agent qui dispose d'un jargon (philo, éco, psycho, médical, techno-quelque chose) et surtout d'un réseau média qui le réinvite jusqu'à la nausée. C'est qu'un expert, pour devenir médiatique, doit se régler en conséquence. Il est là pour produire une technicité du discours politiquement correct, justifier la chute d'un avion, la diabolisation des uns et le bombardement des autres.

Le film de Freed commence par le vin, sujet a priori œcuménique. Il nous apprend que l'on a organisé un concours qui engageait la science de 54 sommeliers ou œnologues... Tout le monde a jargonné : « Il est lourd, sa robe est souple, il sent la cerise, il y a du cuivre – surtout au Chili ! – et du camphre », etc. Mais il n'y a pas eu de vainqueur car personne ne n'est rendu compte qu'il n'y avait pas... de vin rouge ! Il y avait un vin blanc qui avait été maquillé pour paraître rouge. Personne ne l'a su, sauf l'ingénieur moléculaire farceur qui avait organisé le show. Un bon viticulteur bourguignon confirma, guilleret, les escroqueries de ce milieu huppé et explique qu'aucun vin, même un montrachet ou un Romanée-Conti, ne devrait coûter plus de quinze euros. Le reste est une simple affaire de réclame. Pardon : de prestige.

Le film continue sur sa lancée : l'art moderne avec ses copies indécelables et ses toiles blanches ; la météo avec son réchauffement climatique ; la bourse, bien sûr, avec la fameuse parabole du singe qui ne se trompe pas plus qu'un analyste payé des fortunes.

Puis il s'arrête. Nous continuons.

L'affaire devient plus grave, en effet, quand il s'agit d'experts "néo-cons" en terrorisme, en islamisme, en néo-soviétisme, en n'importe quel "isme". Mais quand il s'agit de faire la guerre à l'Irak ou à la Russie et de détruire l'Europe, pourquoi ne pas se tromper ?

Vivement un comité d'experts faisant la chasse aux experts, car l'expert est devenu une âme de destruction massive. »

Reprenons. Dans la Bible, Pharaon a recours à Joseph pour interpréter ses rêves. Il ne peut plus s'en passer. Joseph réorganise et affame le pays, le réduisant en esclavage avec le coup des sept années de vaches maigres. Joseph invite ses frères « à manger la graisse » du pays (Genèse, 45, 18). Et ensuite cela donne sur un ton moins bucolique :

« Quant aux gens, il les réduisit en servage, d'un bout à l'autre du territoire égyptien. » (Genèse, 47, 21)

Joseph et l'Etat confisquent tout : « Et le pays devint la propriété de Pharaon. » C'est le premier grand reset en fait.

Qui a dit qu'il n'y a rien de nouveau sous le soleil ? Le roi Salomon (Ecclésiaste, 1, 9)...

Sources :

Bible de Jérusalem, Genèse (45-47)

https://english.pravda.ru/opinion/124677-western_experts/

https://english.pravda.ru/opinion/125235-marion_le_pen_interview/

Jünger et notre devenir-mouton de boucherie :

« L'homme tend à s'en remettre à l'appareil ou à lui céder la place, là même où il devrait puiser dans son propre fonds. C'est manquer d'imagination. Il faut qu'il connaisse les points où il ne saurait trafiquer de sa liberté souveraine. Tant que l'ordre régnera, l'eau coulera dans les conduits et le courant viendra jusqu'aux prises. Si la vie et la propriété sont menacées, un appel mettra en mouvement, comme par magie, les pompiers et la police. Le grand danger est que l'homme ne se fie que trop à ces auxiliaires et que leur absence ne le paralyse. Tout confort se paie. La condition d'animal domestique entraîne celle de bête de boucherie. »

Les Mitchell contre les machines :

l'holocauste technologique expliqué au cinéma – par notre phénoménal lecteur polymathe Alexandre Karadimas

Il existe une catégorie de films d'animation dits familiaux qui sont d'emblée conçus comme un commentaire social et politique très précis et très assumé de notre époque. Par exemple « La Grande Aventure LEGO » (2014) parle de Big Tech monopolisant les contenus culturels, établissant une surveillance vidéo généralisée et contrôlant les machines à voter. C'est très « in your face » comme disent les Américains.

Il y a de nombreux exemples, certains plus subtils que d'autres. Le commentaire politique et social qui est fait appartient toujours au monde de l'antagoniste ou du « méchant », même quand le message est relativement neutre. Ainsi dans « Les Indestructibles 2 », l'antagoniste déclame un long monologue à propos de la société du spectacle qui est du Guy Debord à l'état pur.

Le tout récent « Les Mitchell contre les machines » (2021) n'offre presque aucune subtilité, si ce n'est d'utiliser la techno-magie pour ne pas avoir à parler du coronavirus. (Précaution d'usage : la suite de cette analyse va divulgacher l'essentiel du film)

Pour résumer l'intrigue du film : une Intelligence Artificielle (un smartphone féminin jaloux) prend le contrôle de la seule entreprise type Big Tech mondiale et déploie une quantité immense de robots pour capturer les humains et les placer dans des cellules individuelles en forme de prisme hexagonal, d'où ils peuvent continuer à aller sur Internet.

Ces prismes sont emboîtés à plusieurs endroits du globe sur des supports qui les enverront dans l'espace pour y mourir. Au bout de plusieurs péripéties, une famille présentée comme dysfonctionnelle arrive à désactiver le smartphone, mettant ainsi fin à son projet maléfique.

Partie 1 : la coïncidence troublante avec le Great Reset

Pour un film développé à partir de 2018, il est troublant d'y voir une parabole absolument parfaite du confinement. Les gens sont enfermés dans des cellules individuelles et n'ont rien d'autres à faire que d'aller sur Internet, ce que certains semblent apprécier.

Le plan des robots est exposé à la manière d'un briefing d'hôtesse de l'air avant le décollage, sauf que là il est très clairement dit que les humains , qualifiés de « fleshlings » (sorte de « sac de viande » équivalent des « bouches inutiles »/ »Useless eaters » de Kissinger), vont être tués afin de réaliser l'utopie d'un monde meilleur sans humains.

Mais il est également annoncé que le WiFi est gratuit, et les prisonniers de s'en réjouir. C'est un gag qui remonte au moins à 2013 et à la vidéo « Help Obama kickstart World War III » (https://www.youtube.com/watch?v=z-sdO6pwVHQ), une vidéo redevenue en quelques mois à nouveau d'actualité, soit dit en passant.

« Les Mitchell contre les machines » est donc un film sur le Great Reset, et comment l'humanité s'est fait capturer en un temps record sans opposer de véritable résistance. La séquence d'actions qui mènent à la défaite de ce projet dans le film est une fantaisie de super-héros telle que les opprimés et les désespérés en attente de miracle peuvent l'imaginer.

En dehors de l'acte III complètement fantasmé, le film est terriblement précis et lugubre. En particulier le ciel est traversé durant tout l'acte II par un convoi continu de cellules individuelles flottantes, une sorte de train pour Auschwitz permanent.

Partie 2 : le cadavre du Rêve Américain et de la société post-industrielle

Généralement on parle au cinéma de « la fin du rêve Américain » lorsque cette fin est pressentie ou en cours. Là, ce rêve est bien mort, on nous montre son cadavre de plusieurs manières différentes.

La scène la plus parlante à ce sujet est celle qui se déroule dans un centre commercial désert. Un personnage fait référence au film de George Romero « Dawn of the Dead » de 1978 mais l'endroit n'est pas du tout assiégé par des zombies, il est désert et des oiseaux sauvages s'y installent déjà.

Le film qui décrirait mieux cette atmosphère est « AI » de Steven Spielberg d'après Kubrick, et une phrase prononcée quelques minutes plus tard y fait référence lorsqu'un robot dit à un autre : « ce sont les derniers humains ».

C'est une scène des plus réussies pour décrire le monde du confinement, mais elle nous dit aussi : « voici où tout cela nous a mené ». Au début de l'âge informatique, au début des années 80, le centre commercial était présenté comme l'apogée de la société de consommation. Le voici vide, devenu sans objet.

Ce moment précis, le début des années 80, est d'ailleurs référencé à d'autres moments, par l'esthétique du film Tron de 1981 mais aussi les albums du groupe « Journey », devenu populaire en 1981. La vieille voiture familiale a également une allure et des détails résolument pré-Reaganomics.

Une scène fugace mais bien plus profonde est une sorte de flash-back relatant l'histoire personnelle du jeune couple avant que les enfants n'arrivent. Le père, fuyant la technologie, s'était construit par lui-même un chalet au milieu de la nature, dans un endroit reculé, mais « cela n'avait pas marché » et la jeune famille a dû quitter le paradis pour aller vivre en Suburbia. Il ne reste de cela qu'une petite sculpture d'un élan, que le père essaie de transmettre à sa fille, dernière trace d'un lien à la terre et à la nature.

Le personnage du père de l'héroïne incarne ceux qui ont encore connu la nature, un peu comme le personnage de Sol dans « Soleil Vert » (1973), il essaie de faire comprendre certaines choses à sa fille avant qu'elle ne se perde comme les autres dans l'illusion du cybermonde, mais ne parvient déjà plus à communiquer avec elle.

La représentation de cette coupure générationnelle a été très bien travaillée dans ce film, de manière à ce que les enfants puissent comprendre le point de vue de leurs parents. Pour la génération des parents et grands-parents, le film est terrible. Il montre que nous allons vers un holocauste technologique et que les survivants ne comprendront même plus le monde qui avait pu exister avant eux.

Partie 3 : un film qui n'échappe pas au clivage Rouge/Bleu

Puisque les Etats-Unis sont en train de se séparer en entités Rouges et Bleues, cet aspect se retrouve aussi dans le film, seulement parce qu'il est un produit de son époque. Le propos du film n'est vraiment pas partisan au sens politique, mais il ne parvient pas à y échapper.

A la fin du film, il est révélé que l'adolescente / jeune femme qui est le protagoniste central a une relation amoureuse avec une étudiante noire de la faculté de cinéma en Californie. L'information vient comme un cheveu dans la soupe et sous la forme de deux courtes phrases, ce qui veut dire qu'on a ainsi payé un péage politique à Hollywood pour pouvoir diffuser le film.

Dans le film le monde « Bleu » est celui qui est irréel : d'un côté la Californie ensoleillée et ses facs branchées, de l'autre côté Big Tech comme cauchemar totalitaire couleur néon.

Le monde réel, de l'autre côté, est celui de la crise économique : la bagnole est un taudis roulant, les vêtements sont relativement usés et moches, l'intérieur de la maison est usé, pas rangé, avec beaucoup d'objets en bois, assez vieillot mais vivant, avec du mouvement, des animaux pas toujours maîtrisés, des jouets et des décorations personnelles.

C'est un monde qui est en train de mourir, notamment par la lumière froide des smartphones qui hypnotisent tout le monde sauf le dernier homme sur terre, le père, qui se rend impopulaire en essayant d'enrayer le désastre et de maintenir la vie.

Ce père n'est pas du côté « Rouge » au sens où il n'est pas un fanatique religieux ou vrai-faux traditionnaliste. C'est un homme qui essaie de faire ce qui est juste, et qui ne cesse de perdre. Par la force des choses, il doit rejeter le monde « Bleu » et ses fausses promesses, dont il veut protéger sa fille sur le point de quitter la maison.

Puisqu'il s'agit d'un film de notre époque, le combat est lui aussi évoqué. Les Voisins Idéaux, sortes de Cybergédéons et Turbobécassines (Gilles Chatelet) avec leurs milliers de followers, semblent très compétents en matière militaire ou au moins d'autodéfense mais ils se retrouvent emprisonnés comme les autres.

La famille des protagonistes s'organise des armes de fortune mais elles ne servent à rien. Seuls les tournevis ont une importance déterminante car ils permettent d'agir sur le monde technologique, et chaque membre de la famille en a reçu en cadeau de la part du père.

Cette idée que la maîtrise technique est libératrice se retrouve notamment dans le film « Brazil » (1984) de Terry Gilliam : le véritable danger pour la société totalitaire est Harry Tuttle, technicien chauffagiste indépendant, prêt à aider son prochain.

Conclusion : un véritable film familial

Le film finit sur l'idée d'une technologie à nouveau maîtrisée, puisque la famille dispose de deux esclaves robotiques qu'elle a collectée en route et qui sont pleinement intégrés dans le fonctionnement de la maisonnée, d'une sorte de « monde d'après » radieux.

Mais le film étant profondément lugubre, il s'agit ouvertement d'une convention narrative. Ce qu'un enfant va retenir du film ce n'est pas le retour à la normale avec une technologie qui va forcément rester suspecte, vu les événements du début. L'image qu'il lui restera ce seront les convois interminables de cellules individuelles voguant dans le ciel nuit et jour vers la mort.

C'est pourquoi « Les Mitchell contre les machines » est un excellent film familial.

Alexandre Karadimas

Dépeuplement : Karl Marx et le devenir mongol de la globalisation

Devenues folles et incontestées par les cerveaux qu'elles contrôlent, les élites rêvent de nature vierge et de dépeuplement en se servant du prétexte écologique. Ce n'est pas la première fois. Guillaume le conquérant (inspirateur du Domesday book qui sonna l'heure du Reset et de la confiscation pour les braves paysans de l'Angleterre traditionnelle, voyez Robin des bois...) anéantit des dizaines de villages pour établir ses chasses. Les mongols rêvaient eux de créer un désert chinois (Grousset) et parlaient des populations à exterminer comme d'insectes. Et les nobles écossais ou spéculateurs londoniens chassèrent des dizaines de milliers de Gaëls de leurs Highlands pour créer ces réserves de chasse qui font rêver les plus riches et les ex-touristes trop romantiques. De même la Patagonie et les grands territoires britanniques volés (Canada, Australie, Nouvelle-Zélande) vont d'ici peu être encore plus vides qu'à l'accoutumée. C'est Hitler qui parle du devoir de dépeupler dans un livre célèbre et ce ne sont pas nos champions allemands, suisses (Ursula, Klaus, leur montagne magique) ou américains (Hitler donne dans Mein Kampf en exemple l'eugénisme US pratiqué par la dynastie Gates) qui iront le contredire.

Mais voyons comment Marx en parle, du dépeuplement. Car quand les élites ne sont plus contestées, voilà comment ça se passe, qu'elles soient bourgeoises ou féodales (on assiste aujourd'hui à une fusion des deux, voyez mes livres sur la Patagonie et sur Internet – les techno-lords)

Dans son magnifique et inépuisable développement sur les secrets de l'accumulation primitive Marx décrit l'expropriation de la population campagnarde dans la romantique Ecosse :

« George Ensor dit dans un livre publié en 1818 : les grands d'Écosse ont exproprié des familles comme ils feraient sarcler de mauvaises herbes; ils ont traité des villages et leurs habitants comme les Indiens ivres de vengeance traitent les bêtes féroces et leurs tanières. Un homme est vendu pour une toison de brebis, pour un gigot de mouton et pour moins encore... Lors de l'invasion de la Chine septentrionale, le grand conseil des Mongols discuta s'il ne fallait pas extirper du pays tous les habitants et le convertir en un vaste pâturage. Nombre de landlords écossais ont mis ce dessein à exécution dans leur propre pays, contre leurs propres compatriotes. »

Puis Marx évoque une duchesse de Sutherland, homonyme de l'infect Peter Sutherland, commissaire européen, Goldman Sachs et Bilderbergs. Ce diable d'homme fut élevé par les jésuites.

Marx donc :

« Mais à tout seigneur tout honneur. L'initiative la plus mongolique revient à la duchesse de Sutherland. Cette femme, dressée de bonne main, avait à peine pris les rênes de l'administration qu'elle résolut d'avoir recours aux grands moyens et de convertir en pâturage tout le comté, dont la population, grâce à des expériences analogues, mais faites sur une plus petite échelle, se trouvait déjà réduite au chiffre de quinze mille.

De 1814 à 1820, ces quinze mille individus, formant environ trois mille familles, furent systématiquement expulsés. Leurs villages furent détruits et brûlés, leurs champs convertis en pâturages. Des soldats anglais, commandés pour prêter main-forte, en vinrent aux prises avec les indigènes. Une vieille femme qui refusait d'abandonner sa hutte périt dans les flammes. C'est ainsi que la noble dame accapara 794.000 acres de terres qui appartenaient au clan de temps immémorial. »

Une fois qu'on a vidé (c'est le cas de le dire, dans la discothèque mondiale) tout le monde, une métamorphose a lieu :

« Enfin une dernière métamorphose s'accomplit. Une portion des terres converties en pâturages va être reconvertie en réserves de chasse.

On sait que l'Angleterre n'a plus de forêts sérieuses. Le gibier élevé dans les parcs des grands n'est qu'une sorte-de bétail domestique et constitutionnel, gras comme les aldermen de Londres. L'Écosse est donc forcément le dernier asile de la noble passion de la chasse. »

Grâce à la chasse pratiquée par nos grands monarques (Juan Carlos, le prince Philip, le Bernard des Pays-Bas, ex SS qui créa les monstrueux Bilderbergs...), on crée des espaces vierges :

« La conversion de leurs champs en pâturages... a chassé les Gaëls vers des terres moins fertiles; maintenant que le gibier fauve commence à remplacer le mouton, leur misère devient plus écrasante... Ce genre de forêts improvisées et le peuple ne peuvent point exister côte à côte; il faut que l'un des deux cède la place à l'autre. Qu'on laisse croître le chiffre et l'étendue des réserves de chasse dans le prochain quart de siècle comme cela s'est fait dans le dernier, et l'on ne trouvera plus un seul Gaël sur sa terre natale. D'un côté cette dévastation artificielle des Highlands est une affaire de mode qui flatte l'orgueil aristocratique des landlords et leur passion pour la chasse, mais de l'autre, ils se livrent au commerce du gibier dans un but exclusivement mercantile. Il n'y a pas de doute que souvent un espace de pays montagneux rapporte bien moins comme pacage que comme réserve de chasse... »

En plein dix-neuvième, rappelle Marx, on retrouve la pire barbarie féodale :

« L'amateur à la recherche d'une chasse ne met, en général, d'autre limite à ses offres que la longueur de sa bourse1080... Les Highlands ont subi des souffrances tout aussi cruelles que celles dont la politique des rois normands a frappé l'Angleterre. Les bêtes fauves ont eu le champ de plus en plus libre, tandis que les hommes ont été refoulés dans un cercle de plus en plus étroit... Le peuple s'est vu ravir toutes ses libertés l'une après l'autre... Aux yeux des landlords, c'est un principe fixe, une nécessité agronomique que de purger le sol de ses indigènes, comme l'on extirpe arbres et broussailles dans les contrées sauvages de l'Amérique ou de l'Australie, et l'opération va son train tout tranquillement et régulièrement. »

Purger le sol des indigènes, cela ne vous rappelle rien ?

Marx cite ensuite un auteur oublié :

« Vingt ans après, cet état de choses avait bien empiré, comme le constate entre autres le professeur Leone Levi dans un discours, prononcé en avril 1866, devant la Société des Arts. « Dépeupler le pays, dit-il, et convertir les terres arables en pacages, c'était en premier lieu le moyen le plus commode d'avoir des revenus sans avoir de frais... Bientôt la substitution des deer forests aux pacages devint un événement ordinaire dans les Highlands. »

Le mouton chasse l'homme, puis le daim (j'allais ire le vaccin !) le mouton.

« Le daim en chassa le mouton comme le mouton en avait jadis chassé l'homme... En partant des domaines du comte de Dalhousie dans le Foriarshire, on peut monter jusqu'à ceux de John O'Groats sans jamais quitter les prétendues forêts. Le renard, le chat sauvage, la martre, le putois, la fouine, la belette et le lièvre des Alpes s'y sont naturalisée il y a longtemps; le lapin ordinaire, l'écureuil et le rat en ont récemment trouvé le chemin.

D'énormes districts, qui figuraient dans la statistique de l'Ecosse comme des prairies d'une fertilité et d'une étendue exceptionnelles, sont maintenant rigoureusement exclus de toute sorte de culture et d'amélioration et consacrés aux plaisirs d'une poignée de chasseurs, et cela ne dure que quelques mois de l'année. »

Une belle phrase de Marx :

« Les instincts féodaux se donnent libre carrière aujourd'hui comme au temps où le conquérant normand détruisait trente-six villages pour créer la Forêt Nouvelle (New Forest)... »

En Patagonie une dizaine d'estancias appartenant aux Soros, Benetton, Lewis, Turner, etc. couvrent un territoire composé marginalement de villes surpeuplées, mal équipées et confinées. Ici les indiens furent exterminés comme au nord du continent par privation de viande (phoques et éléphants de mer). Les survivants furent éliminés, leurs oreilles coupées et sélectionnées à Londres.

Marx conclue – et cette conclusion vaut une méditation :

« La spoliation des biens d'église, l'aliénation frauduleuse des domaines de l'État, le pillage des terrains communaux, la transformation usurpatrice et terroriste de la propriété féodale ou même patriarcale en propriété moderne privée, la guerre aux chaumières, voilà les procédés idylliques de l'accumulation primitive. Ils ont conquis la terre à l'agriculture capitaliste, incorporé le sol au capital et livré à l'industrie des villes les bras dociles d'un prolétariat sans feu ni lieu. »

Retenez bien ce groupe nominal lecteur car que vous veniez d'Afrique, d'Asie, de France ou de Navarre, il explique notre inertie actuelle de prolétarisés : « les bras dociles d'un prolétariat sans feu ni lieu. »

Ce serait le temps de rappeler mes textes sur Ibn Khaldun qui explique comment le rat des villes se laisse aisément circonvenir et soumettre par une autorité supérieure. Et on rappellera que même ces grands pays anglo-saxons ont une population urbaine docile et très concentrée. Dans l'énorme Australie, 80% de la population vit...dans cinq villes. Pour le reste la désindustrialisation rapide et imposée a créé une population servile (de services) peu encline à la contestation ; et comme la techno-addiction remplacé l'agonisante religion comme opium du peuple...

http://www.dedefensa.org/article/ibn-khaldun-et-le-modele-arabe-de-la-liberte-1

https://www.dedefensa.org/article/sir-john-glubb-et-la-decadence-imperiale

http://classiques.uqac.ca/classiques/Marx_karl/capital/capital_livre_1/capital_livre_1_3/fichiers_images/capital_livre_1_3_152_383.pdf

https://www.amazon.fr/INTERNET-SECRETS-MONDIALISATION-Nicolas-Bonnal/dp/1520947747/ref=sr_1_2?__mk_fr_FR=%C3%85M%C3%85%C5%BD%C3%95%C3%91&dchild=1&keywords=bonnal+internet&qid=1620214874&sr=8-2

https://www.amazon.fr/BATAILLE-CHAMPS-PATAGONIQUES-Roman-daventures/dp/1521242194/ref=sr_1_1?__mk_fr_FR=%C3%85M%C3%85%C5%BD%C3%95%C3%91&dchild=1&keywords=bonnal+patagonie&qid=1620214900&sr=8-1

La fin de la Covid-mania en Amérique et ailleurs

Le système recule niaisement – sauf à prendre ses agents médiatiques pour des super-machiavels - sur plusieurs fronts (pass sanitaire, tests, propagande affolante, vaccins obligatoires...) ; oui, je sais, on va me dire que c'est une tactique et qu'il va revenir à la charge plus tard. Il n'empêche : toute retraite est bonne à prendre, et tout ce que veulent les plus fous des gâteux et les « nonagénaires génocidaires » aux commandes (Schwab-Rothschild-Soros-Bergoglio-Prince Charles-Gates-Rockefeller-etc.) ne se met pas en place comme, ça - et l'échec du concert des sexagénaires de la lamentable bande rock Indochine le montre. La masse inerte ou incertaine veut bien aller dans une certaine direction, mais jusqu'à un certain point seulement. La bande de bras cassés du gouvernement peut difficilement persévérer comme ça. L'économie s'écroule - et le fait que dans le Reset tout le monde, Chine et Russie en tête, ne veuille pas jouer au jeu du petit suicide façon Merkel-Macron-Leyen, va limiter la durée de la partie de football unijambiste. On ne va pas pouvoir continuer, pour contredire la phrase de Sartre dans Huis clos. C'est comme de déclarer la guerre à la Chine et la Russie en discutant des benêts idéaux Woke et du sexe des anges et des transgenres. La réalité a fini pas rattraper les fous, qui ne croyaient qu'en leur raison (Chesterton).

Car attention. On veut bien travailler moins et rester à la maison ; on veut bienprendre un peu d'argent et regarder internet ou la télé (le gouverneur du Texas oblige les gens déconfinés à retourner au travail, et comme on sait huit millions d'américains attendent plutôt les allocs plantureuses de Biden qui font plier le dollar et relancent l'inflation) ; mais se faire marquer et étiqueter comme un veau pour aller au restau ou au concert de rock ? Il y a vingt ans dans mon livre sur Internet je détaillais déjà les plans actuels des techno-lords comme nous les appelions : dépopulation (cinquante millions d'habitants sur terre et pas 500 ! – voyez Mark Pesce) ; transhumanisme pas très transcendant ; anti-nomadisme forcené et sédentarisme techno (Attali) et je parlais de la résistance des techno-paranoïaques, qui comme nous voyaient se mettre en place une « étrange dictature » (Viviane Forrester).

Il ne faut pas oublier qu'entretemps Trump a été élu, fantastique claque au système, et que la résistance au quarteron de comploteurs en retraite (Davos, Bilderbergs, Trilatérale, Bruxelles) s'est renforcée. Ils ne font donc pas ce qu'ils veulent ; et même si je trouve l'opinion publique très assoupie, elle offre aussi parfois par son inertie une résistance passive assez efficace : toute comédie aura assez duré.

Pour ce qui concerne le déclin du culte de la Covid en Amérique, on prendra ces observations qui valent leur poids en or. Je les ai trouvées sur le site de Ron Paul, écrite par un contributeur nommé Jordan Schachtel :

« Comment l'administration Biden a-t-elle pu activer COVID Mania et désactiver le régime de sécurité pratiquement du jour au lendemain, après 15 mois d'une propagande impitoyable et d'une campagne de peur affirmant que l'Amérique était au milieu d'une pandémie perpétuelle de mort et de destruction sans fin? Heureusement pour Team Biden, la Maison Blanche actuelle bénéficie du privilège démocrate ou du privilège d'initié de DC. Et comme ils font partie du club des initiés, ils ont la capacité de contrôler et de manipuler les centres de pouvoir de DC à tout moment. Pour donner un sens à ce changement rapide et déroutant des événements, vous devez comprendre comment nos institutions à Washington, DC fonctionnent réellement. »

C'est donc un retournement dû au Deep State ou plutôt (restons humbles) à l'administration américaine, qui est à fond démocrate (depuis Obama ou depuis Roosevelt – ou même Wilson ?). Jordan :

« Il est compréhensible pour le citoyen américain moyen d'avoir du mal à comprendre comment le CDC et d'autres institutions gouvernementales de santé sont passés de la projection d'un «sentiment de malheur imminent» à «votre santé est entre vos mains» en quelques jours. »

Il ajoute donc que ce culte de la Covid avait plusieurs objectifs :

« Maintenant, les individus quelque peu pondérés de l'administration Biden cherchent un moyen de sortir de COVID Mania depuis un certain temps. Si les prises de pouvoir liées à «la pandémie» ont aidé les responsables à accumuler le pouvoir (notamment les gouverneurs maniaques des États) et à mettre en place un régime de sécurité autoritaire, les politiques de pandémie ont également manifesté plusieurs crises. »

J'aurais ajouté : se débarrasser de Trump, première cible de cette crise lamentable. La haine qu'il a inspirée a accéléré la fin de leur monde.

Toutes les administrations, y compris en France, ont crû en pouvoir dans cette crise qui ne sert que l'étatisme, comme la lutte contre le terrorisme. Sur cette croissance du pouvoir lié à des crises fantasmées et à une logique intérieure et administrative, on relira Marx et son dix-huit brumaire.

Mais. Il y a un mais, car tout s'écroule avec ce raffut, l'Amérique et ses alliés en tête :

« L'administration Biden fait face à d'innombrables bouleversements nationaux et internationaux, en plus d'une économie en déclin, parmi de nombreuses autres bulles et catastrophes imminentes. Ils avaient besoin d'un moyen de sortir le plus tôt possible humainement. COVID Mania a eu tellement d'effets résiduels qu'il a commencé à menacer l'intégrité de l'ensemble du système. Ils avaient besoin d'une stratégie de sortie, alors ils ont simplement affirmé leur privilège d'initié, mis de l'ordre les personnes nommées politiques et la bureaucratie fédérale. »

Trump était coincé pour sortir de cette crise où on l'avait entraîné (son instinct était bon, mais ses conseillers…, et quel malheur d'avoir un gendre !) :

« Donald Trump aurait-il pu réussir cela de la même manière? Je ne suis pas si sûr. Il est important de comprendre comment Washington fonctionne quand quelqu'un qui menace l'État administratif arrive en ville, par opposition à quelqu'un qui est soutenu par la bureaucratie fédérale. »

Jordan rappelle que les dés étaient pipés :

« La bureaucratie fédérale est extrêmement libérale et conformiste lorsqu'il s'agit de soutenir les centres de pouvoir à Washington. Lors des élections de 2016, 95% des dons politiques sont allés à Hillary Clinton, qui, comme Joe Biden, est vraiment l'initié ultime de DC. Lorsqu'un initié de la Maison Blanche comme l'administration Biden est en charge de l'exécutif, la fonction publique agit en solidarité avec l'administration. Ils ne perçoivent pas à juste titre l'administration Biden comme une menace pour le système. Lorsqu'un étranger comme Donald Trump arrive en ville, la fonction publique se donne pour mission de rendre le travail de l'étranger aussi difficile que possible. «

Et   de   conclure :

« L'équipe Biden a été en mesure de débrancher si rapidement COVID Mania parce qu'elle a la capacité de contrôler la bureaucratie fédérale, en plus d'avoir le soutien des courtiers en puissance de DC et d'une presse d'entreprise pom-pom girl. Team Biden est un bénéficiaire du privilège d'initié, et ils l'ont utilisé pour mettre fin à COVID Mania dans un instant. »

Tout cela montre que la crise sanitaire était un moyen en vue d'une fin, pas une réalité (sauf peut-être en Chine au début, et pour cause, les services secrets occidentaux ayant décidé de se débarrasser de ce concurrent par des moyens peu orthodoxes) ; moyen diabolique au service des Etats et des administrations pour renforcer un agenda intérieur (voyez le texte de Delepine sur la médecine comme trou noir) et extérieur.

Or là aussi, on a patiné dans la choucroute : la résistance des « complotistes », en marge de la soumission de la masse (« si quelques résistants... ») a été mondiale et formidable. On a vu que le Reset pointait, avec ce transhumanisme et la Prison pour tous. On s'en rapproche bien sûr mais on n'y est pas encore. Et comme le disait Matthew Ehret, il y a cent-quarante pays qui ne marchent pas dans cette combine.

La Covid a menacé nos libertés mais elle a aussi ébranlé le système néolibéral occidental. Ils ne sont pas plus sortis de l'auberge que nous, comme on va tous s'en rendre compte bientôt.

Pour paraphraser Shakespeare : il y a plus de merveilles dans ce monde, monsieur le transhumain, que sur votre écran d'ordinateur et dans toute votre informatique – arme d'ailleurs qui peut être retournée contre le système lui-même.

Sources :

Bonnal - Internet, nouvelle voie initiatique (Les Belles Lettres, Avatar.

http://ronpaulinstitute.org/archives/featured-articles/2021/may/19/how-team-biden-ended-covid-mania-overnight/

La grève des électeurs

Une chose m'étonne prodigieusement — j'oserai dire qu'elle me stupéfie, c'est qu'à l'heure scientifique où j'écris, après les innombrables expériences, après les scandales journaliers, il puisse exister encore dans notre chère France (comme ils disent à la Commission du budget) un électeur, un seul électeur, cet animal irrationnel, inorganique, hallucinant, qui consent à se déranger de ses affaires, de ses rêves ou de ses plaisirs, pour voter en faveur de quelqu'un ou de quelque chose. Quand on réfléchit un seul instant, ce surprenant phénomène n'est-il pas fait pour dérouter les philosophies les plus subtiles et confondre la raison ? Où est-il le Balzac qui nous donnera la physiologie de l'électeur moderne ? Et le Charcot qui nous expliquera l'anatomie et les mentalités de cet incurable dément ? Nous l'attendons.

Je comprends qu'un escroc trouve toujours des actionnaires, la Censure des défenseurs, l'Opéra-Comique des dilettanti, le *Constitutionnel* des abonnés, M. Carnot des peintres qui célèbrent sa triomphale et rigide entrée dans une cité languedocienne ; je comprends M. Chantavoine s'obstinant à chercher des rimes ; je comprends tout. Mais qu'un député, ou un sénateur, ou un président de République, ou n'importe lequel, parmi tous les étranges farceurs qui réclament une fonction élective, quelle qu'elle soit, trouve un électeur, c'est-à-dire l'être irrêvé, le martyr improbable, qui vous nourrit de son pain, vous vêt de sa laine, vous engraisse de sa chair, vous enrichit de son argent, avec la seule perspective de recevoir, en échange de ces prodigalités, des coups de trique sur la nuque, des coups de pied au derrière, quand ce n'est pas des coups de fusil dans la poitrine, en vérité, cela dépasse les notions déjà pas mal pessimistes que je m'étais faites jusqu'ici de la sottise humaine, en général, et de la sottise française en particulier, notre chère et immortelle sottise, ô chauvin !

Il est bien entendu que je parle ici de l'électeur averti, convaincu, de l'électeur théoricien, de celui qui s'imagine, le pauvre diable, faire acte de citoyen libre, étaler sa souveraineté, exprimer ses opinions, imposer — ô folie admirable et déconcertante — des programmes politiques et des revendications sociales ; et non point de l'électeur « qui la connaît » et qui s'en moque, de celui qui ne voit dans « les résultats de sa toute-puissance » qu'une rigolade à la charcuterie monarchiste, ou une ribote au vin républicain. Sa souveraineté à celui-là, c'est de se pocharder aux frais du suffrage universel. Il est dans le vrai, car cela seul lui importe, et il n'a cure du reste. Il sait ce qu'il fait. Mais les autres ?

Ah ! oui, les autres ! Les sérieux, les austères, les *peuple souverain*, ceux-là qui sentent une ivresse les gagner lorsqu'ils se regardent et se disent : « Je suis électeur ! Rien ne se fait que par moi. Je suis la base de la société moderne. Par ma volonté, Floquet fait des lois auxquelles sont astreints trente-six millions d'hommes, et Baudry d'Asson aussi, et Pierre Alype également. » Comment y en a-t-il encore de cet acabit ? Comment, si entêtés, si orgueilleux, si paradoxaux qu'ils soient, n'ont-ils pas été, depuis longtemps, découragés et honteux de leur œuvre ? Comment peut-il arriver qu'il se rencontre quelque part, même dans le fond des landes perdues de la Bretagne, même dans les inaccessibles cavernes des Cévennes et des Pyrénées, un bonhomme assez stupide, assez déraisonnable, assez aveugle à ce qui se voit, assez sourd à ce qui se dit, pour voter bleu, blanc ou rouge, sans que rien l'y oblige, sans qu'on le paye ou sans qu'on le soûle ?

À quel sentiment baroque, à quelle mystérieuse suggestion peut bien obéir ce bipède pensant, doué d'une volonté, à ce qu'on prétend, et qui s'en va, fier de son droit, assuré qu'il accomplit un devoir, déposer dans une boîte électorale quelconque un quelconque bulletin, peu importe le nom qu'il ait écrit dessus ?... Qu'est-ce qu'il doit bien se dire, en dedans de soi, qui justifie ou seulement qui explique cet acte extravagant ? Qu'est-ce qu'il espère ? Car enfin, pour consentir à se donner des maîtres avides qui le grugent et qui l'assomment, il faut qu'il se dise et qu'il espère quelque chose d'extraordinaire que nous ne soupçonnons pas. Il faut que, par de puissantes déviations cérébrales, les idées de député correspondent en lui à des idées de science, de justice, de dévouement, de travail et de probité ; il faut que dans les noms seuls de Barbe et de Baïhaut, non moins que dans ceux de Rouvier et de Wilson, il découvre une magie spéciale et qu'il voie, au travers d'un mirage, fleurir et s'épanouir dans Vergoin et dans Hubbard des promesses de bonheur futur et de soulagement immédiat. Et c'est cela qui est véritablement effrayant. Rien ne lui sert de leçon, ni les comédies les plus burlesques, ni les plus sinistres tragédies.

Voilà pourtant de longs siècles que le monde dure, que les sociétés se déroulent et se succèdent, pareilles les unes aux autres, qu'un fait unique domine toutes les histoires : la protection aux grands, l'écrasement aux petits. Il ne peut arriver à comprendre qu'il n'a qu'une raison d'être historique, c'est de payer pour un tas de choses dont il ne jouira jamais, et de mourir pour des combinaisons politiques qui ne le regardent point.

Que lui importe que ce soit Pierre ou Jean qui lui demande son argent et qui lui prenne la vie, puisqu'il est obligé de se dépouiller de l'un, et de donner l'autre ? Eh bien ! non. Entre ses voleurs et ses bourreaux, il a des préférences, et il vote pour les plus rapaces et les plus féroces. Il a voté hier, il votera demain, il votera toujours. Les moutons vont à l'abattoir. Ils ne se disent rien, eux, et ils n'espèrent rien. Mais du moins ils ne votent pas pour le boucher qui les tuera, et pour le bourgeois qui les mangera. Plus bête que les bêtes, plus moutonnier que les moutons, l'électeur nomme son boucher et choisit son bourgeois. Il a fait des Révolutions pour conquérir ce droit.

*
**

Ô bon électeur, inexprimable imbécile, pauvre hère, si, au lieu de te laisser prendre aux rengaines absurdes que te débitent, chaque matin, pour un sou, les journaux grands ou petits, bleus ou noirs, blancs ou rouges, et qui sont payés pour avoir ta peau ; si, au lieu de croire aux chimériques flatteries dont on caresse ta vanité, dont on entoure ta lamentable souveraineté en guenilles, si, au lieu de t'arrêter, éternel badaud, devant les lourdes duperies des programmes ; si tu lisais parfois, au coin du feu, Schopenhauer et Max Nordau, deux philosophes qui en savent long sur tes maîtres et sur toi, peut-être apprendrais-tu des choses étonnantes et utiles. Peut-être aussi, après les avoir lus, serais-tu moins empressé à revêtir ton air grave et ta belle redingote, à courir ensuite vers les urnes homicides où, quelque nom que tu mettes, tu mets d'avance le nom de ton plus mortel ennemi. Ils te diraient, en connaisseurs d'humanité, que la politique est un abominable mensonge, que tout y est à l'envers du bon sens, de la justice et du droit, et que tu n'as rien à y voir, toi dont le compte est réglé au grand livre des destinées humaines.

Rêve après cela, si tu veux, des paradis de lumières et de parfums, des fraternités impossibles, des bonheurs irréels. C'est bon de rêver, et cela calme la souffrance. Mais ne mêle jamais l'homme à ton rêve, car là où est l'homme, là est la douleur, la haine et le meurtre. Surtout, souviens-toi que l'homme qui sollicite tes suffrages est, de ce fait, un malhonnête homme, parce qu'en échange de la situation et de la fortune où tu le pousses, il te promet un tas de choses merveilleuses qu'il ne te donnera pas et qu'il n'est pas d'ailleurs, en son pouvoir de te donner. L'homme que tu élèves ne représente ni ta misère, ni tes aspirations, ni rien de toi ; il ne représente que ses propres passions et ses propres intérêts, lesquels sont contraires aux tiens. Pour te réconforter et ranimer des espérances qui seraient vite déçues, ne va pas t'imaginer que le spectacle navrant auquel tu assistes aujourd'hui est particulier à une époque ou à un régime, et que cela passera. Toutes les époques se valent, et aussi tous les régimes, c'est-à-dire qu'ils ne valent rien. Donc, rentre chez toi, bonhomme, et fais la grève du suffrage universel. Tu n'as rien à y perdre, je t'en réponds ; et cela pourra t'amuser quelque temps. Sur le seuil de ta porte, fermée aux quémandeurs d'aumônes politiques, tu regarderas défiler la bagarre, en fumant silencieusement ta pipe.

Et s'il existe, en un endroit ignoré, un honnête homme capable de te gouverner et de t'aimer, ne le regrette pas. Il serait trop jaloux de sa dignité pour se mêler à la lutte fangeuse des partis, trop fier pour tenir de toi un mandat que tu n'accordes jamais qu'à l'audace cynique, à l'insulte et au mensonge.

Je te l'ai dit, bonhomme, rentre chez toi et fais la grève.

La guerre des vaccins est une guerre de classe : le gilet jaune doit virer au rouge

On commence à comprendre que j'avais raison sans être pessimiste. On n'est pas pessimiste quand on recense un désastre ; mais on n'est pas très malin quand on le nie. Le coup d'Etat sanitaire n'est ainsi pas qu'un coup d'Etat : Macron alias le prince Louis-Napoléon a suivi ses patrons et la classe bourgeoise, catho, castrée (voyez mon texte sur les eunuques dans la Chine mandchou) et fonctionnaire qui le soutient. Elle veut du vaccin et elle veut du fascisme sauce mondialiste. Elle veut des vacances et elle veut du BFM. On ne la changera pas : lisez Bouvard et Pécuchet. Lisez aussi mon texte sur Nizan et la bourgeoisie. Le bourgeois c'est celui qui n'aime pas le concret ; c'est celui qui aime l'abstrait. Tous vaccinés, et pas d'explication !

On me demande une solution. Je n'ai pas de solution en cas de Hard Reset ou de polygone fou et cyber : s'il nous coupe sur les ordres de Gates et Davos le fric, le web, les transports et le reste, quelle solution aurai-je ? Et eux, d'ailleurs, quelle solution auront-ils ? Pour exterminer, il faut être organisé, demandez aux nazis. Mais ils le savent très bien.

Par contre sur la guerre vaccinale qui se profile en France, j'ai quelques éclairages. Regardez bien le tableau : on a l'ouest et on a l'est. On a ceux qui sont vaccinés et on a ceux qui ne le sont pas – ou le sont beaucoup moins. Ceux qui le sont moins sont les gilets jaunes, le bon peuple, blanc ou bigarré, qui défie le bourgeois et son candidat fascisant (je préfère dire bonapartiste). Quand ce peuple est blanc il est nazi et antisémite ; quand il est de couleur, il est islamo-fasciste ou islamo-gauchiste. La presse bourgeoise ne change pas : elle insulte (dernier article du manuel d'avoir toujours raison de Schopenhauer) et c'est sa meilleure et sa seule arme. Homme au couteau entre les dents...

Macron s'appuie sur les vieux friqués et vaccinés qui veulent partir en paix en vacances dans leur trou à rats en Bretagne ou au pays basque. Ils ne supportent plus les pauvres et les non vaccinés. En sanctionnant bus et trains, le régime de Davos sanctionne le peuple, ceux qui n'ont pas de bagnole, électrique ou autre.

Regardez encore donc ce tableau qui montre à merveille la lutte des classes : l'ouest âgé catho blanc et bourgeois contre le peuple bigarré et surtout pas vacciné. Il sait très bien ce qu'il fait le bougre. Diviser pour régner, rassurer les bons, et faire trembler les méchants, comme disait le bâtard du dix-huit brumaire.

La solution ce sera l'exil (cela devient difficile, cette mondialisation apocalyptique l'empêchant presque) ou la guerre populaire façon commune de Paris – avec les risques d'extermination qui vont avec. Rappelons – clin d'œil à nos amis américains – que les communards se soulevèrent quand on voulut les priver d'armes. On en tua 20000.

Le pouvoir se rassure alors et s'appuie sur ses sbires (tournée des popotes du prince-président avant le coup du 2 décembre). Gendarmes et flics sont comme par miracle exemptés de vaccin : j'avais raison donc en 2017 quand je parlais de prince-président. Le pouvoir s'appuie sur les proprios, les bureaucrates ou les peureux désinformés en aplatissant la classe ouvrière ou populaire. Rebelote comme en 1871 : le meurtre du peuple est la fondation de leur république. 2021 est un grand sacrifice sur l'autel de leur mondialisation malheureuse. Les gilets jaunes doivent virer au rouge. Mieux vaut être rouge que mort, disait-on quand j'étais jeune. La fête continue.

La légendaire interview de mon ami Lucien Cerise

La légendaire interview de mon ami Lucien Cerise sur le système – qui vaut bien cent livres. Mais attention : plus de onze mille mots, dont chacun vaut la peine et la relecture... Attention ; je n'avais jamais lu texte comme celui-là, et il m'a fait alors basculer, vers l'an 2012. Deux phrases-clé : « La puissance de la « communication », c'est-à-dire des médias, fait tout. Le raffinement proprement satanique dans le sadisme révèle que l'oligarchie occidentale atlantiste est passée bien au-delà de la décadence, elle en est au stade de la dégénérescence et de la sociopathie généralisée. »

NB : interview commandée par le magazine Nexus, puis refusée à la publication au motif que des coupes étaient nécessaires et que les auteurs s'y sont refusé.

1. Pouvez-vous nous expliquer la genèse de cet essai et le choix de l'anonymat ?

Comme beaucoup de monde, j'ai été frappé par ce que l'on a appelé l'affaire de Tarnac. Pour rappel, fin 2008, une dizaine de jeunes gens vivant essentiellement dans le village corrézien de Tarnac se fait arrêter de manière extrêmement brutale et médiatique par la police et les brigades de l'anti-terrorisme avec comme chef d'inculpation le sabotage de voies ferrées de Trains à Grande Vitesse. Le nom de Julien Coupat ressort particulièrement car il est supposé être le cerveau de ce groupe appartenant à l'ultra gauche et auteur d'un ouvrage intitulé L'insurrection qui vient, rédigé sous le prête-nom de « Comité invisible » et qui annoncerait les actes de terrorisme à venir.

Cette publication d'inspiration plutôt situationniste fait suite à d'autres, notamment celles du groupe Tiqqun, dont la plus connue est la fameuse « théorie de la Jeune-Fille » (jeunisme et féminisme comme outils de contrôle social). Ayant circulé moi-même pendant des années dans les milieux d'extrême gauche, d'abord à l'université de Paris 8 (Vincennes/Saint-Denis) où j'ai fait mes études, puis dans les squats et les réseaux anarcho-autonomes-libertaires, pour finir par l'action syndicaliste sur mon lieu de travail, il m'est arrivé à plusieurs reprises, dans des soirées ou des réunions, de croiser la route de certains membres de cette nébuleuse intellectuelle et militante. Quelle ne fut pas ma surprise quand je les ai vus placés au cœur de l'attention médiatique, et en plus de cette façon ! Même si je n'ai jamais été un de leurs amis proches, j'ai senti le vent du boulet passer, car nous fréquentions les mêmes cercles. Je n'ai pas pu m'empêcher de me sentir concerné par ce qui leur arrivait et j'ai donc commencé à suivre systématiquement tout ce qui touchait à cette affaire.

Dans la même période, quelqu'un m'avait demandé de faire une conférence sur l'ingénierie sociale, thème sur lequel je travaillais depuis un certain temps. Quand il a commencé à apparaître que ce groupe de Tarnac n'était qu'un bouc émissaire, les dégradations de voies ferrées ayant été revendiquées par des écologistes allemands, je me suis mis à rédiger un texte qui associerait les deux thèmes qui m'occupaient. Après l'annulation du projet de conférence, je suis parti sur l'écriture d'un article assez long, qui a rapidement atteint la taille d'un opuscule. N'ayant pas encore d'éditeur à l'époque, je l'ai mis directement sur Internet, avec le titre « Ingénierie sociale et mondialisation ». Par solidarité et hommage envers ce groupe de Tarnac, j'ai repris le prête-nom d'auteur de « Comité invisible », ce qui a attiré l'attention de quelques personnes, dont Aude Lancelin, qui en a fait un article dans Le Nouvel Observateur. Quand les éditions Max Milo l'ont publié dans une version revue et augmentée, nous avons demandé à Éric Hazan, l'éditeur du premier Comité invisible, s'il acceptait de nous accorder la franchise, et il a refusé. D'où la publication sous anonymat, car l'identité des auteurs n'a pas d'importance, seul compte le texte, que j'ai écrit comme un manuel d'introduction à quelque chose de méconnu, pas pour attirer l'attention sur moi.

2. Gouverner par le chaos porte pour sous-titre « Ingénierie sociale et mondialisation ». Qu'est-ce que l'ingénierie sociale ? En quoi est-elle liée à la mondialisation ?

En un mot, l'ingénierie sociale, le social engineering, consiste à considérer le fait social comme un objet. Normalement, le fait social est considéré comme subjectif. Un groupe social est constitué par des sujets individuels, qui, ensemble se mettent à constituer un sujet collectif. Ça, c'est l'approche classique, qui induit un rapport d'interlocution, puisqu'on est dans des rapports intersubjectifs, de sujets à sujets. Ces rapports d'interlocution sont médiatisés par le langage (du moins par un code) et peuvent être pacifiques, belliqueux, neutres, ou de toute autre nature. Dans tous les cas, on s'adresse la parole, oralement ou par écrit, voire on s'apostrophe, on s'engueule ou on se menace, mais on reste des « sujets parlants », comme dit la psychanalyse. En un mot, je produis des signes et j'attends qu'on me réponde.

À l'opposé, dans une approche d'ingénierie, la sphère du sujet parlant est littéralement zappée. Tout est dé-subjectivé. Ici, on ne se parle plus. Autrui n'est donc plus l'adresse d'une interlocution mais l'objet d'une gestion, d'un contrôle, d'un management. Les idées, les émotions, les vécus, tout est objectivé. Autrui, mais aussi soi-même, peuvent alors être décrits comme des objets « en chantier », c'est-à-dire à reconfigurer, à reformater, à réinitialiser, un peu comme en informatique, en génétique ou dans le BTP, d'où l'appellation d'ingénierie, qui n'est même pas métaphorique. Il s'agit bel et bien de « faire des travaux » sur la subjectivité, de recombiner les parties, etc. Cette mécanisation de l'humain vient directement de l'approche cybernétique. Quelque part, c'est le mépris maximum pour le vivant. En même temps, c'est le type de relation à autrui que l'Occident libéral-libertaire essaie de normaliser sous le concept de « mondialisation » : relation instrumentale, de soi à soi, ou de soi à autrui.

Compte tenu que sur un chantier il est souvent moins coûteux de tout casser et de tout reconstruire à neuf que de modifier l'ancien, on voit où cela peut mener dans les sociétés humaines. Cela revient à normaliser un rapport à autrui complètement psychopathe. 1) Le sujet est un objet, 2) je peux le détruire pour un bien supérieur (ou que j'estime tel). Je sais qu'il existe en France un diplôme d'ingénierie sociale pour les gens qui veulent travailler dans le social. Mais justement, le vrai travail social est aux antipodes de l'esprit de l'ingénierie et consiste à réinjecter du langage, de l'interlocution, du sujet parlant, donc du respect, dans les couches populaires. À mon humble avis, le nom de ce diplôme devrait être changé.

3. Qui sont, aujourd'hui, les principaux ingénieurs sociaux ?

On pourrait reformuler : qui, aujourd'hui, considère autrui comme un objet ? Je cite pas mal de noms dans mon bouquin. Ils se répartissent en catégories. Globalement, il faut distinguer :

1) les « petites mains », qui font de l'ingénierie sociale au quotidien dans leur travail et qui sont souvent des idiots utiles du système, tous ces gens qui travaillent dans le consulting, le management, le marketing, le business, la stratégie militaire, le Renseignement, l'informatique de haut niveau (intelligence artificielle, cryptologie), la robotique, la sécurité des systèmes, etc. ;

2) les « concepteurs », qui sont souvent des esprits très brillants, plus ou moins conscients du danger de leurs recherches, les Norbert Wiener, Kurt Lewin, Pavlov, Skinner, Albert Bandura et autres Gregory Bateson ;

3) les « salauds », eux-mêmes subdivisés en deux sous-catégories : les financiers dans la haute banque, avec leur projet de gouvernement mondial, écrit noir sur blanc et assumé en toutes lettres par un David Rockefeller dans ses Mémoires ; et les planificateurs tels que Edward Bernays (et la « com' »), Milton Friedman (et la stratégie du choc), Zbigniew Brzezinski (et le tittytainement) ou Georges Soros (et les révolutions colorées).

Quant au corpus bibliographique, il est assez vaste et n'est pas toujours perçu comme procédant d'une même inspiration. On peut citer quelques célèbres textes aux origines douteuses, ce qui n'a à ce stade aucune importance car c'est la méthodologie qu'il faut retenir : Les Protocoles des Sages de Sion, ainsi que Armes silencieuses pour guerres tranquilles, voire le plan Pike-Mazini ; ensuite, tout ce qui tourne autour de la guerre cognitive/guerre psychologique/guerre culturelle (Gramsci, la mémétique) ; les publications de l'École de Guerre Économique fondée par Christian Harbulot ; les recherches de l'historien de la publicité Stuart Ewen, notamment son ouvrage Consciences sous influence qui synthétise beaucoup de données.

Deux textes récents définissent également des programmes : le mémo révélé par Wikileaks de Charles Rivkin, ambassadeur des USA en France, qui ambitionne de reformater la culture française dans un sens plus américanophile en s'appuyant sur les minorités, et l'étude pour la RAND Corporation de la féministe Cheryl Benard, Civil democratic Islam. Partners resources and strategies, qui vise à adapter l'Islam à la modernité libérale occidentale.

4. Politique et manipulation ne sont-elles pas traditionnellement liées ? L'ingénierie sociale possède-t-elle une spécificité, un caractère de nouveauté ?

Du point de vue de la morale, la politique s'adresse à des sujets que l'on cherche à convaincre en s'adressant à leur raison. Mais du point de vue de la Realpolitik, c'est plutôt la manipulation qui l'emporte, et depuis longtemps effectivement. Ensuite, on peut manipuler un corps social de deux façons : une façon « conservatrice », à la Platon ou à la Machiavel, et une façon « progressiste », à la Joseph Goebbels ou à la Bernard-Henri Lévy. Autrement dit, il y a deux manières de faire du contrôle social : par la construction d'un ordre conservateur simple, ou par la construction d'un ordre à partir du chaos. L'ordre conservateur construit et impose un ordre unique, le même pour tout le monde, auquel on peut s'opposer de l'extérieur.

En revanche, l'ordre à partir du chaos, l'ordre progressiste, détruit pour construire, il impose son ordre en semant le désordre au préalable. C'est la différence entre contrôle social simple et ingénierie sociale : la même chose pour tout le monde, ou alors deux poids et deux mesures. En effet, dans un cadre d'ingénierie, je ne dois pas être moi-même affecté par la déstabilisation que je provoque, au risque de ne plus pouvoir la provoquer. Je dois donc réussir à me dissocier, à me désolidariser, à me distancier de l'objet social que je déstabilise. L'opération de calcul de ce découplage a pour nom « shock testing », test de choc. C'est le complément organique de la stratégie du choc du capitalisme, dont la méthodologie doit veiller à faire en sorte que les chocs provoqués n'affectent pas en retour ceux qui les provoquent. Luis de Miranda, dans L'art d'être libre au temps des automates, évoque ce sujet assez confidentiel. Je vais tenter d'en résumer les grandes lignes.

Quand l'ordre s'impose à tout le monde et se répète à l'identique au fil du temps, c'est le signe que l'on se trouve dans un système de société traditionnel, conservateur. Mais quand mon ordre et ma puissance s'appuient nécessairement sur la déstabilisation d'autrui, c'est le signe qu'on est entré dans le mode de fonctionnement du capitalisme, où les riches ne peuvent s'enrichir qu'en appauvrissant les pauvres et en semant le chaos dans leur mode de vie. Pour faire mieux accepter le chaos et la déstabilisation aux populations, on a appelé ça du « progressisme ».

Dans le vocabulaire du management, c'est de la « conduite du changement », ou changement dirigé. L'ingénierie sociale est le mode de contrôle social spécifique du capitalisme, qui consiste donc à dissocier le système en lui appliquant des boucles de feed-back positif. Pour revenir aux mécanismes de feed-back de la cybernétique appliqués à la société, on a l'opposition entre ce que l'on appelle les « boucles négatives », qui homogénéisent et égalisent le système avec un effet de thermostat régulateur qui oriente vers une moyenne, et les « boucles positives » qui découplent le système en accusant les différences. C'est cette accentuation des différences aboutissant à une dissociation croissante des classes sociales qui est aujourd'hui recherchée.

Ce travail perpétuel de désolidarisation intentionnelle de l'oligarchie vis-à-vis du peuple, Bourdieu l'a appelée « la distinction ». Son analyse est poursuivie par les Pinçon-Charlot. De nos jours, cette distinction passe par la création d'espaces de vie physiquement dissociés, en édifiant des apartheids de toutes sortes, mentaux ou physiques, comme le mur que les Israéliens dressent en Palestine, ou les gated communities, ghettos de riches protégés par des milices privées et qui fleurissent dans de nombreux pays.

L'étude de ces procédures d'ingénierie sociale permet de comprendre pourquoi il n'y aura pas d'effondrement économique global à la « Mad Max », c'est-à-dire hors de contrôle et qui impacterait toutes les classes sociales, pas plus en France qu'en Suisse, d'ailleurs. Pour en rester à ces deux pays, la France permet d'envahir militairement d'autres pays (Afghanistan, Côte d'Ivoire, Libye) et la Suisse est une place forte de la finance cosmopolite en Europe. Le tourisme de luxe est également très développé dans ces deux pays. Pourquoi voulez-vous que l'oligarchie se mette à casser ses jouets ? Les pays sont des outils, des instruments, et les diverses crises actuelles sont toutes provoquées et sous contrôle.

Un effondrement global impacterait aussi la qualité de vie de trop nombreux riches, et ce n'est pas le but de la manœuvre. Les dominants du système ne détruiront le système que dans la mesure où ils ne seront pas touchés en retour. Ils ne sont pas masochistes et ne vont pas se mettre à scier la branche sur laquelle ils sont assis. Ce qu'ils veulent, c'est purger le système de leurs adversaires mais sans être affectés eux-mêmes, donc sans détruire intégralement le système, du moins dans un premier temps, car ils appliqueront la politique de la terre brûlée s'ils voient qu'ils ont perdu.

Pour éviter d'en arriver là, le processus de découplage des classes sociales piloté par l'oligarchie doit se faire sans heurt et sans risque pour elle. Cette atténuation des conséquences se modélise précisément en termes de shock testing par l'application du calcul balistique aux circuits socioéconomiques afin de répondre à la question : comment minimiser le choc en retour dans une partie du système qui inflige un impact à une autre partie du système ?

La cybernétique a été inventée entre autres pour calculer et minimiser le choc en retour et l'effet de recul subis par un véhicule ou un canon au moment d'un tir de missile. Les résultats des tirs de projectiles ont été ensuite transposés dans une sorte de balistique sociale, inscrite dans un vrai programme de calcul des impacts. En effet, à tout choc infligé, il y a un choc en retour, c'est une loi universelle. Quand on inflige un coup à autrui, il y a toujours le contrecoup. En termes balistiques : l'effet de recul.

L'oligarchie essaie toujours de s'affranchir des limites et des conditionnements universels, ce qui l'a conduite à se poser la question : comment frapper autrui sans se faire mal soi-même ? Comment détruire l'ennemi sans conséquences pour soi ? Comment réduire le choc en retour quand je provoque une crise ? Comment faire pour qu'il n'y ait aucun coût à infliger des coups ? En termes hindouistes, comment supprimer tout karma ? En termes monothéistes, comment abolir toute culpabilité ? En termes orwelliens, comment s'extraire de la décence commune ? En termes psychanalytiques, comment abolir tout surmoi, toute vergogne, toute empathie, tout scrupule, et devenir un parfait sociopathe pervers ? En clair : comment les riches vont-ils s'y prendre pour éliminer physiquement les pauvres sans que cela ne provoque trop de remous, révoltes, révolutions, insurrections, donc une instabilité trop forte du système global dans lequel ils vivent aussi ? Pour l'oligarchie, la mixité sociale reste l'ennemi numéro 1.

Afin de réduire ces effets de choc en retour, il faut donc déjà dissocier physiquement les circuits des flux de valeurs économiques et symboliques, les infrastructures matérielles (eau, gaz, électricité, transports, alimentation, éducation, etc.), ainsi que les populations elles-mêmes en les faisant vivre dans des espaces différenciés, avec des quartiers de riches et des quartiers de pauvres. Cette désolidarisation existe déjà, mais pas encore suffisamment. Les riches et les pauvres vivent encore de manière trop entrelacée et imbriquée, trop solidaire, d'où l'attaque massive de tout ce qui est facteur d'égalité, services publics, États-nations, afin de tout privatiser et de morceler la société en fonction du capital de chacun.

Ce patient travail de découplage des parties a besoin de normaliser les chocs afin que le peuple accepte de souffrir. Des laboratoires de sociologie travaillent notamment sur la notion d'« acceptabilité du risque », ou comment faire accepter le risque aux populations ? On peut, par exemple, communiquer sur « les excès » du principe de précaution, comme le font Jean de Kervasdoué dans La peur est au-dessus de nos moyens. Pour en finir avec le principe de précaution, ou Alain Madelin dans divers éditoriaux. Le principe de précaution et son arsenal juridique sont des problèmes pour l'oligarchie car ils protègent le peuple contre les risques qu'elle veut lui faire courir. Le principe de précaution, comme tout dispositif légal, induit une certaine rigidité qui fait obstacle à la flexibilité libérale et à la « société liquide » (Zygmunt Bauman) que le Pouvoir cherche à normaliser. Ce principe fait donc obstacle à une docilité totale, à l'instrumentalisation complète et à la réduction du peuple à un objet complètement plastique. On remarquera que cette acceptation du risque est elle-même toujours découplée. Les producteurs d'OGM ou de pesticides chimiques mangent bio, comme l'ont prouvé des activistes américains en fouillant leurs poubelles. Et quand il était premier ministre, Tony Blair voulait faire interdire des compléments alimentaires que lui-même et ses enfants utilisaient.

5. Quelles sont ses méthodes ? Aidée par les découvertes scientifiques – notamment cybernétique et psychologie sociale – l'ingénierie sociale, arme du pouvoir, sait anticiper sur nos réactions, écrivez-vous. Cela peut même aller jusqu'à les provoquer. Pourriez-vous développer ?

On peut effectivement programmer des algorithmes comportementaux. Comment ? Pour l'espèce humaine, la structure élémentaire de la perception du monde est un rapport de dualité. Pour que nous percevions un monde qui fasse sens, quel que soit son contenu, il faut percevoir une structure d'opposition entre au moins deux choses : intérieur/extérieur, yin/yang, papa/maman, jour/nuit, Bien/Mal, ami/ennemi, etc. L'astuce du management des perceptions consiste à produire, non pas un discours auquel on peut s'opposer, mais d'emblée les deux discours situés aux deux pôles de la dualité, afin de mettre en scène une pseudo opposition complète, un faux débat, ce qui permet de prendre le contrôle complet du monde de quelqu'un. À ce stade, on est déjà au-delà de la simple description scientifique des réactions et des comportements, on passe à leur conditionnement.

Le socle théorique de l'ingénierie sociale est fourni par les sciences humaines et sociales, et plus particulièrement les approches comportementales ou inspirées des sciences naturelles. La grosse différence avec ces sciences vient de ce que l'on ne se contente pas de décrire les choses, on intervient dessus, on les modifie. C'est ce que l'on appelle aussi une « logique proactive ». Afin d'anticiper sur les comportements populaires et de les garder sous contrôle, il faut aller plus loin que la simple observation et le recueil d'informations, en un mot le renseignement ; il faut aller jusqu'à provoquer ces comportements, y compris les comportements d'opposition, critiques et contradictoires. Cette démarche proactive est celle de la communauté du Renseignement, en particulier depuis les années 1950 et le programme Cointelpro (Counter Intelligence Program), élaboré aux États-Unis dans le cadre du maccartisme et de la chasse aux sorcières anti-communiste. Les services secrets américains (FBI, CIA) ont ainsi consciemment créé pour la jeunesse une contre-culture beatnick et hippie totalement inoffensive, à base d'expressionisme abstrait (Pollock, De Kooning), de « bougisme » (Kerouac), d'art pop psychédélique et de produits stupéfiants incapacitants, comme un circuit de dérivation hors de l'institution du potentiel de subversion autrement plus dangereux que représentait le communisme orthodoxe, qui était situé, lui, au cœur de l'institution.

La même méthodologie est employée de nos jours, avec les Indignés, par exemple. Il y a évidemment des gens sincères dans ce mouvement, mais ils se font manipuler. Le Système cherche à éliminer toute incertitude, toute critique ; pour ce faire, il crée lui-même une pseudo incertitude et une pseudo critique, lesquelles seront surmédiatisées afin de monopoliser l'attention et d'attirer les énergies potentiellement critiques dans une visibilité hors système qui les neutralise. En termes hégéliens, la thèse produit elle-même son antithèse ; de la sorte, la thèse est sûre de garder le contrôle de sa propre contradiction antithétique ; elle est donc sûre de ne jamais être contredite fondamentalement, seulement à la marge, et de garder le contrôle tout court.

Le Pouvoir en vient donc à organiser lui-même sa propre contestation. Il met en scène de la pseudo incertitude, avec des faux terroristes (Tarnac, 11 Septembre, etc.) et des faux mouvements d'opposition. Par exemple, en France, le Ministère de l'Intérieur ne se contente pas d'infiltrer les milieux gauchistes, il organise lui-même les grèves et les manifestations au moyen de ses indicateurs et agents doubles (naguère trotskistes, aujourd'hui plutôt libertaires). Depuis les grandes grèves de 1995 et le « Plus jamais ça ! » de Juppé, de gros moyens ont été déployés. Toute l'extrême gauche, que je connais bien, est aujourd'hui complètement sous influence, noyautée et infiltrée par la police. J'en ai eu des preuves au fil du temps. On en voit la conséquence dans l'inefficacité totale du syndicalisme révolutionnaire, qui a complètement cédé sa place au syndicalisme de cogestion réformiste.

Le seul type de grève vraiment efficace serait une grève pendant laquelle on ne perd pas d'argent. On peut ainsi la poursuivre indéfiniment. C'est une « grève durable », ce qu'on appelle généralement une grève du zèle. On vient au travail, mais on ne fait rien, ou presque, et surtout on organise collectivement cette absence de travail, évidemment sans préavis de grève ni aucune déclaration officielle. Ce ne serait guère que de la désobéissance civile de bon aloi. Arriver à cette conclusion et commencer à la mettre en pratique est juste du bon sens, mais tout est fait au niveau des directions syndicales pour qu'on n'y arrive jamais.

Cette pro-activité du Renseignement va au-delà de l'organisation de grèves inefficaces et de manifs purement carnavalesques, et même au-delà de l'organisation artificielle d'émeutes en banlieue au moyen de racailles payées en barrettes de shit par les flics pour les aider à compléter leurs propres effectifs de casseurs en civil (ou « appariteurs »), cela touche aussi les idées, avec la diffusion de virus mentaux incapacitants conçus à l'image du système, tels que la théorie du genre, nouvelle mouture du féminisme d'antan mais en plus hystérique encore, à la sauce « girl power » et « gay friendly ». Le résultat est devant nous : il n'y a plus de différence aujourd'hui entre la gauche et les Spice Girls. Hollande, Cohn-Bendit, Besancenot et Lady Gaga : même combat !

Dans la continuité, j'observe aussi depuis des années un gros travail de fond accompli pour que l'extrême gauche devienne pro-israélienne. On part de loin et cela semble improbable mais le retournement s'opère petit à petit. Comment s'y prennent les agents d'influence ? On évite soigneusement de se mettre à militer explicitement CONTRE la cause palestinienne, cela paraîtrait louche, et à raison, mais en revanche on se met à militer à fond POUR la cause des homos et des transsexuels. Il faut qu'en cas de radicalisation des tensions, si l'extrême gauche est sommée de choisir un camp définitif entre les combattants barbus du Hezbollah et la gay-pride de Tel-Aviv, ce soit la seconde qui l'emporte parce qu'elle aura été rendue plus familière. Sur tous ces sujets, on lira avec fruit Frédéric Charpier, La CIA en France : 60 ans d'ingérence dans les affaires françaises, ou l'article de Christian Bouchet, « À l'extrême gauche de l'oncle Sam ».

Cela dit, l'extrême droite n'est pas en reste, question noyautage et infiltration, comme le prouve l'obsession « identitaire », inventée dans les think-tanks du Pouvoir pour remplacer le « communautarisme » devenu péjoratif avec le temps. Aujourd'hui, l'ingénierie sociale s'appuie beaucoup sur la question « identitaire », de gauche comme de droite, notamment par la production de rivalités identitaires dans les classes populaires afin de les morceler, d'empêcher leur organisation et de « diviser pour régner ». Il y a une théorie identitaire de gauche, avec les questions de genre et de sexe, et une théorie identitaire de droite, avec les questions de race et de culture. Pendant qu'on perd du temps avec ces questions-là dans des débats « pour ou contre » surmédiatisés et complètement oiseux, les questions socioéconomiques sérieuses ne sont pas abordées et le Pouvoir continue d'avancer ses pions. Les bonnes vieilles ficelles sont usées jusqu'à la corde mais fonctionnent toujours, cela ne cesse de m'étonner.

En effet, depuis la nuit des temps, la guerre cognitive menée par le Pouvoir contre le peuple consiste toujours : 1) à essentialiser les petites différences identitaires pour les dresser les unes contre les autres, 2) à coloniser son « temps de cerveau disponible » avec du bruit informationnel et des questions anecdotiques ou secondaires comme leurres de diversion à ce qui est important. La question des identités est au cœur du lien social, évidemment, comme le montrent les sciences humaines, mais ces identités ne définissent votre destin que dans les systèmes pré-capitalistes ; quand c'est votre compte en banque qui définit vos conditions de vie réelles, donc tout ce qui vous arrivera dans la vie, il est illégitime d'en parler autant. Pour approfondir le sujet, je renvoie le lecteur à l'article « Les rivalités identitaires comme instrument de contrôle social », publié dans le collectif Le 11 Septembre n'a pas eu lieu…, aux éditions Le Retour aux sources.

Cela dit, il y a encore pire que de recevoir l'étiquette de facho, qui est bien commode et rassurante finalement, car les rôles sont clairement définis. D'ailleurs, à ce propos, un contact m'a attesté que la campagne sur le thème de l'antifascisme (les anti-fa, Ras l'front, « Conspis hors de nos villes », etc.) relancée récemment dans les milieux d'extrême gauche a été en fait élaborée depuis un brainstorming commun de la DCRI (les ex-RG) et du journal Le Monde pour tenter de dénigrer toute critique trop appuyée du système.

Déjà, son mode d'apparition met la puce à l'oreille, car il est beaucoup trop concerté et discipliné pour être une émergence spontanée de l'extrême gauche (laquelle est trop individualiste et désorganisée pour se trouver en état de lancer ce genre de campagne), avec tous ses éléments de langage préfabriqués et livrés « clé en mains » : accusation de « confusionnisme » droite/gauche quand on veut faire la synthèse du meilleur (façon CNR ou Soral) ; accusation des gouvernements « autoritaires » et « populistes », de Chavez à Poutine, pour dissuader de les prendre comme modèles ; accusations en vrac d'antisémitisme, de misogynie, d'homophobie ou de théorie du complot, etc. Bref, le pseudo débat entre les fachos et les gauchos est une routine de contrôle social sans risque et bien huilée, entièrement fondée sur la vieille technique bien connue de « disqualification avant débat », qui consiste à attaquer l'auteur du message pour éviter d'avoir à examiner la pertinence intrinsèque du message.

Maintenant, si vous voulez vraiment mettre les gens mal à l'aise dans un dîner en ville, faites un tour de table en demandant à chacun combien il gagne, puis orientez la discussion sur les différences de revenus et de capital, les clivages et les hiérarchies que cela induit en termes de qualité de vie, voire d'espérance de vie, et est-ce que c'est bien mérité ?! Vous verrez le résultat. J'ai déjà testé, ambiance marécageuse ou électrique assurée (c'est selon). C'est encore pire que de passer pour le facho de service car vous ne correspondez à aucun rôle prédéfini.

6. Dès lors, comment éviter le piège du contrôle ?

Justement, en ne rentrant dans aucun rôle prédéfini. Le principe de la « gestion de risques », qui est une branche de notre étude, consiste à réduire l'incertitude, en créant de la fausse incertitude si nécessaire. Il faut donc réinjecter de la vraie incertitude dans le système. Réinjecter de la vraie contradiction. Comment être sûr que c'est de la vraie contradiction ? Comment être sûr que je ne suis pas une antithèse générée de manière proactive, une fausse contradiction ? La seule solution consiste à s'extraire totalement du système thèse/antithèse. N'être la contradiction de rien. N'être l'antithèse de rien. Comment ? Ne pas se situer dans des rapports « pour ou contre » quoi que ce soit. Pour cela, il faut apprendre à méta-communiquer : quand je suis face à un débat, « pour » ou « contre » quelque chose, ne pas prendre parti mais monter à l'échelle logique supérieure pour découvrir le tronc commun des thèses contradictoires en présence.

En général, le « pour » et le « contre » possèdent un présupposé commun, qui est au moins la pertinence du débat en question. Puis, s'extraire de ce tronc commun également. À ce moment-là, on sort d'un débat d'idées pour aller voir la structure de ce débat d'idées et si cette structure correspond à quelque chose dans les faits. Questionner l'origine du débat plutôt que de rentrer dedans. On fait alors de l'analyse de systèmes (systémique et cybernétique), ou de l'analyse de modèles, dont l'ossature obéit à la théorie mathématique des ensembles : les systèmes se chevauchent ou s'emboîtent les uns dans les autres et il y a des systèmes de systèmes, toujours plus intégrateurs, qui permettent de dégager la structure des structures, etc. C'est aussi la logique du Concept et de l'Esprit, qui consiste à subsumer toujours plus.

Cette procédure de méta-communication permanente sur les idées doit en outre être confrontée à des faits. La base à laquelle nous revenons toujours doit être neutre sur le plan des idées : sortir du jeu des contradictions et des antithèses pour penser les choses uniquement au regard des faits concrets. Les faits, rien que les faits, tous les faits. Ça, c'est totalement irrécupérable. La subversion maximum, à jamais irrécupérable, c'est juste la bonne vieille méthode scientifique expérimentale : des raisonnements logiques appuyés sur des faits concrets.

Attention, pas de malentendu, je ne parle pas de scientisme ou de positivisme. Je parle d'une attitude simplement non idéologique face au monde, c'est-à-dire avec le moins d'idées possible. Je me méfie comme de la peste des idées et des systèmes d'idées (les idéologies). Les idées et les théories, on ne peut pas s'en passer totalement, mais il faut toujours garder présent à l'esprit que ce ne sont que des hypothèses, plus ou moins cohérentes et consistantes, mais des hypothèses seulement. Les idées et les hypothèses doivent toujours être soumises à l'autorité des faits bruts, l'autorité du Réel, la seule autorité que je reconnaisse, pour ma part. (À une époque, je voulais lancer un mouvement baptisé « La Communauté du Réel », d'après l'article sur la reality-based community de Ron Suskind, mais l'initiative est restée foireuse, faute de temps et de moyens.)

Le Réel, c'est la manière dont les choses sont, indépendamment de ce que l'on voudrait qu'elles soient. Autres définitions du Réel, celles de la topologie lacanienne : « Ce qui revient toujours à la même place », « Ce qui ne se contrôle pas ». Je milite donc en faveur d'un empirisme intégral, un « factualisme » avec le moins d'idées possibles, car ce sont les idées et les idéologies qui se manipulent, qui se mettent en scène dans des débats « pour ou contre ». Il faut donc savoir rester « trivial » au sens épistémologique, c'est-à-dire au ras des pâquerettes, et sans idées préconçues. Je défends donc une méthode vide, sans contenu, sans idées, ce qui réduit considérablement les risques d'être manipulé. Cette vision de la méthode scientifique, composée d'une méta-communication sur les systèmes, c'est-à-dire sur nos formes mentales, associée à un retour constant à la trivialité factuelle, est également assez proche du bouddhisme zen. Pour tout dire, c'est juste du « bon sens ».

7. La désinformation, expliquez-vous, passe notamment par les glissements sémantiques via la promotion de nouveaux mots à des fins de propagande. Qu'en est-il ?

Pour le Pouvoir, la manipulation du langage en général est essentielle car c'est de cette façon-là qu'il construit une réalité. Je disais au début de l'interview que dans un cadre d'ingénierie, on ne se parle plus. Pour être plus précis, on peut continuer de se parler « en apparence », mais c'est du pseudo langage, de la langue de bois ou de coton, du langage qui n'est plus indexé sur le Réel. Les grands totalitarismes du 20ème siècle ont fait avancer l'art de la déréalisation au moyen du langage jusqu'à une extrême sophistication. Orwell a tout dit avec son concept de Novlangue, mais on le complétera judicieusement par les ouvrages de Victor Klemperer, Éric Hazan et Christian Salmon.

Pourquoi le storytelling marche-t-il aussi bien ? Comment se fait-il que nous soyons sensibles à ce point aux histoires qu'on nous raconte et que ces narrations souvent fictives pèsent malgré tout d'un tel poids dans nos vies et sur la marche du monde ? Cela vient du fait que l'homo sapiens n'est jamais en contact direct avec le réel brut. Nous n'avons accès au réel que par l'intermédiaire d'une construction sémantique, langagière, qui fournit la représentation, la carte du territoire dans lequel nous subsistons. Cette carte, c'est l'ensemble de ce que nous savons sur le monde, c'est la grille de lecture culturelle que nous apprenons et perfectionnons depuis la naissance et sans laquelle nous ne pourrions survivre. Pour plus d'explications sur ces affaires de sémiotique appliquée à la psychogenèse, on se reportera aux recherches de Dany-Robert Dufour, notamment dans On achève bien les hommes. Je vais essayer de résumer.

Tout part du fait que l'espèce humaine est néotène, c'est-à-dire prématurée. L'héritage génétique seul n'est rien, il a besoin d'être activé par de la fiction. Dans une vie d'Homme, la fiction représente une part plus importante que le Réel. La mise en fiction du vécu humain est inscrite dans notre condition de sujets parlants. En fait, tout ce qui fait Sens relève peu ou prou de la fiction. Cela inclut tous les grands récits identitaires et communautaires, tous les grands mythes historiques, religieux, politiques, mémoriels, et pas seulement ceux dont la censure interdit le questionnement depuis quelques années. Pour comprendre cela, il faut examiner les mécanismes de l'acquisition du langage, puisqu'il n'y a pas de production de sens sans un code, sans un véhicule langagier. À la naissance, sur un plan strictement génétique, le bébé est capable de produire tous les sons. Or, aucune langue humaine ne contient tous les sons. Pour entrer dans une langue et commencer à échanger du sens, le bébé doit donc apprendre à inhiber certaines potentialités génétiques, certaines potentialités réelles et naturelles, au bénéfice du renforcement d'autres potentialités génétiques. L'entrée dans le langage, l'entrée dans le sens, suppose donc une négation sélective au sein de l'héritage génétique, dans l'éventail des potentialités qui nous sont léguées, ce qui constitue une sorte de dénaturation.

La nature est trop riche, l'entrée dans la culture et le sens en constitue une réduction et une orientation spécifique, aux dépens d'une autre orientation. Cette réduction, ou limitation, ou dénaturation, ou information (au sens de mise en forme) du matériel génétique inné, correspond aussi au mécanisme de la socialisation. L'apprentissage social, l'acquis post-natal, l'éducation, la culture, en un mot la « compétence langagière », imposent des limites et inhibent sélectivement l'héritage naturel, qui sans cette influence extérieure reste anarchique, amorphe, non-structuré, « lettre morte ». C'est cette information inhibitrice qui donne du Sens. Chez les humains, l'héritage génétique tout seul ne conduit qu'à l'autisme et à une absence handicapante de socialisation. La socialisation langagière et sémantique constitue donc en elle-même une déréalisation : le vécu natif, originel, génétique, du Réel brut naturel n'est pas pris en bloc, il n'est pas respecté dans son intégrité totale, on n'en retient que certaines parties, mais ce mécanisme sélectif passe inaperçu et la « partie », la construction sélective, est prise pour le « tout ».

En effet, pour que le code culturel au moyen duquel nous communiquons soit crédible et fonctionnel, il doit reposer sur le postulat illusoire de son adéquation pleine et entière au Réel : oublier que c'est une convention pour se mettre à croire que c'est un absolu. Si je commence à douter du langage que j'utilise, c'est non seulement ma capacité au lien social qui s'effondre, mais encore tout forme de « sens de la vie » (processus de la psychose). Pour entrer dans l'univers du Sens, dans l'univers des symboles et des codes langagiers, il faut donc nier sélectivement le Réel tout en croyant qu'on le respecte. Pour continuer à utiliser la carte, il faut croire qu'elle correspond au territoire.

8. Pourquoi conclure par « L'Appel des résistants » ? Stéphane Hessel n'a-t-il pas, comme le rappelle Jean-Claude Michéa dans Le complexe d'Orphée, fourni plusieurs membres à la Commission trilatérale via son club Jean Moulin ?

Stéphane Hessel n'est pas le seul signataire de cet « Appel des résistants », ils sont une quinzaine. Par ailleurs, quand j'ai écrit mon bouquin en 2008-2009, je ne savais même pas qui était Stéphane Hessel, en dehors d'un nom mêlé à d'autres au bas d'un texte. Rappelons le contexte. L'Appel des résistants, écrit en 2004, a été rédigé pour commémorer le 60ème anniversaire du Programme du Conseil national de la Résistance, écrit en 1944. Ce programme du CNR, de son vrai titre Les jours heureux, est un texte absolument extraordinaire, merveilleux, époustouflant d'intelligence et de bonté, tout le génie français est là, dans cette alliance entre gaullistes et communistes, qui vous donne la chair de poule et vous fait monter les larmes aux yeux.

À moins d'être un salaud, on ne peut qu'être d'accord avec ce texte et ressentir l'urgence d'en faire la promotion ; mais bien qu'il n'ait que la taille d'un manifeste, ses quarante pages interdisent de pouvoir le citer dans son intégralité. Je voulais néanmoins rappeler son existence et me placer sous son patronage. Faute de place, je me suis contenté de reproduire l'Appel des résistants, qui en fournit un résumé sur deux pages. En plus synthétique encore, notons que l'on retrouve également tout l'esprit du Conseil national de la Résistance dans la maxime assez géniale d'Égalité et réconciliation, le mouvement fondé par Alain Soral : « Gauche du travail, droite des valeurs ».

9. Passons au plan géopolitique. Les récents bouleversements en Italie, Grèce, la loi NDAA d'Obama peuvent-ils s'interpréter en termes d'ingénierie sociale ?

Du point de vue de l'oligarchie occidentale, dont Obama et ses conseillers sont des représentants, un monde multipolaire, un monde multiculturel, est intolérable car il n'est pas totalement sous contrôle, sous son contrôle. Un monde multipolaire rappelle à l'oligarchie le monde réel en la rappelant à certaines limites, aux frontières, à la contradiction, au fait qu'elle ne domine pas le monde entièrement. Pour l'oligarchie capitaliste, le monde doit être Un et sans frontières. Telle est sa vision de la géopolitique. Pour y parvenir, elle s'emploie donc à détruire le monde tel qu'il est pour le remplacer par le monde tel qu'elle voudrait qu'il soit.

Méthodologiquement, dans son œuvre de destruction, elle fait usage de la « stratégie du choc » et du « management de la terreur ». La Terror management theory est une branche des sciences humaines née en 1986 sous l'impulsion de trois chercheurs américains Greenberg, Pyszczynski et Solomon. Cette approche gestionnaire, rationnelle et scientifique de la terreur propose une analyse des mécanismes psychologiques et comportementaux de la peur et de la panique. Au niveau d'une ingénierie, on peut en tirer des applications permettant de répondre à certaines questions. Comment terroriser et paniquer autrui de la manière la plus efficace possible ? Comment rendre les gens complètement fous, comment les pousser au suicide ou à s'entretuer, sans que cela ne m'impacte en retour, évidemment ?

Conformément à ce que nous disions plus haut sur le langage, la représentation est parfois suffisante pour provoquer les mêmes effets que le réel. Par exemple, ce que l'on appelle communément la « dette publique » n'existe que dans le langage. Mais du fait que l'oligarchie ne pouvait pas y faire croire du jour au lendemain sans un minimum de mise en scène, il a fallu passer par le stratagème de la crise de 2007-2008, au moyen de laquelle les banques ont surendetté les États avec l'argent qui a servi à les sauver, elles. Créancières et débitrices en même temps, les banques nous font entrer dans un système circulaire d'auto-confirmation performative sans rapport avec le réel et de nature profondément hallucinatoire et psychotique.

Jean-Claude Paye est très bon pour analyser ces mécanismes de folie sociale. Si ça marche quand même, c'est uniquement parce que la police et l'armée sont là pour protéger les banquiers, qui ne sont que des types dans des bureaux (ou des châteaux), et sont donc par eux-mêmes totalement impuissants à imposer quoi que ce soit. Le pouvoir de la finance repose entièrement sur ce que l'on appelle communément le bluff, comme au Poker. D'ailleurs, on attribue à Mayer Rothschild, le fondateur de la dynastie, la remarque suivante : « Prenez l'apparence du pouvoir, et on ne tardera pas à vous le donner réellement. »

Ce qui marche pour le pouvoir fonctionne également pour le danger. La capacité à « faire croire » (au pouvoir ou au danger) est fondamentale puisque la représentation du danger provoque à peu près les mêmes effets anxiogènes que le danger réel. D'où le fait que l'anti-terrorisme, dont le Patriot act, la NDAA ou nos lois scélérates en France sont des avatars, n'ait pas besoin de vrais terroristes. D'où le fait qu'il s'en passe effectivement !

Personnellement, quand j'entends parler de « menace terroriste », je souris. Pendant des années, je suis allé à l'École militaire, située en face de la tour Eiffel à Paris, pour y écouter des colloques et des conférences sur le Renseignement, les Forces spéciales, la stratégie militaire, la géopolitique et la sécurité. Ces événements rassemblent le gratin de l'armée, de la police, des services secrets, de la politique, du patronat et du journalisme. La « menace terroriste islamiste » constitue le fil conducteur de tous les débats. Bizarrement, on rentre dans ces conférences sur simple inscription par Internet et présentation rapide d'une pièce d'identité banale et aisément falsifiable à l'entrée. Il n'y a aucun portique détecteur de métaux, aucun scanner corporel ni tapis roulant pour les sacs et valises, aucun chien renifleur, et je n'ai pas souvenir d'une seule caméra de vidéosurveillance. Cohérence et vraisemblance semblent donc secondaires, y compris de la part des professionnels de la sécurité puisqu'ils ne prennent même pas la peine de se protéger des dangers dont ils dissertent complaisamment par ailleurs.

En réalité, il n'y a AUCUNE menace terroriste islamiste. Zéro, rien, et ces professionnels le savent pertinemment, raison pour laquelle ils s'épargnent à eux-mêmes les nuisances tatillonnes de la paranoïa sécuritaire. Pour ma part, j'ai suffisamment étudié la question : les seuls risques terroristes réels en Occident viennent des services secrets occidentaux eux-mêmes, et en particulier anglo-saxons et israéliens. Il suffit de se cultiver un peu sur les méthodes de travail des services spéciaux pour apprendre que l'attentat sous faux drapeau (false flag), c'est-à-dire faussement attribué à quelqu'un d'autre, est d'un usage complètement banalisé depuis des siècles. Les emprunts et les abus d'identité, ainsi que les identités entièrement inventées de toutes pièces, ce que l'on appelle dans le jargon des « légendes », sont le pain quotidien du boulot dans le Renseignement.

La menace terroriste en Occident est donc largement une fiction, comme la dette publique, mais qui s'inscrit parfaitement dans ce management de la « terreur virtuelle ». Tous les événements géopolitiques que vous mentionnez sont les symptômes de ce qu'il faut bien appeler une véritable ingénierie de la peur appliquée aux peuples, mais sans aucune raison objective, sans raison réelle, il faut ne jamais cesser de le dire. La puissance de la « communication », c'est-à-dire des médias, fait tout. Ce raffinement proprement satanique dans le sadisme révèle que l'oligarchie occidentale atlantiste est passée bien au-delà de la décadence, elle en est au stade de la dégénérescence et de la sociopathie généralisée. Pour continuer sur ces sujets, à côté de l'ouvrage bien connu de Naomi Klein, j'en recommande d'autres, tout aussi indispensables, Choc et simulacre de Michel Drac, et La stratégie du chaos de Michel Collon. Si nos titres font écho les uns aux autres, ce doit être le Zeitgeist...

10. Quelle grille d'analyse appliquer aux révolutions colorées ?

Il faut partir d'un principe. C'est un raisonnement déductif mais appuyé sur des observations empiriques : toutes les révolutions authentiques, venant vraiment du peuple, ont échoué ; toutes les révolutions qui ont marché étaient des « révolutions colorées » menées par des « minorités actives ». Ce fut le cas de la Révolution américaine, de la nôtre en 1789, puis 1917 en Russie. Cela commence à se savoir également pour Mai 68 (cf. Alain Peyrefitte ; Roger Frey ; L'Express n°2437), dont le but était d'ouvrir la France aux réseaux américano-israéliens. Ces minorités actives, composées de lobbies et de groupes d'influence divers, surfent sur la colère du peuple, colère parfois justifiée mais aussi parfois complètement fabriquée, ou amplifiée. « Agiter le peuple avant de s'en servir », comme disait Talleyrand. Ensuite, usant des médias comme de caisses de résonnance, ces minorités actives filment en gros plan une zone circonscrite où les gens s'agitent effectivement, comme la place Tahrir au Caire, pendant que le reste de la ville et du pays fait la sieste, ainsi que me l'a rapporté un contact en Égypte. On a eu le même genre de manip' en Libye, avec la place centrale de Tripoli reconstituée en studio au Qatar, en Russie avec des images fausses de manifestations anti-Poutine, et en Syrie, évidemment.

Même quand le peuple souffre vraiment, sa capacité à plier et à ne pas se révolter « spontanément », sa capacité d'inertie, est presque infinie. Il arrive cependant parfois qu'un leader charismatique émerge et provoque une insurrection, une révolte, une jacquerie. En général, ça s'essouffle rapidement par manque de moyens, ou c'est réprimé dans le sang vite fait, bien fait. Quand ça dure et que c'est couronné de succès, cela veut dire qu'il y a des professionnels derrière. Car, oui, il y a des professionnels de la révolution, des professionnels de l'agitation et de la subversion. Comme il faut quand même de gros moyens pour faire tomber un État ou un régime, cela prouve de facto qu'on a affaire à des acteurs très puissants derrière ces pseudos révolutions, c'est-à-dire d'autres États, dotés de services de Renseignement performants, ou des fortunes privées qui peuvent concurrencer les États. Voir à ce sujet Roger Mucchielli, La subversion, ainsi que les théoriciens de la contre-insurrection : Frank Kitson, David Galula, le général Francart.

11. Pouvez-vous revenir sur l'actualité du concept de biopouvoir que vous exposez dans votre dernier chapitre ?

Si l'on poursuit la réflexion de Foucault ou Agamben, on arrive au brevetage du vivant, c'est-à-dire à sa privatisation, aux Organismes Génétiquement Modifiés, à l'eugénisme et au transhumanisme. Malheureusement, tout cela est d'actualité. En effet, il existe des volontés affirmées au sein d'organisations supranationales sans légitimité comme l'Union européenne ou l'Organisation Mondiale de la Santé d'en finir avec la biodiversité au moyen de textes à prétentions légales tels que le Catalogue des semences autorisées, le Certificat d'obtention végétale ou le Codex Alimentarius. Toutes ces prospectives sont résumées par le concept de Gestell, formulé par Heidegger, que l'on pourrait traduire par le « disposé ». Ou encore, au prix d'un néologisme, « l'ingénieré ». C'est vraiment l'esprit de l'époque, la société liquide, rien ne doit être « en dur » et rien ne doit durer, il faut pouvoir tout réécrire, tout modifier, tout recomposer à chaque instant car tout doit être mis à disposition, tous les aspects de la vie, y compris les plus intimes, en l'occurrence le code génétique des êtres vivants, de tous les êtres vivants, de la plante à l'humain.

À cet égard, l'initiative commune d'un Bill Gates et d'un Rockefeller de créer sur l'île norvégienne de Svalbard une sorte de bunker « arche de Noé » contenant toutes les graines et semences du monde est plutôt inquiétante. Pourquoi font-ils cela, que manigancent-ils ? Question rhétorique, le projet est fort clair : il s'agit de commencer à privatiser toute la biosphère, ce qui permettra de la contrôler intégralement après l'avoir intégralement détruite. Rigidifier après avoir fluidifié, nous sommes au cœur du Gestell et de l'ingénierie cybernétique, qui partagent le même horizon : l'automatisation complète du globe terrestre.

12. Dès lors, avec les ingénieurs sociaux, quelle humanité pour demain et dans quelle démocratie ? Peut-on d'ailleurs encore parler de démocratie ?

On se souvient de la fameuse phrase du générique de L'homme qui valait trois milliards : « Messieurs, nous allons le reconstruire. » Le principe commun de l'ingénierie sociale et du transhumanisme tient dans cette phrase, et pour tout dire, la première conduit inévitablement au second. (Je dois l'avouer, moi-même j'ai été transhumaniste, mais je revendique le droit à « l'erreur de jeunesse », dès lors qu'on en prend conscience et que l'on fait amende honorable.) Conformément aux vœux de leurs financiers de Wall-Street, les nazis ont été les Pères fondateurs du transhumanisme moderne. Leur anthropologie, appuyée sur une interprétation puérile du concept de surhomme de Nietzsche, relevait d'un principe de transformation du donné naturel et visait à la création d'un Nouvel Homme par l'ingénierie génétique. Les libertaires gauchistes qui font la promotion du transgenre et du changement de sexe ou d'identité à volonté en sont les dignes descendants spirituels, avec Toni Negri et Deleuze. Ils se reconnaîtraient peut-être davantage chez les soviétiques, qui furent plus prompts à dégainer l'alibi progressiste (« Du passé, faisons table rase ») pour défendre des programmes similaires de reconstruction intégrale de la nature humaine.

Et comme on le voit sous la plume de Jacques Attali (ainsi que chez Ray Kurzweil et Howard Bloom), la pointe fine du sionisme fusionne également avec le projet transhumaniste et adopte à ses heures la notion corollaire de « Nouvel Ordre Mondial », nouvel ordre issu du chaos selon la terminologie de l'Illuminisme anglo-saxon (voir Aldous Huxley et consorts). En un sens, Claude Vorilhon, alias Raël, a tout compris de son époque, lui qui imbrique le Svastika lévogyre, symbole de destruction, avec les deux pyramides entrelacées de l'étoile de David sur fond de clonage reproductif ! Bref, il semble que tous les « tarés de la Terre » (et non pas les damnés) convergent depuis toujours dans le transhumanisme.

Du transhumanisme au post-humanisme, puis au postmodernisme, il n'y a qu'un pas. En fait, c'est la même chose. Le postmodernisme, c'est quoi ? En un mot, le postmodernisme c'est quand la copie remplace l'original. L'original est imparfait, on le remplace par sa copie retouchée et lissée, comme sur Photoshop. Le transhumanisme ou le post-humanisme remplacent l'humain original par des copies soi-disant améliorées, augmentées (comme la « réalité augmentée » virtuellement). Aujourd'hui, c'est tout le monde réel qui se trouve menacé par une vague de déréalisation postmoderniste et de remplacement par sa copie réécrite. Le Réel c'est ce qui ne se contrôle pas. Pour arriver au contrôle total dans ces conditions, pas d'autre choix que de détruire le Réel original et de le remplacer par sa copie virtuelle. Puis on produit des copies de copies à l'infini, pour parvenir à un contrôle toujours croissant. À la fin, il ne reste de l'original qu'un simulacre complètement dévitalisé et désubstantialisé. Sur le plan politique, c'est l'avènement de la post-démocratie, qui n'est qu'une pâle imitation de la démocratie originale, comme on le voit dans l'Union européenne (référendums annulés, limogeage de Papandréou, etc.).

Idem dans le champ des religions : il y a autant de rapports entre le judaïsme et Israël qu'entre l'islam et l'Arabie saoudite, ou le christianisme et les États-Unis. C'est-à-dire à peu près aucun, en dehors de la récupération de signes extérieurs d'affiliation identitaire, mais des signes totalement vidés de leur substance. Le capitalisme est passé par là. Pour être juste, dans ces pays il faut donc parler de post-judaïsme, de post-christianisme et de post-islam. Quand le capitalisme veut se donner un supplément d'âme pour mobiliser ses troupes, il se pare d'oripeaux mythologiques et raconte une histoire, par exemple qu'il n'est pas fondé sur une hiérarchie de classes socioéconomiques mais qu'il agit pour une communauté culturelle ou ethnique, etc. Bref, il joue du pipeau et tente de vous prendre par les émotions. Cela marche quand même sur les individus et les groupes sociologiques naïfs, peu politisés, en détresse ou angoissés.

13. Quels moyens de riposte nous reste-t-il ? Où et comment nous investir ?

D'abord, quelques mots de méthode et de formation. Il faut ne jamais oublier une chose : nous sommes en guerre. Il faut vivre avec ça présent à l'esprit. Nous devons donc devenir des guerriers et faire la guerre. Il y a mille façons de faire la guerre, parfois très détournées, très impalpables, comme la guerre psychologique, et il y a aussi des reculs tactiques et des pauses. Mais le cadre général, c'est la guerre et le combat. Nous allons la mener en démocratisant la culture du Renseignement. Au quotidien, nous pouvons être les acteurs d'une véritable guerre de l'information très stimulante, comme un jeu de cache-cache avec le Pouvoir et ses relais dans la population. Que chacun devienne un agent d'influence à son niveau. La plupart de nos concitoyens sont timorés et intimidés. Il faut donc les désinhiber, les déniaiser en quelque sorte, et faire monter leur envie de violence contre le système, mais de manière parfaitement canalisée et rationnelle sur le plan de l'action et de la méthodologie du renversement. « Frapper sans haine », comme on apprend dans les arts martiaux. Cette exigence de rationalité scientifique dans l'action, il faut la maintenir jusqu'au bout. Même en situation de crise, ne jamais, jamais, jamais céder à la panique et aux émotions. Rester lucide, maître de soi, décontracté. Surtout, ne jamais simplifier les choses et savoir rester dans la complexité. Nous devons devenir aussi tranchants, acérés et dangereux que la lame de l'épée, sur le plan intellectuel et physique. Une élite, en somme.

Maintenant, définir l'ennemi : l'Occident atlantiste et ses alliés (inutile de développer). Ensuite, le programme : nous allons en finir totalement et définitivement avec l'Occident atlantiste et ses alliés, les rayer intégralement de la carte, de Washington à Tel-Aviv, en passant par Londres et Paris, sans oublier Ryad, Doha, etc. Nous ne conserverons ce moment atlantiste et postmoderne de l'Histoire dans la mémoire des Hommes qu'à titre pédagogique, comme un bêtisier pour rappeler tout ce qu'il ne faut pas faire, une parenthèse pénible qui pourra être décrite comme le règne de l'Antéchrist pour les croyants, ou comme l'âge nihiliste du Dernier homme en termes nietzschéens, en un mot, le Mal absolu, le stade terminal, la déjection ultime. Nous allons tirer la chasse d'eau et passer à la reconstruction de la civilisation.

Maintenant, les moyens. D'abord, nous devons être nombreux, c'est la seule chose que le Pouvoir n'est pas. Il faut faire des enfants, un maximum d'enfants. Il n'y a rien qui fasse plus horreur au Pouvoir qu'une démographie galopante, d'où sa promotion de la contraception, de l'avortement et ses efforts pour détruire la famille en mettant les femmes au travail et en dressant les enfants contre les parents. Le peuple doit être nombreux car « Le peuple est tout », comme dit Alexandre Douguine dans *La Quatrième théorie politique.* Le nombre est notre force, mais ce nombre doit être organisé. Il faut donc mettre les « petites différences » narcissiques au placard, couleurs de peau, origines culturelles, croyant/pas croyant, tout ça on s'en fout. Le peuple n'est jamais parfaitement homogène, de toute façon.

Comment organiser le peuple ? Il faut construire un « cerveau collectif » pour le peuple, un cerveau collectif populaire et populiste. Ce cerveau collectif doit être fondé sur la Tradition. Donc sur LES traditions. Si l'une tombe, les autres peuvent prendre le relais. Toutes les traditions authentiques peuvent s'entendre car elles convergent dans leurs principes. Ces principes ont tous en commun d'organiser le psychisme et la société dans une combinaison de hiérarchie et d'hétérophilie. Autrement dit, la Loi et l'Amour. Définition de la normalité selon Freud : « Aimer et travailler. » La formule de la Tradition, c'est donc la « hiérarchie hétérophile ». Symétriquement, l'ingénierie cognitive progressiste, de Hitler à Sarkozy, essaie de désorganiser et de stériliser le peuple en lui inoculant le virus de la postmodernité : l'anarchie homophile, c'est-à-dire la loi du plus fort et l'amour du moi. En un mot, l'individualisme. Ces antivaleurs doivent être les repoussoirs absolus.

Avec notre cerveau collectif traditionnaliste, hiérarchisé et hétérophile, nous pouvons passer à l'attaque. La règle de l'action doit être de se placer au niveau de ce qui est et qui ne change pas. S'inscrire dans la durée et le long terme. Quand on analyse un système, il y a des constantes et des variables. Il faut distinguer les unes des autres et se placer au niveau des constantes. Le Pouvoir, de son côté, met en œuvre une véritable ingénierie des perceptions en multipliant les variables à l'infini, de sorte à ce qu'elles capturent notre attention et que nous ne percevions jamais les constantes. L'ennemi veut nous plonger dans le court terme, la panique, toujours pour nous désorganiser. Il faut donc se placer du point de vue de l'éternité. Nous sommes l'éternité. De ce point de vue, il faut ensuite faire feu de tout bois, attaquer sur tous les fronts en même temps sans en oublier aucun. Nous allons irriguer tout le corps social de manière capillaire de sorte à rétablir en tout lieu la Loi et l'Amour. Comme nous sommes dans une guerre culturelle, il faut veiller à notre hygiène mentale. À ce niveau, la priorité absolue, qui ne coûte rien, au contraire, consiste à se séparer définitivement de la télévision, qui reste le principal outil de management des perceptions du Pouvoir.

Pour ma part, je n'ai plus de télé depuis des années, ça change la vie, car vous n'êtes plus sous l'influence virtualisante des images qui vous dépossèdent de votre propre vie mentale. Sans télé, vous récupérez votre souveraineté cognitive, vous gagnez en « réalisme », en capacité à voir les choses comme elles sont et pas comme on vous dit de les voir. À propos des médias, de la désinformation et de la ré-information, comme le dit Thierry Meyssan, les Français n'ont plus d'autre choix aujourd'hui que de s'informer à l'étranger. Plus largement, il faut éviter dans la mesure du possible de s'informer à des sources occidentales « grand public » et se ré-informer auprès des médias non-occidentaux. Les médias occidentaux ou pro-occidentaux mainstream doivent mourir.

Sur le plan de l'insertion sociale et professionnelle, il faut « faire carrière ». Constituer l'analogue des réseaux de sayanim ou de francs-maçons pour les concurrencer sur leur propre terrain, dans les institutions publiques, pour les revivifier de l'intérieur, mais aussi dans les secteurs privé et associatif, et jusqu'en cherchant des alliés à l'étranger. Dans l'institution, s'investir dans ce qui reste de l'État, la fonction publique, les partis (UMPS et autres), les syndicats, la police, l'armée et travailler à y renforcer toutes les tendances souverainistes qu'on aura repérées, de droite comme de gauche, le but de la manœuvre étant de reconstruire une authentique démocratie nationale. Certes, il n'y a plus aucun contre-pouvoir institutionnel en France. Il faut donc le recomposer en s'appuyant sur les structures déjà existantes. Cela exigera nécessairement de dé-mondialiser, sortir de l'Union européenne, de l'Euro, de l'OTAN et d'abolir la fameuse « loi de 1973 » pour rétablir un authentique protectionnisme économique.

Abattre, ou du moins affaiblir, le système bancaire est essentiel car, dans le fond, il est purement parasitaire. Il faut laisser le moins d'argent possible à la banque, ou alors dans des banques non-occidentales. Le bank run complet est un idéal vers lequel il faut tendre, mais il est difficilement pratiquable pour la plupart des gens. Il faut essayer quand même de dé-virtualiser nos biens et de re-matérialiser notre capital au maximum, par exemple, dans les métaux précieux ou l'immobilier. Si on n'a pas beaucoup d'argent, acheter des objets utiles pour le bricolage, des denrées alimentaires non périssables, des graines et des semences, ou un petit terrain, voire un garage, une cave, un grenier, un comble, un box. Bref, convertir tout ce qui n'a qu'une valeur d'échange, une valeur fiduciaire, sous format papier ou numérique, en choses à valeur d'usage, valeur réelle et concrète.

Dans le privé, il faut faire carrière également partout avec le même objectif souverainiste, et en particulier dans les médias et l'Intelligence économique, qui restent des secteurs d'avenir dans nos sociétés tertiarisées, mais aussi dans l'agriculture et l'industrie, si possible. Dans l'associatif, s'investir dans divers mouvements, les « villes en transition », la relocalisation, le survivalisme (à condition qu'il abandonne ce qui reste en lui d'égoïsme concurrentiel libéral), les monnaies alternatives et complémentaires, où l'on apprend à s'organiser concrètement en dehors du capitalisme. La reconquête locale d'une souveraineté alimentaire, énergétique, puis économique et politique permet d'améliorer la résilience, la capacité de résistance aux chocs infligés par le capitalisme et son mode de fonctionnement par la crise, la délocalisation et le déracinement. Comme disait Sun-Tzu, « Gagner, c'est rester en vie ». Tant que nous sommes en vie, quelles que soient les conditions de cette vie, l'ennemi n'a pas gagné. Donc nous ne perdons pas. Donc nous gagnons.

Balayons devant notre porte et ne cessons jamais de rappeler la triste réalité de l'Occident atlantiste : dictature des banques, démocratie virtuelle, référendums annulés et scrutins trafiqués par diverses méthodes, fiction totale de la « menace terroriste » ici, mais soutien au terrorisme ailleurs, kidnappings de milliers d'innocents dans des prisons plus ou moins secrètes où on les torture en douce, épidémies de dépressions, de cancers, de divorces et d'enfants obèses ou hyperactifs, etc. Le multiculturalisme, qui permet de comparer les codes culturels, donc de les critiquer, est l'ennemi frontal de l'oligarchie occidentale car il ouvre sur autre chose que son modèle unique de société ; raison pour laquelle cette oligarchie essaie de remplacer le multiculturalisme et la pluralité des nations souveraines par un seul monde sans frontières où règnerait la monoculture occidentale libérale-libertaire. Abolir les éléments de comparaison.

Et quand le soft power ne suffit plus, l'oligarchie du capital continue sa colonisation à coup de bombes et d'invasions militaires sous prétexte humanitaire et en invoquant le droit d'ingérence et les « droits de l'homme ». Une des initiatives les plus prometteuses de ces dernières années pour contrer tout cela est le mouvement lancé depuis la Russie par Alexandre Douguine, notamment au travers de la Global Revolutionary Alliance, qui vise à défendre la multipolarité au niveau géopolitique. Il semble bien qu'en outre ce soit la ligne idéologique du Kremlin. Nous pouvons donc nous adosser à un État qui possède des armes de pointe et en particulier la Bombe, condition sine qua non pour avoir les moyens de défendre des idées de manière conséquente. Pour agir plus près de chez nous, il existe de nombreuses structures françaises ou francophones souverainistes qui me paraissent adéquates, je ne refais pas la liste.

Le principe directeur de notre action doit être d'empêcher par tous les moyens possibles et imaginables la constitution d'un gouvernement mondial, par une guerre atomique si nécessaire, car un gouvernement mondial serait pire que l'Armageddon thermonucléaire. Pour Baudrillard, la véritable apocalypse n'était pas la fin réelle du monde, sa fin physique, matérielle, assumée, mais son unification dans ce qu'il appelait le « mondial », ce que l'on appelle aujourd'hui le mondialisme, et qui signait la vraie fin, le simulacre ultime, le « crime parfait », c'est-à-dire la fin niant qu'elle est la fin, la fin non assumée, donnant l'illusion que ça continue. La Matrice, comme dans le film, si vous voulez.

L'Histoire s'arrêtera, ce sera la fin du monde, le jour où il n'y aura plus au moins deux blocs, deux Pouvoirs. Faisons donc vivre la dualité, l'antagonisme, le rapport de forces. Notre ennemi doit le savoir : nous allons nous battre. Cela tombe bien car nous aimons nous battre, nous adorons ça, nous n'aimons que ça, c'est le sens de notre vie, nous n'arrêterons donc jamais car la paix nous ennuie. Le combat, le polemos, c'est la vie, comme disait Héraclite. C'est dans le combat que nous nous sentons vivre et que nous sommes heureux. La perspective de l'affrontement nous remplit de bonheur, nous commençons à sourire et nos yeux brillent quand l'heure de la bataille approche. Et nous ne sommes jamais fatigués, jamais découragés, et nous revenons toujours à l'assaut car la victoire n'est même pas le but, car nous aimons le combat pour le combat et qu'il est en lui-même la récompense. Et c'est ainsi que ceux qui aiment la vie en tant qu'elle est combat deviennent invincibles et ne peuvent que gagner. Car la victoire, c'est de se battre.

Frédéric Schiller et la faillite occidentale

L'horreur médicale et administrative des temps bureaucrates et dévitalisés que nous traversons mérite un rappel, celui des observations de Schiller sur la progressive mécanisation de la civilisation. On rappellera alors ses sublimes lettres sur l'éducation esthétique de l'homme. Je cite ce texte que j'ai publié dans mon recueil sur la pensée romantique allemande. C'est que deux siècles avant Schwab par exemple et ses zombis marchands de Davos les penseurs allemands, comme Kleist dans ses marionnettes, pressentent et redoutent notre devenir-robot.

Un génie visionnaire apparait en Allemagne au moment de la révolution française et de la monstrueuse épopée napoléonienne ; il y a ces poètes, philosophes et visionnaires du déclin. Pensez à Hölderlin, Hegel, Novalis, à Humboldt (devant Chateaubriand il parle à sa fille en grec ancien et en grec moderne...), à une dizaine d'autres. Après Nietzsche et Heidegger seront bien seuls, sinon en tant que philosophes du moins en tant qu'allemands. La grandeur allemande fut d'avoir perçu avant les héritiers Français (Tocqueville, Chateaubriand, Vigny) la chute de notre civilisation devenue trop technique et administrée : il lui aurait fallu retomber à l'état naturel ou remanger de l'arbre de connaissance (wieder von dem Baum der Erkenntniß essen), comme dit Kleist dans son texte sublime sur le théâtre des marionnettes qui annonce notre transhumanisme. Hölderlin pleure lui les dieux qui sont peut-être passés dans un autre monde.

Evoquons les textes où Goethe, surtout dans ses entretiens avec Eckermann, évoque le déclin de la force vitale chez nos hommes occidentaux devenus modernes. Je rappelle deux brefs extraits pour rafraîchir la mémoire à mes lecteurs les plus attentifs.

Le premier sur les unités administratives et économiques :

« ...si l'on croit que l'unité de l'Allemagne consiste à en faire un seul énorme empire avec une seule grande capitale, si l'on pense que l'existence de cette grande capitale contribue au bien-être de la masse du peuple et au développement des grands talents, on est dans l'erreur. »

Le deuxième sur le déclin de la poésie vitale :

« Et puis la vie elle-même, pendant ces misérables derniers siècles, qu'est-elle devenue ? Quel affaiblissement, quelle débilité, où voyons-nous une nature originale, sans déguisement ? Où est l'homme assez énergique pour être vrai et pour se montrer ce qu'il est ? Cela réagit sur les poètes ; il faut aujourd'hui qu'ils trouvent tout en eux-mêmes, puisqu'ils ne peuvent plus rien trouver autour d'eux. »

Mais une génération avant le jeune Schiller (il a trente-cinq ans) évoque les difficiles contradictions et le cul-de-sac de la modernité advenue. Et cela donne dans sa sixième et dans sa dixième lettre sur l'éducation esthétique de l'homme (remercions encore le site québécois classiques.uqac.ca) plusieurs réflexions solides, rédigées dans un allemand étincelant qui ne perd pas tant que ça à être traduit (beaucoup moins que l'allemand de Goethe en tout cas).

On le dira d'abord dans l'allemand romanisé de Schiller.

…die Schönheit nur auf den Untergang heroischer Tugenden ihre Herrschaft gründet.

…la beauté ne fonde sa domination que sur la disparition de vertus héroïques.

Pour Schiller la « civilisation » coûte cher. La civilisation est comme une blessure. Et ça donne :

« Ce fut la civilisation elle-même qui infligea cette blessure à l'humanité moderne. Dès que d'un côté une séparation plus stricte des sciences, et de l'autre une division plus rigoureuse des classes sociales et des tâches furent rendues nécessaires, la première par l'expérience accrue et la pensée devenue plus précise, la seconde par le mécanisme plus compliqué des États, le faisceau intérieur de la nature humaine se dissocia lui aussi et une lutte funeste divisa l'harmonie de ses forces. L'entendement intuitif et l'entendement spéculatif se confinèrent hostilement dans leurs domaines respectifs, dont ils se mirent à surveiller les frontières avec méfiance et jalousie ; en limitant son activité à une certaine sphère, on s'est donné un maître intérieur qui assez souvent finit par étouffer les autres virtualités. »

Nietzsche se moquera dans le Zarathoustra du spécialiste du cerveau de la sangsue. Mais restons sur Schiller. La faculté d'abstraction des modernes va les détruire :

« Tandis que sur un point l'imagination luxuriante dévaste les plantations laborieusement cultivées par l'entendement, sur un autre la faculté d'abstraction dévore le feu auquel le cœur aurait dû se réchauffer et la fantaisie s'allumer. »

Nous sommes nous euphorisés jusqu'à l'obscénité, par l'illusion et le simulacre technologique. Mais Schiller s'obstine : tout devient mécanisme.

« Ce bouleversement que l'artifice de la civilisation et la science commencèrent à produire dans l'homme intérieur, le nouvel esprit des gouvernements le rendit complet et universel. Il ne fallait certes pas attendre que l'organisation simple des premières républiques survécût à la simplicité des mœurs et des conditions primitives ; mais au lieu de s'élever à une vie organique supérieure, elle se dégrada jusqu'à n'être plus qu'un mécanisme vulgaire et grossier. »

Comparaison avec les Grecs :

« Les États grecs, où, comme dans un organisme de l'espèce des polypes, chaque individu jouissait d'une vie indépendante mais était cependant capable, en cas de nécessité, de s'élever à l'Idée de la collectivité, firent place à un ingénieux agencement d'horloge dans lequel une vie mécanique est créée par un assemblage de pièces innombrables mais inertes. Une rupture se produisit alors entre l'État et l'Église, entre les lois et les mœurs ; il y eut séparation entre la jouissance et le travail, entre le moyen et la fin, entre l'effort et la récompense. »

Vision de l'homme moderne, règne de la quantité proche de Guénon, quand le philosophe sera remplacé par le prof de philo à l'allemande (de Kant à Husserl) ou à la française (après Nuremberg) :

« L'homme qui n'est plus lié par son activité professionnelle qu'à un petit fragment isolé du Tout ne se donne qu'une formation fragmentaire ; n'ayant éternellement dans l'oreille que le bruit monotone de la roue qu'il fait tourner, il ne développe jamais l'harmonie de son être, et au lieu d'imprimer à sa nature la marque de l'humanité, il n'est plus qu'un reflet de sa profession, de sa science. »

Conséquence regrettable :

« Mais même la mince participation fragmentaire par laquelle les membres isolés de l'État sont encore rattachés au Tout, ne dépend pas de formes qu'ils se donnent en toute indépendance (car comment pourrait-on confier à leur liberté un mécanisme si artificiel et si sensible ?) ; elle leur est prescrite avec une rigueur méticuleuse par un règlement qui paralyse leur faculté de libre discernement. La lettre morte remplace l'intelligence vivante, et une mémoire exercée guide plus sûrement que le génie et le sentiment. »

On répète cette dernière phrase en allemand :

« Der tote Buchstabe vertritt den lebendigen Verstand, und ein geübtes Gedächtnis leitet sicherer als Genie und Empfindung. "

Dans la dixième lettre Schiller évoque le déclin de la civilisation liée à l'esthétisme. Ici aussi on pense à Nietzsche et surtout au si incompris (et germanique) Rousseau :

« ...à presque toutes les époques de l'histoire où les arts sont florissants et où le goût exerce son empire, l'humanité se montre affaissée ; inversement on ne petit pas citer l'exemple d'un seul peuple chez qui un degré élevé et une grande universalité de culture aillent de pair avec la liberté politique et la vertu civique, chez qui des mœurs belles s'allient à des mœurs bonnes et l'affinement de la conduite à la vérité de celle-ci. »

La culture comme arme de destruction massive ? Schiller – qui est aussi historien, voyez son histoire Guerre de Trente ans, première guerre mondiale en Europe moderne) multiplie les exemples italiens, romains, grecs, et aussi arabes :

« Aux temps où Athènes et Sparte maintinrent leur indépendance et où le respect des lois était la base de leur constitution, le goût manquait encore de maturité, l'art était encore dans son enfance et la beauté était loin de régner sur les âmes. Sans doute la poésie avait-elle déjà pris un essor grandiose, mais seulement sur les ailes du génie dont nous savons qu'il est tout proche de la sauvagerie et qu'il est une lumière qui brille volontiers dans les ténèbres ; il témoigne donc contre le goût de son époque plutôt qu'en faveur de celui-ci. Lorsqu'au temps de Périclès et d'Alexandre vint l'âge d'or des arts et que le goût étendit sa domination, on ne trouve plus la force et la liberté de la Grèce : l'éloquence faussa la vérité ; on fut offensé par la sagesse dans la bouche d'un Socrate et par la vertu dans la vie d'un Phocion. »

Après le modèle grec, Schiller évoque les autres exemples :

« Il fallut, nous le savons, que les Romains eussent épuisé leur force dans les guerres civiles et que, énervés par l'opulence de l'Orient, ils fussent courbés sous le joug d'un souverain heureux, pour que nous voyions l'art grec triompher de la rigidité de leur caractère. De même l'aube de la culture ne se leva pour les Arabes que lorsque l'énergie de leur esprit guerrier se fut amollie sous le sceptre des Abbassides. Dans l'Italie moderne les Beaux-Arts ne se manifestèrent que lorsque l'imposante Ligue des Lombards se fut dissociée, que Florence se fut soumise aux Médicis et que l'esprit d'indépendance eut dans toutes ces villes pleines de vaillance fait place à un abandon sans gloire. Il est presque superflu de rappeler encore l'exemple des nations modernes chez qui l'affinement devint plus grand dans la mesure où leur indépendance prit fin. Sur quelque partie du monde passé que nous dirigions nos regards, nous constatons toujours que le goût et la liberté se fuient l'un l'autre et que la beauté ne fonde sa domination que sur la disparition de vertus héroïques. »

Sa triste conclusion :

« Et pourtant cette énergie du caractère, dont l'abandon est le prix habituel de la culture esthétique, constitue justement le ressort le plus efficace de toute grandeur et de toute excellence humaines, et son absence ne peut être remplacée par aucun autre avantage, aussi considérable qu'il soit. »

Le constat empirant deux siècles après, on négligera ici les solutions de Schiller...

Sources :

Frédéric Schiller - Lettres sur l'éducation esthétique de l'homme, sixième et dixième lettres, classiques.uqac.ca

Kleist – Notes sur le théâtre des marionnettes

Goethe – Conversations avec Eckermann (Gallica)

Nietzsche – Deuxième considération inactuelle ; Ainsi parlait Zarathoustra

Bonnal – Bernanos, Guénon, II (Amazon.fr)

Sagesse chinoise et folie occidentale : Tucker Carlson et la notion de baizuo

Folie du monde et sagesse de Dieu, dit Saint Paul. Folie de l'occident, et sagesse de l'orient, commentera-t-on. Un mot existe en mandarin pour désigner nos élites tarées, criminelles et suicidaires. C'est celui de baizuo. On y revient tout de suite.

Le basculement totalitaire en occident est dû à l'osmose entre la gauche sociétale (héritage de Cromwell et de la Terreur française, du New Deal et du traditionnel anarcho-nihilisme Us décrié par Poe ou Baudelaire) et les milliers de faux milliards de la technologie boursière. Tout cela nous fait plonger dans la tyrannie et dans l'extase suicidaire. Les trois pays les plus avancés sont la France, la Grande-Bretagne et les USA sans oublier l'élève modèle israélien qui fait dire à Gilad Atzmon la phrase du siècle : avec des gouvernants comme ceux-là, les juifs n'ont pas besoin d'antisémites ou d'ennemis. Techno-nazisme et médico-fascisme se tiennent maintenant main dans la main avec Gates et un gauche progressiste/éveillée toujours plus vendue aux marchés financiers.

Mais on n'est plus seuls. Il se trouve qu'on a assisté à un basculement (verwandlung comme dirent les philosophes allemands) la semaine dernière, quand la première puissance mondiale, sur un ton très guénonien (voyez mon texte sur notre civilisation hallucinatoire) s'est lâchée à Anchorage, sur un territoire qui appartenait jadis à la Russie et que le tzar d'alors avait vendu pour une poignée de figues. Les chinois en ont assez, et ils se sont défoulés. Cela a frappé le meilleur journaliste MSM mondial Tucker Carlson. Tout cela est passé la télé sur Foxnews.com ; rappelons que Cnn and Co s'écroulent et que ces médias vivent comme chez nous de subventions de la part d'Etats totalitaires surendettés et enragés.

Tucker Carlson laisse la parole aux chinois alors que patriote américain il ne doit pas être prochinois (on croyait qu'ils avaient fait élire Biden comme Trump fut élu par les russes...). Et cela donne :

« Voici, pour commencer, l'évaluation du gouvernement chinois sur notre démocratie :
» Yang Jiechi [traduction] : "De nombreuses personnes aux États-Unis ont en fait peu de confiance dans la démocratie des États-Unis, et elles ont des opinions diverses concernant le gouvernement des États-Unis."

Et il commente Tucker (il nous rappelle le flamboyant film de Coppola sur l'ingénieur Tucker, un inventeur maudit et mort mystérieusement) sur la fraude électorale qui a fait élire un géronte gâteux :

» Carlson : De nombreux Américains n'ont pas confiance dans leur propre démocratie, a-t-il dit. En d'autres termes, la dernière élection présidentielle a peut-être été frauduleuse. Soudain, le haut diplomate chinois ressemblerait beaucoup à l'un de ces insurgés suprématistes blancs d'extrême droite dont on entend toujours parler sur CNN, ceux que le département de la justice de Biden a mis en prison. »

Tucker continue à propos de cette diplomatie débile : parler à la Chine comme à la Tanzanie ? Et notre bon leader chinois voyage avec ses propres meubles, et comme on le comprend…) :

« Mais Yang n'avait pas fini. Ensuite, il a attaqué l'administration Biden pour sa politique étrangère néocon stupide :
» Yang Jiechi [traduction] : "Nous ne croyons pas à l'invasion par l'usage de la force, ni au renversement d'autres régimes par divers moyens, ni au massacre de la population d'autres pays, car tout cela ne ferait que provoquer des troubles et de l'instabilité dans le monde… Il est important que les États-Unis changent leur propre image et cessent de promouvoir leur propre démocratie dans le reste du monde."

Tucker commente cruellement : « le gouvernement chinois méprise totalement l'administration Biden et n'a plus envie de le cacher. » Le Donald énervait, Sleepy Joe fait pitié. Et Caligula Blinken se fait tailler un mérité short au passage :

» Carlson : Oups ! Il ne s'agit pas du langage traditionnel de la diplomatie, élaboré, poli, oblique et indirect. C'est du talk-show. Le gouvernement chinois méprise totalement l'administration Biden et n'a plus envie de le cacher. Tony Blinken, qui est censé être notre secrétaire d'État, n'a clairement aucune idée de ce qu'il faut dire en réponse. Blinken n'est pas un diplomate par nature. Ce que Tony Blinken voulait vraiment être, c'est une pop star[...] »

Et Tucker Carlson de se moquer de la contradiction débile américaine : comment faire la morale aux autres alors qu'on ne cesse de dire qu'on est soi-même une nation immorale, fasciste, débile et raciste (merci au gros bouquin d'Howard Zinn, bible de l'antiaméricanisme cheap, qu'il faut détourner au passage) ?

Les chinois ne se sont pas fait faute de se moquer les impudents et sourcilleux envoyés de l'oncle Shmuel, comme dit notre ami Le Saker :

» Yang Jiechi [traduction] : "Il existe de nombreux problèmes au sein des États-Unis en matière de droits de l'homme [...] et les défis auxquels les États-Unis sont confrontés en matière de droits de l'homme sont profondément implantés. Ils ne sont pas apparus seulement au cours des quatre dernières années, comme les Black Lives Matter. Ils se manifestent depuis longtemps."

On retourne la pénible question des droits de l'homme (comme disait déjà Raymond Aron en personne à l'époque de la fastidieuse diplomatie Mitterrand) contre son envoyeur. Effet boomerang garanti :

» Carlson : Le gouvernement chinois utilise donc Black Lives Matter comme une arme contre les Etats-Unis ! Vous avez les Chinois qui nous font la leçon sur les droits de l'homme ! Vous n'auriez jamais pensé voir le jour où cela se produirait. C'est incroyable mais en 2021 ça tient la route. C'est pourquoi ils le font. Les Chinois connaissent bien nos dirigeants. »

La diplomatie des droits de l'homme n'est pas seulement sotte, elle est aussi génocidaire. On ne reparlera pas du Vietnam, de Cuba, de la Syrie, de la Lybie, et de tous les pays martyrs du monde arabe, d'Asie ou bien d'Afrique. Ne faut-il pas exterminer les peuples qui n'ont pas votre profil pathologique et politique, à commencer par les siens propres quand ils deviennent trop populistes ? Ne faut-il pas tuer tout le monde – sauf une poignée de milliardaires, de robots et de technocrates - pour sauver Gaia et notre mère la terre ?

On arrive au baizuo, notion délicieuse que je vous invite à retenir :

« En fait, ils ont un nom pour nos élites qui se détestent elles-mêmes. » Ils les appellent "baizuo". La traduction approximative du mandarin est "progressiste blanc", et ce n'est certainement pas un compliment. Les médias d'État chinois décrivent les baizuo comme des personnes qui "ne s'intéressent qu'à des sujets tels que l'immigration, les minorités, les LGBTQ et l'environnement, qui n'ont aucun sens des problèmes réels du monde réel, qui ne prônent la paix et l'égalité que pour satisfaire leur propre sentiment de supériorité morale, et qui sont tellement obsédés par le politiquement correct qu'ils tolèrent des valeurs islamiques rétrogrades au nom du multiculturalisme". »

C'est au nom d'ailleurs de ces valeurs islamiques rétrogrades (celles des wahhabites, qui sont à l'islam ce que Bergoglio est au catholicisme romain) que l'on détruit tous les pays arabes modernes et laïques depuis les années soixante. Je suis né en Tunisie au temps de Bourguiba et pourrais en parler pendant des heures.

Au-delà du baizuo on retiendra la stupidité folle, l'arrogance suicidaire et l'irresponsabilité eschatologique des élites façon Biden-Macron-Merkel et compagnie. Rien n'arrêtera ces fous ni le troupeau progressiste qu'ils ont conditionné. On verra ce que pourront faire la Chine et la Russie à ce égard, surtout à une époque où le Biden crache, insulte, menace au nucléaire, et ne sait pas grimper trois marches d'escaliers ou articuler trois phrases.

https://www.foxnews.com/opinion/tucker-china-america-white-liberalism-biden

Psychologie des foules et religion vaccinale ; quelques citations du bon Dr Gustave Le Bon, dont les enseignements demeurent impeccables.

Le virus et la peur induite vont nous réduire en esclavage et pire encore. Autant comprendre pourquoi nous allons crever alors, et toute l'histoire de la douce aliénation humaine en même temps. Relisons la Psychologie des foules qui, avec sa simplicité et son évidence, a inspiré les fascistes et les bolchévistes, bourreaux qui étaient à bien des égards plus nobles que nos tyrans milliardaires et démocrates du jour. Mais on a les tyrans et les malthusiens exterminateurs que l'on mérite.

Revenons-en à la légendaire psychologie des foules alors. Gustave Le Bon est éternel, un peu comme le Tolstoï le Guerre et paix dont a parlé Alain, certes à un niveau moins élevé, mais bien utile quand même. Lisez chez nos amis québécois (classiques.uqac.ca) Psychologie du socialisme pour comprendre la mentalité écolo-gauchiste américaine ou française, et puis vous comprendrez.

Mais voyons le Covid, les vaccins, le confinement, en attendant reset, paupérisation et dépopulation. Tout cela se fait comme à la parade. Et Le Bon d'expliquer en 1889 que malheureusement les humains adorent cela, être fanatisés pour des stupidités. Les humains sont devenus une seule foule, depuis que la télé a remplacé le séparé (Debord). Technique pour fabriquer la foule qui obtempère alors ?

Pour Gustave Le Bon il y a une première clé, l'affirmation :

« L'affirmation pure et simple, dégagée de tout raisonnement et de toute preuve, est un des plus sûrs moyens de faire pénétrer une idée dans l'esprit des foules. Plus l'affirmation est concise, plus elle est dépourvue de toute apparence de preuves et de démonstration, plus elle a d'autorité. »

Affirmation ? Le virus tue, vous allez crever ; confinez-vous, vaccinez-vous, restez masqués à hauteur de six milliards d'imbéciles. On a un quart de vaccinés en France en trois mois, un milliard à l'échelle du monde. Et cela ne fait que commencer. Où je vis on dit plus bonjour, on demande si tu es vacciné.

Avec l'affirmation, la répétition : et avec les six mille chaînes info ce n'est pas cela qui manque donc : vaccinez-vous, confinez-vous, restez masqués, crevez de peur.

« L'affirmation n'a cependant d'influence réelle qu'à la condition d'être constamment répétée, et, le plus possible, dans les mêmes termes. C'est Napoléon, je crois, qui a dit qu'il n'y a qu'une seule figure sérieuse de rhétorique, la répétition. La chose affirmée arrive, par la répétition, à s'établir dans les esprits au point qu'ils finissent par l'accepter comme une vérité démontrée. »

On répète car c'est trop beau : « il n'y a qu'une seule figure sérieuse de rhétorique, la répétition. »

Ensuite, et c'est trop drôle, cette répétition de l'information produite ce que le maître de l'honorable Sigmund Freud appelle la contagion :

« Lorsqu'une affirmation a été suffisamment répétée, et qu'il y a unanimité dans la répétition, comme cela est arrivé pour certaines entreprises financières célèbres assez riches pour acheter tous les concours, il se forme ce qu'on appelle un courant d'opinion et le puissant mécanisme de la contagion intervient. Dans les foules, les idées, les sentiments, les émotions, les croyances possèdent un pouvoir contagieux aussi intense que celui des microbes. »

On n'avait pas la télé on avait le cabaret, lieu d'abrutissement des masses dont a très bien parlé Mirbeau (voyez L-628) ;

« C'est surtout par le mécanisme de la contagion, jamais par celui du raisonnement, que se propagent les opinions et les croyances des foules. C'est au cabaret, par affirmation, répétition et contagion que s'établissent les conceptions actuelles des ouvriers... »

Mais avançons plus au cœur des ténèbres du monde moderne, à la manière de Conrad et de son Walter Kurz. Le Bon a compris aussi que les couches supérieures vont être gangrénées, vont devenir gauchistes et communistes (puis écologistes, puis covidistes) comme la base. Et cela donne :

« On remarquera que, dans les exemples analogues à ceux que je viens de citer, la contagion, après s'être exercée dans les couches populaires, passe ensuite aux couches supérieures de la société. C'est ce que nous voyons de nos jours pour les doctrines socialistes, qui commencent à gagner ceux qui pourtant sont marqués pour en devenir les premières victimes. »

Oui, aujourd'hui tout le monde aussi veut mourir, à commencer par le petit blanc qui pollue trop. Il en devient extatique, au sens célinien, tout à sa rage de mourir. Si la guerre contre la Russie ne se fait pas, ce sera le Reset. Viva la muerte.

Après, Le Bon rappelle que certains êtres (mais n'est pas Napoléon qui veut) et surtout certaines idées acquièrent du prestige :

« Ce qui contribue surtout à donner aux idées propagées par l'affirmation, la répétition et la contagion, une puissance très grande, c'est qu'elles finissent par acquérir le pouvoir mystérieux nommé prestige. »

Je répète, le prestige n'est pas forcément une personne ; ce peut être un vaccin :

« Le prestige est en réalité une sorte de domination qu'exerce sur notre esprit un individu, une œuvre, ou une idée. Cette domination paralyse toutes nos facultés critiques et remplit notre âme d'étonnement et de respect. »

Il y a bien sûr comme aux temps de Molière les prestigieux institutionnels :

« Le prestige acquis, ou artificiel, est de beaucoup le plus répandu. Par le fait seul qu'un individu occupe une certaine position, possède une certaine fortune, est affublé de certains titres, il a du prestige, quelque nulle que puisse être sa valeur personnelle. Un militaire en uniforme, un magistrat en robe rouge ont toujours du prestige. »

Le bon Dr Le Bon en oublie les médecins ! Mais à part Molière qui lui jettera la pierre et sa maladie ?
Il précise sa pensée :

« Le prestige dont je viens de parler est celui qu'exercent les personnes ; on peut placer à côté le prestige qu'exercent les opinions, les œuvres littéraires ou artistiques, etc. Ce n'est le plus souvent que de la répétition accumulée. L'histoire, l'histoire littéraire et artistique surtout, n'étant que la répétition des mêmes jugements que personne n'essaie de contrôler, chacun finit par répéter ce qu'il a appris à l'école, et il y a des noms et des choses auxquels nul n'oserait toucher. »

Cela rappelle la phrase géniale de son contemporain Léon Bloy : le jeune bourgeois qui aurait douté des ténèbres du moyen âge n'aurait pas trouvé à se marier ! C'est dans son exégèse.
Tout bourgeois devra être vacciné, masqué et confiné pour se marier !

Le Bon ajoute sur ce satané prestige :

« Le propre du prestige est d'empêcher de voir les choses telles qu'elles sont et de paralyser tous nos jugements. Les foules toujours, les individus le plus souvent, ont besoin, sur tous les sujets, d'opinions toutes faites. Le succès de ces opinions est indépendant de la part de vérité ou d'erreur qu'elles contiennent ; il dépend uniquement de leur prestige... »

Mais ne négligeons pas le prestige humain. On sait qu'aujourd'hui les hommes les plus populaires sont les plus riches (Gates, Arnault, Bezos, Musk, Zuckerberg). Le Bon évoque le lien du prestige et du succès (Bourla, Bancel, etc.) :

« On voit, par ce qui précède, que bien des facteurs peuvent entrer dans la genèse du prestige : un des plus importants fut toujours le succès. Tout homme qui réussit, toute idée qui s'impose, cessent par ce fait même d'être contestée. La preuve que le succès est une des bases principales du prestige, c'est que ce dernier disparaît presque toujours avec lui. »

Avec cette bourse qui monte plus haut que ce ciel gris et couvert de poussière, dont a parlé Philip K. Dick, on ne va pas mettre fin à leur prestige, à nos doctes vaccinateurs et experts en grand reset !

Et le pire est que pour Le Bon l'humanité n'est pas bête au sens de Flaubert. Elle est comme ça, c'est tout.

Mais comme je citais Flaubert : « L'humanité a la rage de l'abaissement moral, et je lui en veux de ce que je fais partie d'elle. »

Sources :

Gustave Le Bon – Psychologie des foules (classiques.Uqac.ca)

Le nouvel ordre mondial et ses *bourreaux volontaires*

La notion « d'élites hostiles » de Kevin Macdonald s'adapte aux temps apocalyptiques que nous vivons. Elle représente quelques milliers de personnes par pays, un million tout au plus dans le monde ; et ces « élites » (fric plus convictions hérétiques, au sens de Chesterton) détraquées pour tout un tas de raisons nous veulent vraiment du mal, fonctionnaires internationaux, experts, ONG, milliardaires... Et rappelons-nous que les politiques d'extermination totalitaire ne se mettent jamais tout de suite en place : on attend en général quinze ans (Hitler, Mao, Staline) pour les mettre en place car on a formé les bourreaux volontaires et les victimes. Nous sommes en l'an I de coronavirus. Attendez l'an quinze pour voir ce qui restera de vous.

Du point de vue socio-économique, grâce aux progrès techniques, tout pouvait bien se passer et, comme je l'ai montré dans mon texte sur le Reset qui se termine, rien ne ressemble en 2020 aux apocalyptiques opus hollywoodiens des années 70 qui promouvaient les délires du club de Rome, de la Trilatérale, des écolos. Même la technologie pourrait être utilisée pour aider l'homme au lieu de le supprimer. Cependant, comme on ne cesse de le montrer ici et ailleurs, nos Blofeld-Schwab, nos techno-nazis ou nos oligarques humanitaires veulent leur dystopie, ils veulent leur tyrannie numérique, leur crash mondial, ils veulent leur sabotage énergétique, ils veulent la misère des jeunes ou des nations, et ils veulent imposer une mixture de terreur et de survie dont la France « orange psychiatrique » d'Alex Macron donne un avant-goût, ou pour mieux dire un avant-dégoût, au reste de l'Europe mécréante. Cet anéantissement de la nature humaine rappelle les meilleures heures du bolchevisme et du nazisme mais elle se fait cette fois aux ordres de la démocratie-marché-TINA dont on a déjà montré avec Debord ou Zinoviev le caractère néototalitaire. C'est la chute de l'URSS toujours qui a précipité notre sort de condamnés à mort...

J'en arrive à mon titre alors : combien de bourreaux volontaires auront-ils à leurs bottes pour servir leur dessein de dépopulation et d'extermination de la santé, des libertés et des économies ? Combien ? Un million, ce qui ne serait pas assez, cinq millions ou vingt millions par pays de taille moyenne comme la France ou l'Allemagne ? On vient de voir que les soignants des EHPAD ne veulent pas du vaccin : mais accepteront-ils de voir leurs patients nonagénaires mourir sous leurs yeux des effets du vaccin Gates ou Pfizer ? Et qui les vaccinera eux ? Faudra-t-il les menacer de mort, de faim, d'expulsion, de sanctions, pour les pousser à se vacciner ? Et combien de bourreaux volontaires (pensez aux rafles de la guerre, aux gardiens de camps) le feront ? Jusqu'où peut aller une âme qui se damne, qui s'achète, ou qui joue de paresse simplement...

On aura donc (je laisse de côté les élites car il s'agit de compter la masse des collabos cette fois) :

- Les enthousiastes. Ils sont plus nombreux qu'on ne le croit : les antisystèmes vivent dans le monde parallèle du clic où tout le monde s'approuve en réseau, et ils ne se rendent pas compte que **beaucoup de gens sont passés du côté obscur**, comme dit mon ami Olivier Demeulenaere. On a les cadres, les politiciens, les administratifs sélectionnés, les féministes, les LGBTQ, les antiracistes (qui vont se régaler avec Biden et Kamala), les antichrétiens (qui ont pris le pouvoir au Vatican, voyez leur soutien officiel à Davos ou la crèche de Noël aliénigène), les personnels politiques délirants qui ont pris le pouvoir à peu près partout en Europe, même quand le vieux nom d'un parti est préservé pour tromper le consommateur-électeur ivrogne. Le rôle des universités américaines et de l'enseignement anglo-saxon encore... Dès les années soixante-dix on pouvait se rendre compte que la menace venait d'Amérique, pas du bloc communiste.
- Les fonctionnaires : leur pouvoir est renforcé par le virus et ils seront choyés jusqu'au bout comme dans tous les régimes staliniens et pétainistes. On a ici ou là un flic ou gendarme qui se rebelle, mais les autres ? Faut bien gagner sa vie et obéir. Faut mériter sa retraite. Mais à quel prix ? La dureté des fonctionnaires municipaux parisiens m'a été rappelée par Lucien Cerise récemment. On me confirme la tragique médiocrité caporaliste du corps enseignant. Mais qui en doutait encore ? Parmi les fonctionnaires on a les militaires. Le pouvoir mondialiste a doublé les traitements des généraux en France depuis dix ans, et on se doute que les primes et les retraites seront à la fête. La militarisation se fera aux dépens d'une épuration qui mettra les plus vils aux commandes. Voir le sort des gilets jaunes.
- Les forcés. Prenons plusieurs exemples. Il y a longtemps que les journalistes ont été remplacés par les putes, comme dit Alain Soral. On est passé en mode accéléré sous les hyper-présidents Sarkozy-

Hollande, première mouture du pouvoir mondialiste ultime. On voit que la même recette de bâton et carotte s'applique aux médecins ; la médecine libérale disparait au profit d'une médecine soviétisée qui a recours à l'hôpital psychiatrique maintenant pour éloigner le contrevenant. De la même manière, restauration et petits commerces (dont le sort est tragique depuis la protéiforme, incomprise, prophétique révolte poujadiste des années cinquante) sont forcés de disparaître pour être remplacés par le millier de supermarchés technétroniques décrits par Vincent Held dans le livre qu'il m'a demandé de préfacer l'an prochain, si Dieu nous prête vie.

- Les peureux. Ils sont hypnotisés par la peur du virus, des pandémies, de tout. Un lâche peut tout faire. La télévision en a fabriqué des millions avec ses chaînes de News et ses actus en bandeaux.
- Les passifs enfin, dont le rebelle liquide fait aisément partie. Imaginez-vous que soixante personnes seulement s'étaient rassemblées pour demander la libération du professeur Fourtillan... Le reste clique.

Terminons. J'ai beaucoup parlé dans mon livre-recueil sur la servitude volontaire (PDF gratuit, à quatre euros - prix coûtant – sur Amazon.fr) de notre soumission et de notre acédie. Je voulais évoquer un problème finalement plus brûlant. Combien de bourreaux volontaires seront prêts à se damner pour tourmenter leurs frères et obéir à Klaus Schwab et à sa clique ?

Bibliographie :

Bonnal – Si quelques résistants... ; Littérature et conspiration (Amazon.fr, Dualpha)

Guénon et les virus et la civilisation hallucinatoire

Le caractère hallucinatoire du virus est une évidence. Une modeste épidémie surexploitée médiatiquement sert à happer nos libertés restantes, nos vies et nos ressources. Mais il ne faut pas s'en étonner, dans un monde où le populo passe dix heures par jour le nez dans le smartphone ou le tronc planté devant la télé. L'opération virus est le couronnement de la crasse stupidité des occidentaux et du caractère hallucinatoire de leur civilisation. Je dirais d'ailleurs comme un ami guénonien (Jean Robin) qu'il ne faut pas trop s'inquiéter de la situation actuelle : elle gonfle comme Oz.

Il est évident que nous vivons sous hypnose : abrutissement médiatique/pédagogique, journaux, actus en bandeaux, « tout m'afflige et me nuit, et conspire à me nuire. » Mais cette hypnose est ancienne et explique aussi bien l'ère d'un Cromwell que celle d'un Robespierre ou d'un Luther-Calvin. L'occident est malade depuis plus longtemps que la télé...O Gutenberg...

Je redécouvre des pages extraordinaires de Guénon en relisant Orient et Occident. Il y dénonce le caractère fictif de la notion de civilisation ; puis son caractère hallucinatoire à notre civilisation ; enfin son racisme et son intolérance permanentes (sus aux jaunes ou aux musulmans, dont les pays – voyez le classement des pays par meurtre sur Wikipédia – sont les moins violents au monde). Problème : cette anti-civilisation dont les conservateurs se repaissent, est la fois destructrice et suicidaire. Exemple : on détruit des dizaines de pays ou des styles de vie pour se faire plus vite remplacer physiquement (puisque métaphysiquement nous sommes déjà zombis)...

Voyons Guénon :

« La vie des mots n'est pas indépendante de la vie des idées. Le mot de civilisation, dont nos ancêtres se passaient fort bien, peut-être parce qu'ils avaient la chose, s'est répandu au XIXe siècle sous l'influence d'idées nouvelles...Ainsi, ces deux idées de « civilisation » et de « progrès », qui sont fort étroitement associées, ne datent l'une et l'autre que de la seconde moitié du XVIIIe siècle, c'est-à-dire de l'époque qui, entre autres choses, vit naître aussi le matérialisme; et elles furent surtout propagées et popularisées par les rêveurs socialistes du début du XIXe siècle.»

Guénon pense comme le Valéry de Regards (1) que l'histoire est une science truquée servant des agendas :

« L'histoire vraie peut être dangereuse pour certains intérêts politiques ; et on est en droit de se demander si ce n'est pas pour cette raison que certaines méthodes, en ce domaine, sont imposées officiellement à l'exclusion de toutes les autres : consciemment ou non, on écarte a priori tout ce qui permettrait de voir clair en bien des choses, et c'est ainsi que se forme l'« opinion publique ».

Puis il fait le procès de nos grands mots (comme disait Céline : le latin, le latinisant en particulier est conifié par les mots), les mots à majuscule du monde moderne :

« ...si l'on veut prendre les mêmes mots dans un sens absolu, ils ne correspondent plus à aucune réalité, et c'est justement alors qu'ils représentent ces idées nouvelles qui n'ont cours que moins de deux siècles, et dans le seul Occident. Certes, « le Progrès » et « la Civilisation », avec des majuscules, cela peut faire un excellent effet dans certaines phrases aussi creuses que déclamatoires, très propres à impressionner la foule pour qui la parole sert moins à exprimer la pensée qu'à suppléer à son absence ; à ce titre, cela joue un rôle des plus importants dans l'arsenal de formules dont les « dirigeants » contemporains se servent pour accomplir la singulière œuvre de suggestion collective sans laquelle la mentalité spécifiquement moderne ne saurait subsister bien longtemps. »

Il a évoqué la suggestion comme Gustave Le Bon. Il va même parler d'hypnose, René Guénon :

« À cet égard, nous ne croyons pas qu'on ait jamais remarqué suffisamment l'analogie, pourtant frappante, que l'action de l'orateur, notamment, présente avec celle de l'hypnotiseur (et celle du dompteur est également du même ordre) ; nous signalons en passant ce sujet d'études à l'attention des psychologues. Sans doute, le pouvoir des mots s'est déjà exercé plus ou moins en d'autres temps que le nôtre ; mais ce dont on n'a pas d'exemple, c'est cette gigantesque hallucination collective par laquelle toute une partie de l'humanité en est arrivée à prendre les plus vaines chimères pour d'incontestables réalités ; et, parmi ces idoles de l'esprit moderne, celles que nous dénonçons présentement sont peut-être les plus pernicieuses de toutes. »

La science ne nous sauve en rien, bien au contraire. Autre nom à majuscule, elle sert aussi notre mise en hypnose :

« La civilisation occidentale moderne a, entre autres prétentions, celle d'être éminemment « scientifique » ; il serait bon de préciser un peu comment on entend ce mot, mais c'est ce qu'on ne fait pas d'ordinaire, car il est du nombre de ceux auxquels nos contemporains semblent attacher une sorte de pouvoir mystérieux, indépendamment de leur sens. La « Science », avec une majuscule, comme le « Progrès » et la « Civilisation », comme le « Droit », la « Justice » et la « Liberté », est encore une de ces entités qu'il faut mieux ne pas chercher à définir, et qui risquent de perdre tout leur prestige dès qu'on les examine d'un peu trop près. »

Le mot est une suggestion :

« Toutes les soi-disant « conquêtes » dont le monde moderne est si fier se réduisent ainsi à de grands mots derrière lesquels il n'y a rien ou pas grand-chose : suggestion collective, avons-nous dit, illusion qui, pour être partagée par tant d'individus et pour se maintenir comme elle le fait, ne saurait être spontanée ; peut-être essaierons-nous quelque jour d'éclaircir un peu ce côté de la question. »

Et le vocable reste imprécis, s'il est idolâtré :

« ...nous constatons seulement que l'Occident actuel croit aux idées que nous venons de dire, si tant est que l'on puisse appeler cela des idées, de quelque façon que cette croyance lui soit venue. Ce ne sont pas vraiment des idées, car beaucoup de ceux qui prononcent ces mots avec le plus de conviction n'ont dans la pensée rien de bien net qui y corresponde ; au fond, il n'y a là, dans la plupart des cas, que l'expression, on pourrait même dire la personnification, d'aspirations sentimentales plus ou moins vagues. Ce sont de véritables idoles, les divinités d'une sorte de « religion laïque » qui n'est pas nettement définie, sans doute, et qui ne peut pas l'être, mais qui n'en a pas moins une existence très réelle : ce n'est pas de la religion au sens propre du mot, mais c'est ce qui prétend s'y substituer, et qui mériterait mieux d'être appelé « contre-religion ».

L'hystérie occidentale, européenne ou américaine, est violente et permanente (en ce moment russophobie, Afghanistan, Syrie, Irak, Venezuela, Libye, etc.). Elle repose sur le sentimentalisme ou sur l'humanitarisme :

« De toutes les superstitions prêchées par ceux-là mêmes qui font profession de déclamer à tout propos contre la « superstition », celle de la « science » et de la « raison » est la seule qui ne semble pas, à première vue, reposer sur une base sentimentale ; mais il y a parfois un rationalisme qui n'est que du sentimentalisme déguisé, comme ne le prouve que trop la passion qu'y apportent ses partisans, la haine dont ils témoignent contre tout ce qui contrarie leurs tendances ou dépasse leur compréhension. »

Le mot haine est important ici, qui reflète cette instabilité ontologique, et qui au nom de l'humanisme justifie toutes les sanctions et toutes les violences guerrières. Guénon ajoute sur l'islamophobie :

« ...ceux qui sont incapables de distinguer entre les différent domaines croiraient faussement à une concurrence sur le terrain religieux ; et il y a certainement, dans la masse occidentale (où nous comprenons la plupart des pseudo-intellectuels), beaucoup plus de haine à l'égard de tout ce qui est islamique qu'en ce qui concerne le reste de l'Orient. »

Et déjà sur la haine antichinoise :

« Ceux mêmes d'entre les Orientaux qui passent pour être le plus fermés à tout ce qui est étranger, les Chinois, par exemple, verraient sans répugnance des Européens venir individuellement s'établir chez eux pour y faire du commerce, s'ils ne savaient trop bien, pour en avoir fait la triste expérience, à quoi ils s'exposent en les laissant faire, et quels empiétements sont bientôt la conséquence de ce qui, au début, semblait le plus inoffensif. Les Chinois sont le peuple le plus profondément pacifique qui existe... »

Sur le péril jaune alors mis à la mode par Guillaume II :

« ...rien ne saurait être plus ridicule que la chimérique terreur du « péril jaune », inventé jadis par Guillaume II, qui le symbolisa même dans un de ces tableaux à prétentions mystiques qu'il se plaisait à peindre pour occuper ses loisirs ; il faut toute l'ignorance de la plupart des Occidentaux, et leur incapacité à concevoir combien les autres hommes sont différents d'eux, pour en arriver à s'imaginer le peuple chinois se levant en armes pour marcher à la conquête de l'Europe... »

Guénon annonce même dans la deuxième partie de son livre le « grand remplacement » de la population occidentale ignoré par les hypnotisés et plastronné par les terrorisés :

« ...les peuples européens, sans doute parce qu'ils sont formés d'éléments hétérogènes et ne constituent pas une race à proprement parler, sont ceux dont les caractères ethniques sont les moins stables et disparaissent le plus rapidement en se mêlant à d'autres races ; partout où il se produit de tels mélanges, c'est toujours l'Occidental qui est absorbé, bien loin de pouvoir absorber les autres. »

Concluons : notre bel et increvable occident est toujours aussi belliqueux, destructeur et autoritaire ; mais il est en même temps humanitaire, pleurnichard, écolo, mal dans sa peau, torturé, suicidaire, niant histoire, racines, polarité sexuelle... De ce point de vue on est bien dans une répugnante continuité de puissance hallucinée fonctionnant sous hypnose (relisez dans ce sens la Galaxie Gutenberg qui explique comment l'imprimerie nous aura altérés), et Guénon l'aura rappelé avec une sévère maîtrise...

Note

(1) Valéry : « L'Histoire est le produit le plus dangereux que la chimie de l'intellect ait élaboré. Ses propriétés sont bien connues. Il fait rêver, il enivre les peuples, leur engendre de faux souvenirs, exagère leurs réflexes, entretient leurs vieilles plaies, les tourmente dans leur repos, les conduit au délire des grandeurs ou à celui de la persécution, et rend les nations amères, superbes, insupportables et vaines... L'Histoire justifie ce que l'on veut. Elle n'enseigne rigoureusement rien, car elle contient tout, et donne des exemples de tout. »

Sources

René Guénon, Orient et occident, classiques.uqac.ca, pp.20-35

Paul Valéry : Regards sur le monde actuel

Nicolas Bonnal : Si quelques résistants...Coronavirus et servitude volontaire (Amazon.fr)

Les sept piliers de la sagesse mondialiste

L'accélération de la dictature mondialiste et du génocide qui va l'accompagner (et qui a déjà commencé, comme le Grand Reset, depuis le début des années 70) suppose une armature idéologique formidable, susceptible de couper l'herbe sous le pied à la résistance et de mettre fin à toute volonté populaire de se défendre. Comme on a vu avec Zinoviev récemment, cette démocratie totalitaire s'est mise en place avec la fin du communisme et s'est accélérée avec Obama, quand la gauche mondiale a basculé définitivement dans le camp du fascisme oligarchique et génocidaire (en France avec la présidence précédente).

Synthétisons leur stratégie globale en désignant ces sept piliers de la sagesse du diable qui parodient ceux du colonel Lawrence. Tout tourne autour d'une double volonté : dépeupler et souiller la nature humaine (cf. les Orcs de Tolkien).

Malthusianisme et antiracisme : la dépopulation a commencé dans les années 70 (on saluera le rôle effrayant de VGE, modèle de technocrate mondialiste). Le malthusianisme oligarque qui ne veut ni pauvres, ni familles, ni peuples, suscite partout l'effondrement du niveau de vie. Les politiques antinatalistes mises en place au Japon au lendemain d'Hiroshima ont produit aussi leurs effets. Jusque-là cette dépopulation était appliquée aux peuples de couleur, maintenant à tous les peuples occidentaux. La culpabilisation de ces derniers est aussi un instrument de poids en matière de dépopulation/contrôle.

Déchristianisation et désespoir : la révolution Bergoglio n'est pas une cause, elle est une conséquence. L'Eglise s'est coupé les pieds et la tête avec Vatican II et peu à peu la société totalitaire du capital a pu imposer son agenda. La lettre d'encouragement à Davos et aux mondialistes aura satisfait tous les humanistes et la rédaction de la Croix. Cette déchristianisation est allée de pair avec une crétinisation des esprits. Le pape semi-analphabète est loin des grands jésuites du siècle des Lumières et de leur enseignement, et il est amusant (paradoxal au sens de Chesterton) de voir que le recul de la religion est allé de pair avec un recul de la culture des humanités et du respect du patrimoine.

Ecologie/catastrophisme : l'écologie est arrivée comme une bombe au tout début des années 70 avec Soleil vert et tout le reste, tous ces films qui prédisaient un futur apocalyptique qui n'a pas eu lieu, mais que l'on va créer maintenant, comme on crée les coupures du courant, le sabotage énergétique et les pénuries. On assiste au saccage en Europe de centaines de paysages grandioses et même classés par ces éoliennes qui ravagent la vue et le sol et sont, disait même le Monde, construites par l'argent des mafias. Mais quand on n'aime pas, on ne compte pas.

Technophilie et addiction : la technophilie se développe avec le fascisme rétro et avec un retour en arrière drastique en matière culturelle (le rétrofuturisme de mon internet nouvelle voie) : on oublie le passé classique et chrétien de l'Europe et on revient à la préhistoire, au temps païens et esclavagistes, à la barbarie imbécile teintée de survie. La technophilie est une drogue et en tant que drogue elle démobilise la victime et même la résistance. Elle est plus facile à se procurer que le reste maintenant – et moins chère. J'avais dit que la seule manière de résister au camp de concentration électronique est le tellurisme. Voyez le Partisan de Carl Schmitt, penseur incompris qui célébra la résistance russe, espagnole, vietnamienne ; mais tout cela s'estompe avec un écran devant les yeux tout le jour. Se surinformer n'est pas résister. Demandez à Lucien Cerise qui prend en ce moment le risque de manifester régulièrement, de se faire arrêter et embarquer au poste. Soulignons le remarquable parcours (débats et happenings) de Florian Philippot au passage, pendant que le RN vote avec LREM...

Féminisme et révolutions sexuelles : ici le projet est banal, la séparation des sexes et le malthusianisme, avec une touche de culture de soumission sadienne (LGBTQ...). Les moyens sont divers, qui vont de la pédophilie (voyez les articles de Vincent Held) à la chasse désormais banale au mâle blanc en passant par la médiatisation hystérique de n'importe quel fait divers. Désolé, mais la parité a permis aussi de mettre un certain nombre d'incompétentes au pouvoir et on arrive à un sommet en la matière. On soulignera le rôle sinistre de la démocratie américaine en cette matière féministe. Mais Tocqueville et Beaumont nous avaient prévenus, avant Emmanuel Todd.

Vaccination et pharmacie ; on parle de leurs vaccins et de leur capacité exterminatrice. Mais le vaccin n'est que la cerise sur le gâteau pourri de la médecine postmoderne. Debord a dénoncé, et bien des médecins depuis, jusqu'au jeune Louis Fouché, les méthodes démentes de la médecine spectaculaire censée approuver ce qui est, c'est-à-dire les cours de la bourse, une bourse qui n'a plus besoin pour monter de l'activité humaine et qui ne veut plus d'hommes. Une étude américaine vient de montrer que les enfants non-vaccinés sont en meilleure santé que les vaccinés. On s'en doutait, les vaccins étant moins utiles que jadis ; Kennedy Jr (celui qu'ils n'ont pas encore tué) a rappelé qu'un américain subit la bagatelle de soixante-dix vaccins aujourd'hui. Et 45% des Américains sont en mauvaise santé. Comme on a dit, le génocide est déjà commencé depuis les années 70.

Enfin, la sacralisation de l'élite : c'est le plus inquiétant, ces monstres qui veulent être divinisés. Les gourous en matière informatique, économique et financière, culturelle et spirituelle sont apparus aussi à partir des années 70, copie de cette Inde sous contrôle. Une caste sacerdotale en émerge, formée par des économistes hauts tortionnaires, des hommes politiques indélogeables. Ici on a repris le modèle des castes. Les Schwab, Gates et autres, au lieu d'être traités comme les criminels qu'ils sont, sont considérés comme des brahmanes, des sauveurs, des guides. Les Lagarde, Merkel, May, au lieu d'être considérées comme des crétines devenaient, avant Greta, les femmes qui vont sauver le monde (dixit l'Express). Il est très important en effet pour soumettre la masse de désigner des grands-sorciers claniques, ce qui explique sans doute les tenues vestimentaires qui font en ce moment la popularité du vieux Schwab. Dans la parodie satanique traditionnelle sont a parlé Guénon, il règne une volonté de créer une pseudo-élite traditionnelle nous ramenant à la pureté primordiale (le Reset). Pour eux ce Reset est une catharsis.

La dictature Macron entre bourreaux volontaires et moutons de Panurge

Macron joue sur du velours - avec un beau boulevard devant lui. Alors que les antisystèmes invoquent comme toujours la Résistance, le gaullisme, 89, les droits de l'homme, Dieu sait quoi encore, 1.3 million de Français se sont vaccinés après la sévère allocution du martial président. On a senti encore la puissance des médias, ces instruments d'hallucination collective. Et on a compris qu'internet n'aura servi à rien comme outil de développement intellectuel personnel. Je dirais même qu'on a reculé sur ce point depuis 2001. Il y a de moins en moins de justes – comme sous toute occupation qui dure.

On va citer Rabelais alors : « Soudain, je ne sais comment la chose arriva si vite, je n'eus le loisir de le considérer, Panurge, sans dire autre chose, jette en pleine mer son mouton criant et bêlant. Tous les autres moutons, criant et bêlant avec la même intonation, commencèrent à se jeter et sauter en mer à sa suite, à la file. C'était à qui sauterait le premier après leur compagnon. Il n'était pas possible de les en empêcher, comme vous connaissez le naturel du mouton, qui est de toujours suivre le premier, en quelque endroit qu'il aille. Aristote le dit aussi au livre 9 de L'Histoire des animaux, c'est l'animal le plus sot et inepte du monde. »

Notre peuple d'imbéciles s'est tellement fait bourrer le mout à l'école avec des histoires de révolution, de droits de l'homme et de résistance qu'il accepte sans broncher la pire des tyrannies. Anesthésié par la technologie et le renforcement pervers de l'Etat-providence, le peuple est devenu depuis la disparition du parti communiste et du catholicisme un vrai ochlos au sens grec, une masse imbécile, soumise, adoratrice du fric et de la merde culturelle. Ochlocratie rime avec ploutocratie, et on a vu cette France arriver avec le mitterrandisme au cours des années 80, quand les « jumeaux du populisme » Le Pen et Tapie consacraient cette alliance non pas contre nature mais contre culture ; ce fut à cette époque que tout jeune je pus vivre l'effondrement de ce pays du point de vue de la civilisation. La marginalisation du peuple date de cette époque-là. Et il fut pris en charge par une américanisation culturelle proprement insensée. Plus récemment l'écrasement des benêts gilets jaunes a servi d'accélérateur à l'entropie politique de la nation. Je rappelle toujours l'interview de Stanley Payne sur les Espagnols : ils sont anesthésiés, crétinisés par la matrice, et ils demandent quelque chose, même si ce n'est pas beaucoup (« pide algo, no mucho »).

Il y a une petite minorité dont nous sommes, dont le nombre va diminuer (« l'homme qui rétrécit ») et qui va être persécutée et transformée en bouc émissaire : voyez mes textes sur Stefan Zweig et Bernanos. Désolés, mais nous allons passer de sales moments. La masse des bœufs ne se révoltera pas plus que contre Hitler, Pétain ou Franco. Elle fermera les yeux ou hurlera avec les loups.

Il faut voir maintenant le problème des bourreaux volontaires, flics, gendarmes, militaires (beaucoup de traitements très réévalués par le régime), médecins, fonctionnaires divers et avariés, enseignants, et bien sûr journalistes, sans compter les politiciens ; combien y en a-t-il et jusqu'où iront-ils ? Tout nous a montrés jusque-là que personne ne recule, et ce d'autant que la résistance n'oppose aucune résistance quantitative (je veux dire par là que nous n'attirons pas les masses). Je répète aussi qu'il faut un certain temps pour en former ; mais le virage traîtreux du chiraquisme au milieu des années 2000, renforcé par les démentielles présidences suivantes, a préparé selon moi une belle avant-garde de tortionnaires. Le reste est chez Stefan Zweig.

Et si le peuple voulait du grand reset et de la tyrannie ?

Le plan des mondialistes progresse bien, et on en peut que rester béat d'admiration devant la stupidité béate des victimes. Comme dit Bernanos dans la France contre les robots, au moment des guerres contre le fascisme :

« Et si, par hasard, une telle idée leur était venue, ils se seraient bien gardés de l'avouer, car ils sont un des éléments de cette pourriture. La Bêtise, en effet, m'apparaît de plus en plus comme la cause première et principale de la corruption des Nations. La seconde, c'est l'avarice. L'ambition des dictateurs ne vient qu'au troisième rang. »

J'exagère ? Parce qu'une fois de plus je me crois supérieur et que je méprise mes contemporains qui sont les pauvres victimes d'une dictature affreuse ?

Essayez alors d'enlever votre masque dans le métro avant de me jeter la première pierre. Essayez d'envoyer votre petit sans masque à l'école avant de me jeter la première pierre. Essayez de prêcher à voix haute le texte du Dr Perronne en public avant de me jeter la première pierre. Vous verrez que le monde que vous croyez résistant le temps d'un clic est furieusement collabo dans la réalité.

Cela n'étonnera du reste que les distraits. La résistance en France ne s'est développée que lorsque la défaite allemande fut assurée. Il n'y a que les nationalistes qui résistaient dès le début, comme là Marion et Philippot chez les politiciens. Et il fallait moins de cent mille soldats allemands en 1942 pour garder cette masse, tout comme il ne faut guère que cent mille gendarmes pour mettre tout le monde au pas. On a rappelé ici-même la soumission des Français sous Napoléon III, confirmé par le plébiscite de Mai 1870 d'ailleurs (pauvre Hugo exilé pour rien sur son île) et sous les aberrantes guerres républicaines, continentales ou coloniales. Le reste est de la soumission à la société de consommation et technologique, et Guy Debord nous a tout dit dessus, comme Lewis Mumford ou John Boorstyn en leur temps.

Il faut donc tirer quelques conclusions, car on s'est très bien habitués au masque, comme dit justement le président jupitérien Macron. On s'est très bien habitué au confinement aussi, et au porno gratuit sur le web (voyez la bonne émission d'Alexis Cossette et de Sylvain Trotta), et à Netflix, et à BFM. On a aussi compris que la populace ne veut pas du vaccin, mais que si on prend le temps de bien lui expliquer, et de la prévenir contre le militantisme terroriste et réac des anti-vaccins, ce que font les journaux tout le temps, tout ira pour le mieux.

Récemment c'est maître Brusa qui reconnaissait :

"La Covid a généré une catastrophe juridique…il faudra des années pour se remettre sur le plan économique. Et des années sur le plan du droit…On commence à avoir des informations qui attestent qu'on nous prend pour des cons…Il faut que le peuple réagisse, il faut aussi que les gens réclament de la liberté, et aujourd'hui ce qui m'anéantit, c'est de voir comme il est difficile de faire réagir le peuple. Je ne demande pas de faire une révolution, je demande au peuple de demander les libertés…Nous sommes en train de tout perdre. Mais qu'est-ce qu'il faut de plus pour qu'on comprenne qu'on est dans le cadre d'une dictature ? Ce n'est pas parce que 200 ou 300 avocats font une tribune dans un journal que les choses vont changer, parce que, excusez-moi, mais Macron de la tribune dans le JDD, il n'en a rien à cirer… »

Le peuple ne veut pas de la liberté. Le peuple veut du pain et des jeux, et on n'a pas attendu l'an 2020 pour le découvrir. Or le système les lui donne et il va prendre à ceux qui ont de l'argent en banque, qui sont une minorité et aux propriétaires, qui sont une minorité. Pour le reste le peuple admire les vedettes et les hommes les plus riches sont des vedettes comme ses sportifs préférés. Eux sont des philanthropes qui veulent vacciner ou protéger la planète…

J'irai même plus loin cette fois : le peuple n'a aucune raison d'être contre le grand reset. Le grand reset est dans l'air du temps, pas vrai ? Le peuple a en effet été éduqué dans l'idée que l'on pollue trop et qu'il faut arrêter de respirer ou de trop carboniser l'atmosphère ; il a été élevé dans la peur depuis l'an 2001 et un ami espagnol me disait que la jeune génération avait été déjà élevée dans la soumission et dans la servitude volontaire, pour reprendre le mot de l'année écoulée et même du court millénaire à venir. Le peuple a des dettes, pas de pognon, pas de goût pour la liberté (à part pour aller revoter pour Macron ou son ministre Edouard Philippe), mais il a le sens des responsabilités (remets ton masque, sale nazi) et de l'écologie, alors… On le prive de travail ; mais tant qu'il a le smartphone et la tambouille assurée. Le reste on verra après. De toute manière le travail…

Nietzsche avait déjà tout dit vers 1880 et on comprend (et c'est pourquoi je tape sur leur monde moderne) comment nos opinions abruties ont pu se farcir tant de guerres et de dictatures depuis. Lisez, vous allez rire :

« Tomber malade et être méfiant passe chez eux pour un péché : on s'avance prudemment. Bien fou qui trébuche encore sur les pierres et sur les hommes !

Un peu de poison de-ci de-là, pour se procurer des rêves agréables. Et beaucoup de poisons enfin, pour mourir agréablement.

On travaille encore, car le travail est une distraction. Mais l'on veille à ce que la distraction ne débilite point.

On ne devient plus ni pauvre ni riche : ce sont deux choses trop pénibles. Qui voudrait encore gouverner ? Qui voudrait obéir encore ? Ce sont deux choses trop pénibles. Point de berger et un seul troupeau ! »

Et là le maître touche le but de nos banquiers globaux :

« La terre sera alors devenue plus petite, et sur elle sautillera le dernier homme, qui rapetisse tout. »

Eh bien notre homme va sautiller un peu moins…

Sources :

Ainsi parlait Zarathoustra

Coronavirus et servitude volontaire

La France contre les robots

https://covidinfos.net/covid19/nous-sommes-en-train-de-creer-une-prison-a-ciel-ouvert-affirme-maitre-brusa-qui-denonce-une-dictature/2607/

Nicolas Bonnal - Interview sur la comédie musicale

Comment vous est venue l'idée de ce livre ?

C'est d'abord un livre de couple écrit avec ma Tetyana, musicienne et traductrice, qui a découvert le sujet avec moi. Car c'est en effet un sujet que je connaissais mal, à part deux ou trois comédies légendaires et quelques numéros de claquette de Fred Astaire. Mais je savais qu'il y avait eu un âge d'or, comme on dit, une Amérique heureuse avant les années soixante (Kennedy, Vietnam, Amérique woke, pseudo-libération sexuelle, etc.). Or j'aime la nostalgie et le culte de la nostalgie est fort en Amérique, et depuis longtemps. Il s'éteindra avec le dernier petit blanc. On appelle ce cinéma nostalgique Americana (voyez ou découvrez Henry King), et il s'est illustré dans la comédie musicale. Voyez Belle de New York ou l'admirable Chanson du Missouri de Minnelli. C'est l'Amérique d'avant les guerres, l'armée, les impôts, la Fed et toutes horreurs. C'est le monde d'avant les guerres, d'avant la grande crise aussi. On y célèbre le progrès technique (chansons sur le trolley, sur les trains, etc.), on n'en a pas peur comme aujourd'hui. Voilà pour les raisons psychologiques.

Et quels films vous ont enchanté ?

Pour les raisons artistiques, j'ai découvert émerveillé vers quarante ans les Sept fiancées pour sept frères et Brigadoon, dont j'ai parlé dans mon livre sur le paganisme (Plutarque, l'Autre Monde, l'Ecosse mythique...). Et de fil en aiguille j'ai acheté et vu presque tous les films de cette belle époque du cinéma. Elle n'a duré que trente ans et en particulier, quinze de 1945 à 1960. Après c'est le déclin et la perte du goût. West Side Story signe la fin du rêve américain : conflits raciaux, conflits sexués (rien à voir avec la savoureuse guerre des sexes de Lubitsch ou Donen), criminalité et sottise massifiée. Il y a pléthore de films admirables et méconnus : le Pirate de Minnelli avec un Gene Kelly au mieux de sa forme. C'est un film sur l'hypnose dans une île coloniale espagnole.

Avec votre épouse, vous insistez beaucoup sur les onirismes, les symbolismes et toute une poésie qui semble décalée dans un spectacle grand public.

Tout cela n'était pas décalé à l'époque. On a Brigadoon, grand film onirique (changer de réalité et revenir aux temps anciens), on a Yolande et le voleur, film que nous adorons avec Tetyana et qui montre une Amérique du sud hispanique, idéale, chrétienne et fantaisiste. Les grands moments de Chantons sous la pluie avec Cyd Charisse relèvent du pur onirisme. On a Oz bien sûr et cela ouvre d'autres horizons : le totalitarisme que nous vivons aujourd'hui avec la technologie et les médias. Oz est une parabole sur le pouvoir et ses illusions. D'autres films évoquent le cauchemar comme les 5000 doigts du Dr T ou Chitty-Chitty Bang-Bang où un prince fou confine les enfants...Il y a aussi une belle présence de Leslie Caron dans le film Lily qui offre une belle méditation sur la réalité ontologique des marionnettes. Nous insistons aussi sur l'hypnose car il y a une séduction qui s'opère à partir du chant et de la danse : d'où mes références à la Bible et au Zarathoustra de Nietzsche.

Vous aimez le côté caustique de la comédie musicale ?

Tout à fait ; il y a une critique marrante et constructive, un goût de la satire sociale dans la tradition de Molière ou d'Aristophane. Drôle de frimousse en met plein la gueule au parisien et au sartrien, à l'intello prétentieux (et le film se termine par une danse devant une chapelle !). C'est un spectacle pour jeunes qui aime se moquer des vieilleries et des icônes du jour, avec un Fred Astaire époustouflant qui frôle alors la soixantaine ! Les films de Donen sont plus critiques que ceux de Minnelli (encore que...). La Belle de Moscou avec Cyd et Fred se moque des élites soviétiques qui vont trahir car elles veulent le confort ! Beau fixe sur New York aussi dénonce le rôle à venir de la télé qui détruit alors le cinéma classique hollywoodien et abrutit les masse avec la pub et le direct. Ici la critique de la télé est plus percutante que celle de Debord ou d'Adorno. Un américain à Paris aussi est très critique sur le monde de l'art, des riches, sur la déception dans la vie. Tout cela doit beaucoup au génie de Lerner, qui est mon scénariste préféré (My Fair Lady). Les Juifs ont été omniprésents dans cette affaire ; j'ai d'ailleurs insisté dans mon livre sur le génie juif sans qui la comédie musicale n'aurait pas existé. Découvrez le prodigieux chorégraphe Michael Kidd qui a réglé d'incomparables ballets, comme celui des frères et de leur fiancées dans la construction de la grange (événement mythique dans l'Amérique ou l'Europe rurale traditionnelle).

Vous insistez beaucoup sur la marine et la guerre...

Oui. 12 millions de mobilisés, des gars angoissés, des fiancées abandonnées, et la conquête du monde par la marine (cf. Spykman et la thalassocratie). Tout cela succède à la crise qui a permis de révéler le génie de Busby Berkeley et de l'extraordinaire, de la génialissime artiste portugaise Carmen Miranda qui triompha à Hollywood comme au Brésil. Cela donne des opus comme une Journée à New York de mon Donen ou l'incomparable Anchors aweigh (Escale à Hollywood) de Sidney. Sinatra, si beau et si charmant jeune, y chante avec le chef d'orchestre espagnol Iturbi, Gene Kelly y danse avec la souris animée Jerry et on a dans ce film géant de grands moments de musique classique ; la très belle Kathryn Grayson y est sublime. Même Hair finira par une évocation de la guerre du Vietnam, puisque l'empire ne se repose jamais et qu'il navigue toujours. Le symbolisme de la navigation est très présent dans le cinéma américain de l'époque : on succède aux Anglais et on prend le contrôle du monde avec le dollar, la cigarette et Rita Hayworth. Cette dernière est d'ailleurs très bonne chanteuse et danseuse, et pas que dans Gilda.

En un mot, qu'est-ce qui fait le génie de cette époque vernie du cinéma ?

L'amour. Comme on a dit à l'époque, c'est l'amour de la femme, de la vie, du pays, et de l'activité humaine ! Sans compter la danse et la musique et le technicolor ! Amen...

Titre : la petite ville et la survie à l'effondrement

Dans son article "The Answer is the Coming Small-Town Revival" du 30 avril 2021 (https://www.theamericanconservative.com/urbs/the-answer-is-the-coming-small-town-revival/) , James Howard Kunstler présente la petite ville comme étant l'endroit où l'on pourra survivre après l'effondrement. Le texte se conclut par : "And after a while, you'll have a fully functioning town again, built on social and economic roles that give people a reason to think that life is worth living. Wait for it. "

C'est un article assez court, et assez simpliste. On peut le contester sur la plupart des points, j'essaierai quant à moi d'aborder une autre perspective.

C'est d'abord l'intention qu'il faudrait critiquer ici, et pour cela je voudrais utiliser une citation de Sir Tony Hoare, un pionnier de l'informatique : "premature optimization is the root of all evil."

Il ne s'agit pas ici de "mettre la charrue avant les boeufs" mais bien plus d'imaginer, trop tôt, ce que sera la situation finale. Or le point central de l'effondrement c'est qu'il est pour l'essentiel inconnu. On ne connaît ni quand, ni où, ni quoi, et cela peut varier du tout au tout.

L'article est criticable de bien des manières, ce qui ne veut pas dire qu'il n'ait aucun mérite ou qu'il se trompe sur tout. Pour voir ce qu'il faut en garder, explorons donc la petite ville. Ayant moi-même déménagé il y a plus de quinze ans dans une petite ville du Grand Est (10.000 habitants environ), avec déjà l'effondrement comme éventualité ultime, je vais apporter ma modeste perspective sur le sujet.

Partie 1 : la petite ville est une représentation mentale

Tout d'abord, comme nous ne vivons pas tous la même vie, il n'y a sans doute pas de solution de survie universelle. Ceux qui écrivent des articles sur l'effondrement sont généralement des personnes issues de l'ancienne classe moyenne, d'une intelligence relativement peu commune, vraisemblablement âgés de plus de trente-cinq ans.

James Howard Kunstler en a 72, j'en ai 47, et toi lecteur tu as certainement assez d'années sur ton dos pour avoir connu une époque où les petites villes étaient encore des endroits économiquement et socialement sains. Certains ont encore pu connaître, par la famille ou les voisins, de véritables agriculteurs.

Il est facile de s'imaginer que le monde post-effondrement sera un retour à ce monde, qui n'existe pourtant plus depuis les années 80 avec la disparition des générations pré-Trente Glorieuses. Car ce sont bien la mobylette et la voiture qui ont altéré ce monde, et James Howard Kunstler ne manque pas de le décrire.

Ce qui veut bien dire que la petite ville est non seulement quelque chose de dynamique mais qu'elle vit au même ryhtme que le reste de la planète. Mais elle le vit à une autre échelle, ce que montraient déjà de nombreux films des années 70 (citons pêle-mêle : "Le corps de mon ennemi" (1976), "Adieu Poulet" (1975) ou "Coup de tête" (1979)).

Partie 2 : la petite ville en tant que microcosme pouvant être appréhendé

Dans "Un jour sans fin" (1993), le protagoniste vit assez longtemps dans la petite ville pour connaître la plupart de ses habitants et leur histoire.

C'est là le grand avantage, et pour ainsi dire le seul, de la petite ville par rapport aux métropoles où sont contraints de travailler la plupart des intellectuels : on se fait assez vite une bonne idée de l'endroit. Avec le temps, on devient soi-même une partie de la ville et de son fonctionnement. On a un nom, des amitiés, des inimités, une réputation.

Et cela même auprès de ceux que l'on connaît pas, ce qui est la principale différence avec les grandes villes.

L'information locale est plus aisée à obtenir, on a aussi une bonne expérience des lieux. Au fil des années, on visite de plus en plus d'endroits et de monde. On salue le conducteur du bus qui nous croise dans la rue car on l'a rencontré à un anniversaire ou un enterrement, on connaît la vue depuis tel balcon, on a vu les fondements de tel nouvel immeuble.

Cela crée un environnement mieux connu, mieux maîtrisé, et même les inévitables changements ont lieu à une vitesse moins dramatique. Dans un perspective post-effondrement, on peut s'imaginer que cela facilite l'insertion dans l'économie informelle, les échanges de services et de faveurs.

Mais il faut bien admettre que nous n'en avons pas la moindre idée.

Partie 3 : l'effondrement reste une inconnue

James Howard Kunstler a ses convictions sur la nature de l'effondrement, et c'est là-dessus qu'il établit ses critères. Nous dressons tous ne serait-ce que des lignes très sommaires sur la nature de l'effondrement, à partir du moment où nous le savons inévitable, car c'est dans notre nature. Nous nous faisons un film sur tout ce qui est susceptible de nous arriver.

La petite ville est certes plus proche de la campagne, parfois un tracteur chargé de balles de paille traverse la ville, mais l'agriculteur lui-même achète sa nourriture au supermarché. L'ensemble du système économique est dépendant des ressources fossiles, de l'organisation générale de l'économie, des conceptions implantées dans les esprits. C'est le même monde.

Il y a bien des gugusses qui cultivent un potager plus ou moins à l'ancienne, mais c'est plutôt une variation sur le thème des tomates-cerises sur le balcon. On ne les voit pas manger leurs propres patates onze mois sur douze, sans même parler des protéines animales.

Or l'effondrement peut être absolument extrême (interruption simultanée de tous les échanges de marchandises, d'énergie et de communications) ou bien n'être qu'un rationnement sévère comme lors d'une guerre mondiale. Dans le dernier cas, le prix de l'immobilier de la petite ville permettent un accès plus facile à un jardin que l'on pourra transformer en potager, si tant est que l'on s'y soit pris à temps.

Dans le premier cas, les questions de pouvoir sont les seules qui important, et c'est là où l'intellectuel exogène n'est pas bien parti.

Partie 4 : vous n'aurez jamais voix au chapitre

D'un point de vue anthropologique et politique, la petite ville est un environnement beaucoup plus lisible que la grande ville. La carte du pouvoir y est mesurée à la distance plus ou moins grande qui nous sépare des familles dominantes.

Des études approfondies ont été menées sur ces questions. Pour rester simple, disons que la plupart des personnes-clés dans le fonctionnement de la ville font partie de réseaux familiaux étendus, que l'on ne peut comprendre, voire même connaître, que si l'on est intégré dans ce que j'appelle "l'économie du sang" : on est né dans la ville, des membres de notre famille y sont liés, ou l'on a épousé dans le réseau familial. Ceci est également vrai pour les habitants issus de l'immigration, qui se créent aux aussi leurs structures claniques.

C'est là la véritable économie informelle, dirigée depuis des familles dominantes, et qui s'exerce esentiellement de manière invisible. Telle ou telle administration peut retarder votre demande, créer des vices de procédure inextricables, ou au contraire rendre les choses simples et même plus que légales.

Les procédés utilisés peuvent être de nature mafieuse, et les exécutants de ne même pas s'en rendre compte. Des diffamations flagrantes peuvent être apputées par des personnes parfaitement loyales et lucides par ailleurs mais qui n'ont pas d'autres choix que de suivre l'impulsion donnée par le centre.

Cette domination s'exerce aussi par le contrôle du terrain, la propriété foncière (les familles dominantes sont aussi celles qui maîtrisent l'économie) et même les trafics. Notaires notoirement corrompus, agences immobilières complices font partie d'un pouvoir économique et politique bien réel.

En cas de difficultés économiques prolongées ou d'effondrement, l'intello un peu survivaliste venu de la grande ville n'y a aucune place dans l'économie ni aucune autonomie politique (que l'on pouvait jadis appeler "liberté"). Alors vous pouvez vous acheter l'arme qui vous chante, elle ne changera rien au problème, et c'est bien là la limite du survivalisme en dehors des questions de survie immédiate.

Partie 5 : La petite ville n'est pas immunisée contre les maux modernes.

Ce n'est pas par hasard que les gens talentueux quittent les petites villes, on ne le dira jamais assez.

Les intellectuels étant moins nombreux que selon la proportion naturelle, la petite ville se trouve être un haut lieu de l'anti-intellectualisme officiel de notre civilisation.

J'ai pu voir des personnes de type HPI sombrer dans la dépression façe à la jalousie brutale, de brillants élèves qui avaient le malheur d'être masculins et blancs se faire torpiller l'accession à des études sélectives à cause de notes discriminatoires et des remarques assassines provenant de professeures SJW, des remises en cause de la "narrative "officielle être dénoncées publiquement comme "terroristes".

Quand au paysage spirituel, à quelque exceptions près, c'est comme partout ailleurs le pharisianisme décomplexé de la Fin des Temps.

Emmanuel Todd a publié juste avant la catastrophe du confinement-Covid son étude "Les Luttes de classes en France au XXIe siècle" (https://www.seuil.com/ouvrage/les-luttes-de-classes-en-france-au-xxie-siecle-emmanuel-todd/9782021426823), il y parle d'une convergence éducative de toutes les classes sociales. On se doute qu'elle ne converge pas vers le haut, et tous ceux qui s'intéressent à ces questions de nos jours le savent.

Dans sa présentation du livre, Todd parle des "dominés qui se croient dominants". Or, dans une petite ville le haut du pavé du "tertiaire supérieur" est tenu par les familles dominantes, même si elles se contentent d'ânonner du contenu préparé par d'autres ailleurs. Il faudrait parler de l'influence écrasante des Rotary Club et autres franc-maçonneries sur les "élites" des petites villes, chose que je n'ai pas pu ni voulu étudier plus avant.

Conclusion : La petite ville n'est pas la planète "Terminus" d'Isaac Asimov

James Howard Kunstler semble penser que la petite ville est le lieu de la renaissance de la civilisation, son erreur est la même que celle d'Isaac Asimov lorsque ce dernier commence en 1942 la rédaction de "Fondation".

Dans ce roman, alors que la capitale de l'empire galactique amorce sa décadence, des psycho-historiens anticipent cette évolution et s'exilent sur la planète Terminus, loin de tout, pour y refonder une nouvelle civilisation.

La petite ville ne fonctionne pas ainsi. Là où je vis, hauts responsables et ingénieurs vivent à une heure de la grande ville, dans de beaux quartiers pavillonnaires, mais leurs enfants sont le plus souvent scolarisés avec ceux des familles dominantes, qui ne sont simplement pas à la hauteur, et leurs épouses fréquentent les parents de ces mêmes familles.

Au fil des années le nombre des divorces dans ce milieu a explosé, or quand on appartient à un clan on ne divorce pas (ou bien rarement). De manière similaire, les phobies scolaires, tentatives de suicide et anorexies ne touchent pas les familles dominantes de la ville.

Le lieu de la renaissance intellectuelle est toujours un ville au centre des échanges, où se brassent les intellects grâce à l'ouverture d'esprit et l'excellence La petite ville n'est pas ce genre de lieu.

Ortega Y Gasset et la montée du virus de la stupidité

Triomphe des masques, des vaccins, des confinements, triomphe des administrations, triomphe enfin de la placidité des masses dites citoyennes en occident dit moderne et démocratique. Leur monde moderne est une longue chute dans la bêtise et le totalitarisme, surtout quand il se revêt des oripeaux de la gouvernance mondialiste qui est apparue grosso modo en 1815.

Mais évoquons plutôt les années 1920, flanqués du fascisme, du bolchévisme, et du spectaculaire diffus américain.

Relisons Ortega Y Gasset, pour comprendre comment nous avons gobé leur saleté de virus et leur totalitarisme kitsch ; c'est que nous sommes devenus bêtes. Son contemporain chrétien Bernanos évoque lui la stupidité pour expliquer les fascismes en son temps :

« La Bêtise, en effet, m'apparaît de plus en plus comme la cause première et principale de la corruption des Nations. La seconde, c'est l'avarice. L'ambition des dictateurs ne vient qu'au troisième rang. »

Sous un masque (sic) libéral d'emprunt britannique, Ortega a surtout célébré l'homme traditionnel, et a il a regretté l'avènement de l'homme-masse. Comme Tocqueville, il voit arriver un homme bien inquiétant :

« Symptôme d'une autre réalité, d'une réalité très grave : l'effroyable homogénéité de situation où le monde occidental tout entier sombre de plus en plus. Depuis que ce livre a paru, et par les effets de la mécanique qui y est décrite, cette identité s'est développée d'une manière angoissante. »

Ortega Y Gasset reprend la comparaison coutumière avec l'empire romain, mais avec quelle subtilité :

« A suivre la route où nous nous sommes engagés, nous aboutirons tout droit, par la diminution progressive de la « variété des situations », au Bas-Empire, qui fut lui aussi une époque de masses et d'effroyable homogénéité. »

Et il pointe la triste réalité :

Déjà sous le règne des Antonins on perçoit clairement un phénomène étrange qui aurait mérité d'être mieux mis en évidence et analysé par les historiens: les hommes sont devenus stupides. »

Il n'y a plus eu d'écrivain romain notable après le début du deuxième siècle. Comme pour nous pour le début de ce misérable vingtième-et-unième siècle. Et avec les enfants condamnés au masque et au smartphone...

Ortega souligne l'effondrement du langage...

« Mais le symptôme et, en même temps le document le plus accablant de cette forme à la fois homogène et stupide – et l'un par l'autre – que prend la vie d'un bout à l'autre de l'Empire se trouve où l'on s'y attendait le moins et où personne, que je sache, n'a encore songé à le chercher: dans le langage. Le premier est l'incroyable simplification de son organisme grammatical comparé à celui du latin classique... »

Ortega n'est guère optimiste. Nous sommes condamnés à nous standardiser et aussi à nous distancier :

« L'homme de vingt ans constatera bientôt que son projet se heurte à celui du voisin, il sentira combien la vie du voisin opprime la sienne. Le découragement le portera à renoncer, avec la facilité d'adaptation propre à son âge, non seulement à tout acte, mais encore à tout désir personnel; il cherchera la solution contraire, et imaginera alors pour lui-même une vie standard, faite des desiderata communs à tous; et il comprendra que pour obtenir cette vie, il doit la demander ou l'exiger en collectivité avec les autres. »

Bien avant la prison planète, le camp de concentration électronique, Ortega Y Gasset note :

« Dans une prison où sont entassés beaucoup plus de prisonniers qu'elle n'en doit contenir, personne ne peut changer de position de sa propre initiative; le corps des autres s'y oppose. »

Ortega remet l'Amérique à sa place :

« Le vieux lieu commun: « l'Amérique est l'avenir », avait obscurci un instant leur perspicacité. J'eus alors le courage de m'inscrire en faux contre cette erreur et j'affirmai que l'Amérique, loin d'être l'avenir, était en réalité un passé lointain, puisqu'elle était une façon de primitivisme... »

Ortega parle aussi d'un présent définitif qui accompagne nos progrès :

« Sous le masque d'un généreux futurisme, l'amateur de progrès ne se préoccupe pas du futur; convaincu de ce qu'il n'offrira ni surprises, ni secrets, nulle péripétie, aucune innovation essentielle; assuré que le monde ira tout droit, sans dévier ni rétrograder, il détourne son inquiétude du futur et s'installe dans un présent définitif. »

Il observe comme notre Juvénal ou la Boétie que l'homme est victime du confort, et qu'il sombre dans l'imbécillité :

« Nous aurions tendance à nous imaginer qu'une vie engendrée dans l'abondance excessive serait meilleure, de qualité supérieure, plus « vivante » que celle qui consiste précisément à lutter contre la disette. Mais il n'en n'est pas ainsi. »

Enfin il donne sa définition de l'homme-masse-masque :

« Je m'attarde donc loyalement, mais avec tristesse, à montrer que cet homme pétri de tendances inciviles, que ce barbare frais émoulu est un produit automatique de la civilisation moderne. »

Barbare automatique est une belle expression, un oxymore pour nous qui allons bientôt être remplacés ou dépecés par les robots.

Mais Ortega Y Gasset évoque aussi un effondrement moral :

« L'avilissement, l'encanaillement n'est pas autre chose que le mode de vie qui reste à l'individu qui s'est refusé à être celui qu'il fallait qu'il fût. Son être authentique n'en meurt pas pour cela. Mais il se convertit en une ombre accusatrice, en un fantôme qui lui rappelle constamment l'infériorité de l'existence qu'il mène, en l'opposant à celle qu'il aurait dû mener. L'avili est un suicidé qui se survit. »

Le virus permet un renforcement des Etats et de leurs administrations. Ortega Y Gasset écrit comme Bernanos sur la catastrophe étatique :

« Aujourd'hui, l'Etat est devenu une machine formidable, qui fonctionne prodigieusement, avec une merveilleuse efficacité, par la quantité et la précision de ses moyens. Etablie au milieu de la société, il suffit de toucher un ressort pour que ses énormes leviers agissent et opèrent d'une façon foudroyante sur un tronçon quelconque du corps social.

L'Etat contemporain est le produit le plus visible et le plus notoire de la civilisation. »

L'étatisme suppose la fin de la vie et de sa spontanéité :

« Voilà le plus grand danger qui menace aujourd'hui la civilisation: l'étatisation de la vie, l' « interventionnisme » de l'Etat, l'absorption de toute spontanéité sociale par l'Etat; C'est-à-dire l'annulation de la spontanéité historique qui, en définitive, soutient, nourrit et entraîne les destins humains. »

Et de conclure :

« La richesse décroît et les femmes enfantent peu. Alors l'Etat, pour subvenir à ses propres besoins, renforce la bureaucratisation de l'existence humaine...Cette bureaucratisation à la seconde puissance est la militarisation de la société. »

Bibliographie

Bernanos – La France contre les robots

Ortega Y Gasset – la rébellion des masses

Pénurie plus internet. Pourquoi leur Grand Reset est un simulacre qui masque le réel effondrement occidental...

Par Alexandre Karadimas

1- Le Great Reset c'est la pénurie plus l'Internet !

Avant toute chose, replaçons-nous dans le contexte économique actuel :

- l'Occident, c'est-à-dire la Zone Dollar (Amérique du Nord, Europe non Russe, anciens dominions britanniques comme l'Australie ou Israël, etc.) est ruiné. Il l'était déjà longtemps avant le COVID, sans doute déjà avant la crise de 2008

- le pic pétrolier conventionnel a eu lieu en 2006, et l'épuisement des ressources, anticipé avec précision dès 1970 (il faut toujours rappeler l'étude de Dennis Meadows, par exemple évoquée ici : https://www.rtbf.be/info/economie/detail_2030-l-annee-de-la-catastrophe-selon-le-club-de-rome?id=8195676) devient visible, notamment par l'inflation du prix des biens réels.

Or cet « Occident » représente une part considérable du commerce mondial. De manière convenue, on l'oppose à la Russie (énergie, puissance militaire) et à la Chine (production industrielle), mais ces deux ensembles sont très étroitement liés à l'Occident. Il s'agit donc de la fin d'une époque économique à une échelle planétaire.

Notre élite parle d'un plan défini longtemps à l'avance, le Great Reset (la Grande Réinitialisation), qui est un emballage à la mode technologique d'une condition de pénurie permanente.

Pour résumer, on veut nous faire croire que la vie d'une famille ouvrière des années 1900 (circulation en vélo, de la viande une fois par semaine, un petit appartement) est le summum de la branchitude, tout ça parce qu'on y ajoute Internet, dans ses différentes déclinaisons (Smartphone, objets connectés etc.)

Grâce au COVID, Internet est devenu l'outil central du Système dans sa phase de contrôle maximal et ouvre la voie à la promesse du Great Reset.

2- COVID, a job for Aquaman

Sur tvtropes.org, l'excellente encyclopédie des procédés narratifs, on trouve la description d'un procédé nommé « This looks like a job for Aquaman »

https://tvtropes.org/pmwiki/pmwiki.php/Main/ThisLooksLikeAJobFor Aquaman

Aquaman est un super-héros lié à l'eau. Comme la plupart des gens passent très peu de temps dans un environnement aquatique, les scénaristes sont obligés d'inventer des histoires abracadabrantesques se déroulant dans les océans, ou même un simple égout, pour pouvoir utiliser ce personnage.

La crise du COVID est comparable à Aquaman, en ce que tout ce qu'elle fait était hors de tout sens commun et n'avait comme seul but que de promouvoir le personnage principal, à savoir le Great Reset.

Les mesures anti-COVID prises par la plupart des pays n'ont aucun sens à part celui de détruire les alternatives au Système et d'imposer une version d'Internet extrêmement intrusive.

Par exemple le commerce traditionnel ne fonctionne plus, il faut passer par la grande distribution ou commander par Internet. La restauration hors fast-food et franchises, a été exerminée.

De manière comparable, on communique par l'intermédiaire d'Internet, l'école et le travail sont sur l'écran, on obtient ses laissez-passer pour le couvre-feu de manière électronique, et de même pour tout le reste.

Les informations sont devenues totalitaires et même la contestation se retrouve à passer par Internet (comme ce présent message par exemple).

Ce contrôle total correspond à une situation d'exception, mais voilà, la COVID étant temporaire, c'est le Great Reset qui lui succédera. Cette perspective est tout ce qu'il y a d'officiel.

3- Quarante ans de faillite technico-scientifique

Le Grand Reset est le point culminant du récit techno-magique lié à l'informatisation puis la mise en réseau de nos économies, un récit vieux de quarante ans maintenant (en ce qui concerne la culture populaire, mais bien plus vieux dans les milieux technico-scientifiques).

L'ordinateur est sensé nous simplifier la vie, décupler les capacités de ses utilisateurs, optimiser l'utilisation des ressources et même, grâce à l'Intelligence Artificielle, nous protéger une fois pour toute de notre propre connerie.

Or, pour quiconque ayant travaillé en entreprise depuis les années 90, nous avons pu constater l'évolution inverse, à tel point qu'aujourd'hui le management est assez universellement considéré comme inefficace, stupide et même cruel.

L'ingénieur est exploité jusqu'au burnout, après quoi il devient obsolète. Son avis ne compte plus.

Des dynasties cooptées, parfois même par le droit du sang, dirigent de grandes structures en suivant des idéologies ouvertement stupides, qui ne sont suivies que par ceux qui n'ont jamais créé ou même travaillé.

Ces structures échouent en permanence, sans s'en cacher (la ville de Paris ou l'avion F-35 par exemple) sans que cela n'aboutisse à une quelconque remise en question, puisque la planche à billets mondiale récompense les idiots et expose les entreprises bien gérées à se faire dévorer.

La télévision et le cinéma ne savent plus nous faire rire ou nous émouvoir, ce qui est leur mission première en tant que courroie de transmission du pouvoir. De simples amateurs sur Youtube redeviennent les bouffons et les caricaturistes issus du peuple, et Youtube de s'en féliciter sans se rendre compte que sa censure et sa désinformation permanente en font un obstacle puis un ennemi.

4 – L'impossibilité de sauver un système condamné

S'il y a bien actuellement un signe manifeste d'effondrement c'est la passivité des gens. Nicolas Bonnal s'en désole mais c'est en vérité tout à fait compréhensible. Nous sommes dépossédés de tout moyen d'agir (ce qu'en anglais on nomme « agency ») et nous avons pu constater que même un mouvement aussi populaire (et réellement populaire, puisque sans structure et sans chef) que les Gilets Jaunes pouvait être infiltré par le Système puis détourné.

La supercherie du COVID, la stratégie du choc, a si bien fonctionné que l'on a renoncé à le dénoncer. Nous avons vu que la moitié des gens autour de nous a tout gobé, alors à quoi bon.

Il n'y aura personne pour aller chercher la mamie qui dénonce les contrevenants à la police et lui expliquer ce que représentent 135 Euros en équivalent de batte de base-ball. Nous ne sommes pas comme ça, parce d'une part il n'y a plus de société, donc la mamie n'a pas pensé en tant que traîtresse aux siens, mais pensait bien faire dans l'absolu, et d'autre part on a sans doute la même à la maison. La situation ne peut plus être rétablie.

Les opposants baignent tous dans les théories de conspiration parfois assez débiles (moi comme les autres), ce qui ne constitue pas une base politique solide pour une éventuelle action.

Puisqu'il n'y a plus de moyen de corriger le Système, les différents représentants du peuple (ceux qui sont encore en contact avec la réalité) ayant été non pas muselés mais démotivés, il va donc faire faillite, c'est-à-dire cesser de fonctionner. C'est là le mécanisme de l'effondrement.

Nous le savons bien mais non ne pouvons pas nous l'avouer, car avouer c'est déclencher.

5 – Le fantasme du contrôle

De toutes les manières avec lesquelles on nous a présenté le Great Reset, il apparaît que c'est un fantasme de contrôle. On nous dit « les choses seront comme ci et comme ça » en nous priant de bien vouloir prendre leur parole comme argent comptant.

Or, tiens justement, si nous parlons d'argent comptant, il n'y a rien. Ils peuvent créer de la monnaie ex nihilo, donc c'est du vent, ce sont des vendeurs de vide.

Du coup on comprend beaucoup mieux la nécessité du contrôle. On pourrait penser que ce sont juste des personnes habituées à diriger de grandes structures, et donc à les contrôler, ce qui est sans doute vrai dans une certaine mesure, mais non déterminant.

Ce qui par contre est déterminant, c'est qu'il ne doit exister aucune forme d'échange (monnaie, troc, parole donnée ou autre) viable, sans quoi leur monnaie, qu'ils désirent unique et mondiale, s'avérerait comme immédiatement sans valeur.

Nos élites se placent dans la position d'escrocs ruinés, incapables d'honorer leurs promesses. Au fur et à mesure que notre pouvoir d'achat disparaît, cela les mène inexorablement à l'usage de la répression et la violence, pour que l'on ne puisse pas contester leur mensonge.

Or la répression ne crée rien. Deux ou trois décennies de « management au stress » ont envoyé une partie des ingénieurs et techniciens en burnout, une autre à l'étranger et la dernière à n'en faire que le minimum, sous l'autorité de cheffes incultes qui ressemblent à Victoria Nuland. Nous sommes à l'âge des moyens techniques les plus extraordinaires de l'histoire de l'humanité et nous ne créons plus rien.

C'est pour ça que les promesses du Great Reset en termes d'impression 3D, d'ordinateurs quantiques et de nanoparticules en deviennent grotesques. Ce seront des situations comme celle montrée dans la vidéo « The Expert » mais encore plus désastreuses : https://www.youtube.com/watch?v=BKorP55Aqvg

Les premiers à le savoir sont ceux qui parlent du Great Reset, puisque ce sont eux qui peuvent mesurer la rentabilité des sommes qu'ils engloutissent dans ce genre de structures. Le Great Reset est un simulacre.

En conclusion, ce prolongement ultime du rêve technico-scientifique qu'est le Great Reset va se terminer en cauchemar, l'Effondrement, qui tuera la plupart d'entre nous, puisque c'est bien là le résultat des effondrements.

Notre époque aura été celle des illusions les plus réalistes, à la différence des systèmes religieux qui prévalaient alors dans les autres civilisations complexes.

Notre technologie ne va pas totalement disparaître, car elle aidera certainement à la survie de certains, mais elle devrait être, dans un futur indéterminé, mieux maîtrisée car mieux intégrée à ce que la vie sera devenue. Ce ne sera pas un Great Reset mais quelque chose de différent, les choses n'étant jamais acquises.

Personne ne réagit dans aucun pays – je veux dire d'une manière solide et collective – parce que cette épidémie est globale. Et comme elle est globale, il est difficile, voire impossible d'y résister quelque part ; ce n'est pas comme au bon vieux temps des gilets jaunes. Dans l'invasion des profanateurs de sépulture (dénonciation du devenir légume de l'humanité du fait de la télé et du mode de vie US) un psychiatre évoque d'abord une hystérie collective qui s'empare des cerveaux à cause de ce qui se passe dans le monde. C'est la clé : le global rend taré. Cette épidémie, couronne virale du satanisme moderne, technologique et médiatique, est invincible et irrésistible parce que globale. Et la foule hébétée des médias se laisse mener à l'abattoir, plus consentante que jamais : Le global c'est le Vide où s'évanouit l'être, le temps, le lieu (Hugo).

« Pas dans un boum, dans un murmure » : notes sur notre petite apocalypse

Tout semble s'imposer, le marquage électronique, les vaccins, le test partout, le passage au communisme sacerdotal (Abellio), le wokenisme démoniaque, la chienlit morale et LGBTQ à la télé, l'antiracisme-fascisme en roue libre, etc. D'un autre côté ici et là on nous ressort jusqu'à la nausée la phrase de Hölderlin, que Jean Baudrillard citait il y a déjà trente ans au sortir de l'abominable guerre du Golfe : « là où croît le danger là aussi croît ce qui sauve ». C'est dans le poème Patmos.

On va voir. La résistance n'existe pas, comme je l'ai dit, elle a été fluidifiée par les réseaux, les râleurs se contentant de cliquer, pas de résister ou de manifester comme on disait jadis. La perte de la capacité tellurique c'est la fin de la résistance, merde, lisez/appliquez Carl Schmitt pour une fois.

L'épuration de Trump et du reste se passe sans un murmure dans la salle. Le système avance rapidement et impeccablement ses pions et comme dit l'abject Figaro on va pouvoir tester les gens à l'entrée des autoroutes avec le test QR ou je ne sais quoi. On leur souhaite du plaisir aux gens, car à force de se gaver de télé, de radio, de hamburgers, ils vont mal finir. Mais s'en préoccupent-ils les gens ? Ne sont-ils pas déjà morts ? Les films de zombie sont vieux de deux générations déjà.

A côté de cela on veut nous rassurer. Tout cela est inapplicable, le Français résiste, il ne se ferait pas vacciner… Mais le système a tout son temps (2030 date-butoir et regardez leurs progrès en un an) et je me souviens dans mon enfance pour la bagnole. Il y avait beaucoup de morts mais c'était aussi l'âge d'or de l'automobile et de la liberté sur les routes. Alors on a sévi comme pour chasser un virus (et l'acerbe Sarkozy a remis ça dès son arrivée au pouvoir). Limitation de vitesse, test d'alcoolémie, port de la ceinture de sécurité, multiplication aberrante des ronds-points, ils ont réussi à tout imposer nos bureaucrates et nos mondialistes et c'était pour notre bien, pour notre sécurité. Ici aussi c'est pour notre bien, pour notre sécurité. Et j'en arrive à me demander : tout cela ne démontre-t-il pas que l'humanité n'est qu'un troupeau d'esclaves ? Sous prétexte de voter (et où ne va-t-on pas voter ?), on se croit en démocratie et on se comporte comme des cloportes ou bien des bœufs à l'abattoir. Revoyez le sang de bêtes de Franju. On a un mouton traître nommé le miniard qui amène les comparses à l'égorgeoir, qu'on maintient en vie et qui sert à chaque fois pour conduire le troupeau bêlant et opinant de Panurge.

Passons au positif, car on va me reprocher de casser le moral des troupes.

Celui qui nous rassurerait c'est Biden qui a l'air bien gâteux, et sa Kamala qui est nulle comme un rat. Cette paire d'as a été élue en trichant sans une seule réaction (sinon la prise arrangée du Capitole qui a permis de virer Trump plus vite et d'accélérer le totalitarisme mondialiste – oui, c'est à cela que sert la résistance, gare au prochain attentat false flag !) et avec l'approbation de toute la canaille globale devenue folle ; car notre absence de résistance produit leur ubris. Mais on sait très bien que Biden peut dégager et qu'on peut caser une autre marionnette ; au point où en sont arrivés les journaux globaux (le NYT, le Monde, le Guardian, El Pais, etc.) ce n'est pas cela qui gênera l'opinion publique, chienne prête à toutes les prostitutions depuis des siècles (colonisations, guerres mondiales, mondialisation, totalitarismes, légalisation de toutes les perversions et en conséquence interdiction de toutes les libertés). Certains voient une possibilité de défaite militaire contre l'Iran, la Russie ou la Chine (mais on nous dit aussi qu'elle fait partie du N.O.M., cette Chine, que Biden est son homme ?). On verra, mais là encore je fais confiance aux généraux américains décrits par Kubrick : on finira au nucléaire puisque l'équipement US n'est plus à la hauteur face aux progrès des trois grands de l'opposition officielle (Iran, Russie, Chine donc). Certains donc disent que ce serait mieux une bataille et donc une défaite US, et un écroulement du satanisme occidental, mais encore faudrait-il en sortir vivants !

On a envie de prier la providence mais vu ce que sont devenus le Vatican et le catholicisme dit romain ? On ne va pas prier les dieux du Capitole tout de même ? Je constate d'ailleurs de plus en plus de recours chez les antisystèmes à l'increvable apocalypse, aux êtres de lumière, à l'attirail New Age, au zen emballé sous vide, comme disait Guy Debord. Lui voyait la liberté dans la lutte politique et sociale et pas dans les interventions divines toujours longues à se produire et chères à rembourser... Le clergé, le parti...

En réalité je ne sais plus quoi écrire depuis quelques mois maintenant : tout est programmé pour nous faire vivre puis crever, par des satanistes et par l'inertie de milliards d'abrutis et de zombis peaufinés à la télé et au portable (voyez le film de Jarmusch, the Dead don't die, qui le montre très bien).

Comme le montre Lucien Cerise le contrôle technologique trop tatillon ne marchera pas (il est trop fou et ils ne sont plus si bons, ils en restent à l'éternelle peur du gendarme comme au temps de de Funès et des pieds nickelés), mais c'est peut-être ce qui est voulu, pour que les survivalistes de Davos et les techno-lords de la Silicon Valley (voyez mon Internet nouvelle voie) soient contents. Le film Idiocracy, écrit par un des Coen, le montre finalement. Une humanité de fauchés, d'abrutis, d'affreux sales et méchants subsiste dans des ruines affreuses sorties des romans de Dick. Mais elle n'a pas l'air mécontent ! Et si finalement Klaus Schwab avait raison : si dans dix ans, les survivants abrutis étaient contents, les rares mécontents (tous vieux) s'étant suicidés ?

Last scene of all (dit Shakespeare), la situation en Israël, pays-phare des religions abrahamiques. Elle m'évoque l'apocalypse décrite par T.S. Eliot, texte lu à la fin d'Apocalypse now : c'est ainsi que le monde se termine, pas dans un boum, dans un murmure (not in a bang but a whimper). Quelle punition pour tant d'orgueil...

De Platon à Packard : de la gestion du troupeau humain par les élites.

Hannibal a traduit Dean Arnold, auteur qui évoque la conspiration des élites à travers les âges ; en vérité nous en sommes toujours au même point. Il y a un troupeau et un berger qui veut en réduire le nombre ou en corriger le comportement. Ce berger ou philosophe-roi s'entoure de gardiens (les phulakes de Platon). Il est aujourd'hui aidé par l'ingénierie sociale massifiée et industrialisée. Le grand Vince Packard, auteur des Hidden persuaders (alias la persuasion clandestine), termine son livre effarant (encore plus effrayant que la Propagande de Bernays) par l'évocation du bio-contrôle. Et cela donne :

« Finalement - disons vers l'an 2000 — peut-être toute cette profondeur la manipulation de la variété psychologique semblera d'une manière amusante démodée. D'ici là, peut-être que les biophysiciens prendront le relais avec « bio-contrôle », qui est la persuasion en profondeur poussée à son paroxysme. Le bio-contrôle est la nouvelle science du contrôle des processus mentaux, réactions émotionnelles et perceptions sensorielles par des signaux bioélectriques. »

Packard enfonce le knout :

« La réunion de la National Electronics Conference à Chicago en 1956 a entendu l'ingénieur électricien Curtiss R. Schafer, du Norden- Ketay Corporation, explorer les possibilités surprenantes du biocontrôle. Comme il l'envisageait, l'électronique pourrait prendre le contrôle des indisciplinés humains. Cela pourrait épargner aux endoctrineurs et aux contrôleurs de la pensée beaucoup d'agitation et d'ennui. Il l'a fait paraître relativement simple. »

Le cerveau humain est un outil :

« Les avions, les missiles et les machines-outils sont déjà guidés par l'électronique et le cerveau humain - étant essentiellement un ordinateur - peut l'être aussi. Déjà, grâce au bio-contrôle, les scientifiques ont changé le sens de l'équilibre des gens. Et ils ont fait des animaux avec le ventre plein, ils ont faim et ils ont peur quand ils n'ont rien à craindre. »

Et les conclusions sont terribles (je rappelle qu'on est en 1956) :

« Le magazine Time l'a cité comme expliquant : La réalisation ultime du bio-contrôle peut être le contrôle de l'homme lui-même...Les sujets contrôlés ne seraient jamais autorisés à penser comme personnes. Quelques mois après la naissance, un chirurgien équiperait chaque enfant avec une douille montée sous le cuir chevelu et des électrodes atteignant les zones du tissu cérébral. ... ... Les perceptions sensorielles et musculaires de l'enfant, son activité pourrait être modifiée ou complètement contrôlée par des signaux émis par des émetteurs contrôlés par l'État. »

Le Monde a évoqué le déclin cognitif des enfants avec le confinement ; ils sont aussi épuisés sur le plan physique après dix mètres de course. Bref l'Etat les tient et les parents déjà soumis vont les faire vacciner. Mais au point où nous en sommes...

Passons à Dean Arnold, ensuite, qui cite Platon et le livre V, monstrueux et totalitaire, de sa République si peu vilipendée par nos profs de philo (vous attendiez quoi de ces fonctionnaires ?) :

« Encore une fois, il est difficile pour nous tous d'imaginer des gens « sympas » pensant de cette façon, ou agissant en conséquence. Cependant, la mentalité d'élite a toujours été avec nous, depuis que Platon a écrit sa République il y a 2300 ans. Chaque enfant étudie ce livre dans des écoles préparatoires comme celle où les Gates ont été formés.

Le plus célèbre des philosophes grecs nous a dit que la classe dirigeante est celle « dont le but sera de préserver la moyenne de la population ». Il a en outre déclaré: «Il y a beaucoup d'autres choses qu'ils devront considérer, telles que les effets des guerres et des maladies et de tout autre organisme similaire, afin d'éviter autant que possible que l'État devienne trop grand ou trop petit. "

Platon ajoute que le contrôle de la population doit se faire en secret, ce que l'on pourrait appeler une conspiration. « Maintenant, ces événements doivent être un secret que seuls les dirigeants connaissent, ou il y aura un autre danger que notre troupeau... éclate dans la rébellion. »

Citons un peu de Platon alors pour compléter (livre V, traduction Chambry, 459-461 pour les amateurs). Mariage d'amour et famille interdits, reproduction garantie par et pour l'Etat totalitaire, comme chez le vieil Huxley :

« Toi donc, qui es législateur, en choisissant parmi les femmes, comme tu as fait parmi les hommes, tu assortiras les caractères, autant que possible. Or, toute cette jeunesse, ayant la même demeure et la même table et ne possédant rien en propre, sera toujours ensemble; et vivant ainsi mêlée dans les gymnases et dans tous les autres exercices, je pense bien qu'une nécessité naturelle la portera à former des unions...Mais, mon cher Glaucon, dans un État où les citoyens doivent être heureux, il ne peut pas être permis de former des unions au hasard ou de commettre des fautes du même genre, et les magistrats ne devront pas le souffrir. »

Ensuite on pratique l'eugénisme, ce qui enflammera l'intellectuel (au sens de Bernanos !) nazi Hans Gunther (voyez son Platon eugéniste et vitaliste) :

« C'est à toi, Glaucon, de me le dire. Je vois que tu élèves dans ta maison des chiens de chasse et des oiseaux de proie en grand nombre. As-tu pris garde à ce qu'on fait pour les accoupler et en avoir des petits?

Que fait-on?

Parmi ces animaux, quoique tous de bonne race, n'en est-il pas quelques-uns qui l'emportent sur les autres?

Sans toutes ces précautions dans l'accouplement, n'es-tu pas persuadé que la race de tes chiens et de tes oiseaux dégénérerait beaucoup?

Oui.

Crois-tu qu'il n'en soit pas de même des chevaux et des autres animaux?

Il serait absurde de ne pas le croire.

Grands dieux! mon cher ami, quels hommes supérieurs nous faudra-t-il pour magistrats, s'il en est de même à l'égard de l'espèce humaine! »

L'homme est un animal ici comme chez Darwin. Kojève a parlé de notre futur d'abeilles. Comme nos politiques les magistrats de la cité platonicienne (influence sur More, Campanella, Cyrano, etc.) ont tous les pouvoirs :

« Il me semble que les magistrats seront obligés de recourir souvent au mensonge et à la tromperie pour le bien des citoyens; et nous avons dit quelque part que de semblables moyens sont utiles, lorsqu'on s'en sert en guise de remède. »

Les membres des familles ne se connaissent pas, seuls les magistrats savent le tout (on est dans de la science-fiction, vous ne voyez pas ?) :

« Il faut, selon nos principes, rendre les rapports très fréquents entre les hommes et les femmes d'élite, et très rares entre les sujets les moins estimables de l'un et de l'autre sexe; de plus, il faut élever les enfants des premiers et non ceux des seconds, si l'on veut avoir un troupeau toujours choisi; enfin, il faut que les magistrats seuls connaissent toutes ces mesures, pour qu'il y ait le moins de discorde possible dans le troupeau. »

Les magistrats régulent (c'est la gouvernance !) :

« Ainsi il sera à propos d'instituer des fêtes où nous rassemblerons les époux futurs, avec des sacrifices et des hymnes appropriés à ces solennités. Nous remettons aux magistrats le soin de régler le nombre des mariages, afin qu'ils maintiennent le même nombre d'hommes, en réparant les vides de la guerre, des maladies et des autres accidents, et que l'État, autant qu'il se pourra, ne s'agrandisse ni ne diminue. »

C'est le bon vieux contrôle des populations et des copulations utiles qui comme chez les SS doivent produire une élite guerrière ; ce n'est pas un hasard si le film 300, anti-iranien à souhait, faisait son éloge de Sparte et de sa constitution particulière (lisez le livre universitaire et très précis de mon ami d'enfance Nicolas Richer, qui devient un bestseller) :

Quant aux enfants :

« Les enfants, à mesure qu'ils naîtront, seront remis entre les mains d'hommes ou de femmes, ou d'hommes et de femmes réunis et qui auront été préposés au soin de leur éducation; car les charges publiques doivent être communes à l'un et à l'autre sexe.

Oui.

Ils porteront au bercail commun les enfants des citoyens d'élite, et les confieront à des gouvernantes, qui auront leur demeure à part dans un quartier de la ville. Pour les enfants des citoyens moins estimables, et même pour ceux des autres qui auraient quelque difformité, ils les cacheront, comme il convient, dans quelque endroit secret et qu'il sera interdit de révéler. »

Les femmes qui servent de cadres aussi dans cette société LGBTQ (tout le monde vit nu une partie du temps et en commun) sont des reproductrices étatiques avant de devenir des fonctionnaires préposées à la garde du troupeau :

« Les femmes donneront des enfants à l'État depuis vingt ans jusqu'à quarante; et les hommes, après avoir laissé passer la première fougue de l'âge, jusqu'à cinquante-cinq. »

Le monde de Platon fait penser à l'âge de cristal, film dystopique des années 70. Persécution pour le contrevenant :

« Si donc il arrive qu'un citoyen, soit au-dessous, soit au-dessus de cet âge, s'avise de prendre part à cette œuvre de génération qui ne doit avoir d'autre objet que l'intérêt général, nous le déclarerons coupable et d'injustice et de sacrilège, pour avoir donné la vie à un enfant dont la naissance est une œuvre de ténèbres et de libertinage et l'enfant sera considéré dans l'Etat comme illégitime, né d'un concubinage et sans les auspices religieux. »

Platon a servi de modèle à la Renaissance (pensez à la sinistre abbaye de Thélème de Rabelais qui inspirera le sataniste britannique Alastair Crowley). La régulation et le contrôle du troupeau sont revenus au goût du jour : le contrôle étatique et médiatique est total (prison ferme pour les parents qui refusent l'éducation du genre en Allemagne), le troupeau est anesthésié et quoiqu'en pense Maffesoli il ne se révolte pas du tout. Il est prêt.

Dernier rappel : dans sa Persuasion clandestine, Packard évoque les mêmes problèmes de pénurie que mon ami Alexandre, et donc à terme la même nécessité d'en finir avec un troupeau qui consomme trop, et qui sera conduit à l'abattoir via le bio-contrôle. Les masques, confinements et vaccins ont bien préparé aussi cette soumission du troupeau, qui rime avec abstention.

Sources :

https://numidia-liberum.blogspot.com/2021/06/en-2009-projet-depopulation-bill-gates.html

https://fr.wikisource.org/wiki/La_R%C3%A9publique_(trad._Chambry)/Livre_V

https://www.amazon.fr/Sparte-Nicolas-RICHER/dp/2262039356/ref=sr_1_1?__mk_fr_FR=%C3%85M%C3%85%C5%BD%C3%95%C3%91&dchild=1&keywords=richer+sparte&qid=1625044592&sr=8-1

https://www.algora.com/Algora_blog/2021/06/27/2009-project-depopulation-bill-gates-gathers-the-worlds-top-billionaires

https://archive.org/download/the-hidden-persuaders-vance-packard-1957-pdf-february-11-2012-7-09-pm-9-6-meg

https://www.lemonde.fr/sciences/article/2021/06/28/les-confinements-ont-nettement-reduit-les-capacites-physiques-et-intellectuelles-des-enfants_6086079_1650684.html

Pourquoi le grand reset se termine (reprise)...

Il y a ceux, presque mignons et amusants, comme les journalistes du NYT, qui prétendent que le Grand Reset est une théorie du complot, alors que Davos s'en vante sur son site, et puis il y a ceux qui redoutent le Grand Reset à venir, comme s'il n'était déjà là. Un petit rappel pour les distraits alors. Je suis assez vieux pour avoir vu le Grand Reset commencer au début des années 70 : c'était les années de la crise du pétrole, du Club de Rome, de « Soleil Vert » et de « Rollerball », tout ce qu'il fallait pour rassurer les enfants et préparer un Grand Reset. Car dès cette époque on évoque privation, fin des industries (une vieille lune : découvrez Arthur Penty), catastrophe écologique, désastres urbains, détraquement climatique (« Soleil Vert », « Blade Runner »), émeutes, violence et pénuries. Tout a été dramatisé et exagéré pour nous faire peur, et maintenant c'est au virus de jouer ce rôle pour détruire ce qui nous reste de libertés.

Dans les années 80, lorsque j'ai commencé à m'intéresser à ces questions, j'ai rencontré un spécialiste nommé Yann Moncomble, disparu prématurément, qui décrivait la stratégie des mondialistes depuis le début du vingtième siècle. Jacques Bordiot l'avait précédé quelques années avant avec un excellent livre nommé « Une main cachée dirige ». On sentait que tout se mettait en place par les banques au milieu du dix-neuvième siècle (c'est « La grande transformation » du génial Polanyi ou le manifeste communiste de Karl Marx) et depuis nous sommes conduits par ces bons bergers, en bon troupeau. Exercices d'ingénierie physique et mentale, les deux guerres mondiales ont encadré le mouvement et précipité la montée de la technocratie dirigeante et celle du troupeau apeuré dont a parlé Tocqueville sur un ton visionnaire.

1945 et la pseudo-déclaration des droits de l'homme marquèrent une avancée vers le totalitarisme planétaire. François Furet, l'homme qui a redécouvert Augustin Cochin, dont j'ai parlé tant de fois, la trouvait trop précise cette déclaration. Et pour cause : elle est indiscrète, elle contrôle, elle commande, elle oriente et elle sert une élite dirigeante à venir et qui est passé au contrôle de tout vers la fin des années 60. Comme dit Watzlawick elle a besoin du malheur des hommes pour mieux les gouverner.

Les élites qui dirigent maintenant (Merkel, Macron, Bruxelles, Netanyahou – voyez le rabbin Amnon Itshak) sont impitoyables : ils veulent plumer, ficher, vacciner, contrôler. En 1967 Brzezinski présente son fameux livre sur la société technétronique. Lui non plus ne se paie pas de mots, certain qu'il est de n'être dénoncé que par les plus lucides vite redéfinis théoriciens du complot ! Et il écrit le bougre :

« Une autre menace, moins manifeste mais non moins fondamentale, est celle de la démocratie libérale. Plus directement liée à l'impact de la technologie, elle implique l'apparition progressive d'une société plus contrôlée et dirigée. Une telle société serait dominée par une élite dont la prétention au pouvoir politique reposerait sur un savoir-faire scientifique prétendument supérieur. Libérée des contraintes des valeurs libérales traditionnelles, cette élite n'hésiterait pas à atteindre ses objectifs politiques en utilisant les dernières techniques modernes pour influencer le comportement public et maintenir la société sous étroite surveillance et contrôle ».

L'élite qui bosse avec Macron est une conséquence du satané Bonapartisme dont j'ai parlé maintes fois ici et ailleurs (voyez mon « Coq hérétique » publié en 1997 aux Belles Lettres). Mais elle a été sélectionnée pour aller jusqu'au bout et elle le fera. Elle est payée et motivée pour. Dans les années 80 toujours on a vu cette caste mondialiste de hauts fonctionnaires et de soixante-huitards se mettre aux ordres de Bruxelles et du Capital, quand il est apparu que l'U.R.S.S. ne représentait plus une menace (voyez mon texte sur Zinoviev) et qu'on aurait enfin les coudées franches pour se remplir les poches et mettre au pas le populo.

Guy Debord écrivait en cette fin des années 80 :

« Il faut conclure qu'une relève est imminente et inéluctable dans la caste cooptée qui gère la domination, et notamment dirige la protection de cette domination. En une telle matière, la nouveauté, bien sûr, ne sera jamais exposée sur la scène du spectacle. Elle apparaît seulement comme la foudre, qu'on ne reconnaît qu'à ses coups. Cette relève, qui va décisivement parachever l'œuvre des temps spectaculaires, s'opère discrètement, et quoique concernant des gens déjà installés tous dans la sphère même du pouvoir, conspirativement. Elle sélectionnera ceux qui y prendront part sur cette exigence principale : qu'ils sachent clairement de quels obstacles ils sont délivrés, et de quoi ils sont capables ».

On voit avec Macron, Merkel ou Grisham (Gouverneure démocrate de l'État du Nouveau Mexique qui vient d'ordonner la fermeture partielle des magasins d'alimentation) que plus aucun obstacle ne les gêne et qu'ils sont capables de tout. Une fois, ajoute Debord que l'on peut « mesurer le point qu'avait pu atteindre la capacité d'hébétude et de soumission des habitants

», on peut tout se permettre. Désolé, mais c'est ainsi. Relisez Bernays ou Céline ou même « Le Loup des Steppes » pour comprendre. Il ne parle pas d'autre chose « Le Loup des Steppes ».

L'élite mondialiste voulue par Wilson ou le pseudo-Colonel Mandel House s'est constituée en 1945 donc, et est arrivée à maturité à la fin des années 60 : ce sont les années Rockefeller, Giscard et Trilatérale dont parlait mon ami Moncomble. Cette élite est totalement déracinée, technophile et gavée de paradigmes (Nizan a très bien vu sa source bourgeoise, j'en ai parlé ici). C'est une élite gnostique élevée par des écrans dans des Babel de verre, comme du reste son troupeau innombrable. En Europe on a pu voir l'émergence de cette élite en partie nazie d'ailleurs (voyez mon texte sur Hallstein) dès les années 60. L'immigration, la société de consommation et la liquidation des enseignements allait créer une nouvelle population technophile, nomade et soumise.

Et puis Gorbatchev est arrivé. Tout est allé depuis en s'amplifiant et en s'accélérant, la bêtise et la lâcheté de la masse ne faisaient rien pour écouter les Cassandre muées en théoriciens du complot. Le contrôle des élites asiatiques ou russes est allé de pair, quoiqu'en pensent certains naïfs préoccupés par la Route de la Soie ou le modèle chinois. Modèle chinois qui exige vaccination, contrôle biométrique et gestion informatique de son milliard et quelques d'habitants. Ici encore les oligarques du capitalisme et du Communisme se seront merveilleusement tendu la main. C'est bien Kissinger et Nixon qui ont voulu ce rapprochement avec la Chine de Mao, non ?

Je ne suis pas là pour parler de l'an prochain, tout le monde antisystème le fait, en vain d'ailleurs (« Théorie du complot ! Théorie du complot ! »). Je voulais dire seulement que les choses sont dans une logique terminale. Qui en a fait tant ne peut pas s'arrêter en route (la route du Club de Rome et de « Soleil Vert ») et qui en a fait aussi peu pour se défendre à part cliquer depuis vingt ans (moi y compris, ce n'est pas le problème) ne doit pas s'étonner de ce qui va lui arriver.

Nicolas Bonnal

Vincent Held et le grand asservissement numérique et sociétal (interview)

Notre ami suisse Vincent Held, chercheur courageux et savant, a publié Asservissement (Editions █Réorganisation█ du Monde), un recueil implacable qui détaille la manière dont on nous contrôle et prive de tout progressivement, dans la société libérale démocratique. La technologie vient au secours de la remarque de Tocqueville selon laquelle on nous ôterait même la peine de vivre. Plus récemment on pourrait rappeler la vision de Jouvenel qui dénonçait après la guerre même la démocratie totalitaire. Vincent Held nous a demandé d'écrire une postface pour son livre, et nous en profitons pour rédiger quelques questions angoissées.

Questionnaire à Vincent Held

- Le livre constitue un catalogue des horreurs de la mondialisation capitaliste et technocratique. Comment avez-vous eu l'idée de ces chroniques – et où trouvez-vous votre documentation ?

  Disons que je rends compte d'un certain nombre de projets et scénarios rendus possibles par l'évolution technologique. Avant tout, merci de me permettre de préciser d'emblée que tout est étayé par des sources *mainstream* : documents de l'ONU, publications de grands médias, de sites universitaires, etc. Et aussi du Forum de Davos, qui va d'ailleurs très loin dans les scénarios dystopiques qu'il envisage pour notre avenir proche.

  Après, il n'est absolument pas certain que ce soient les projets les plus spectaculaires – comme cette fameuse « connexion cerveau-machine » dont nous parlent Klaus Schwab et Elon Musk, qui auront le plus d'impact sur nos sociétés. En revanche, l'idée d'utiliser des « intelligences artificielles » pour discriminer les gens à l'embauche en fonction de leurs opinions me paraît par exemple très concrète. En Suisse, des gens qui ont pignon sur rue le proposent ouvertement. Et leurs produits sont même déjà utilisés par un certain nombre de grandes entreprises !

- Vous vivez en Suisse, a priori le pays le plus riche et le plus libre du monde (Guillaume Tell…). Or c'est ce pays qui décide de gâcher la vie des gens et vous le détaillez très bien dans votre livre. Pourquoi la Suisse ?

Les velléités de surveillance numérique totale alliée à une reprise en main comportementale de la population – que ce soit au travail, dans l'espace public ou à la maison sont très bien documentés. Évidemment, en Suisse comme ailleurs, certains ont vu dans la crise du covid une opportunité de normaliser un certain nombre de pratiques déjà existantes. Et même de pousser le bouchon un peu plus loin...

Je prends un exemple très concret : l'arrivée soudaine en Europe de robots équipés de « reconnaissance faciale » pour détecter le (non-)port du masque et le respect des nouvelles normes de « distanciation sociale » dans l'espace public... Évidemment, cette volonté de normer les comportements n'est pas limitée à la « crise du covid », qui finira par passer. Voyez l'exemple de la Chine avec son fameux « crédit social », qui consiste à noter les citoyens en fonction de la manière dont ils se comportent au quotidien... Chez nous, les comportements attendus seraient assurément différents, mais la tentation de normer les rapports sociaux n'en est pas moins présente. Edward Bernays en parlait déjà dans les années 1920 avec son idée d'un « ***code de conduite standardisé*** ». L'idée est loin d'être nouvelle...

- Comment expliquez-vous le fait que tant de gens soient passés du côté obscur, milliardaires, bureaucrates, fonctionnaires, politiciens ?

A mon avis, les élites occidentales sont profondément divisées sur les grandes questions de société, comme je l'explique au début du livre. C'est pour cela que les scénarios les plus extrêmes en termes de surveillance ou de décroissance démographique par exemple, me paraissent avoir peu de chances de succès. Ceci dit, il y a toute une palette de projets potentiellement très déstabilisants pour nos sociétés qui vont certainement faire l'objet d'un lobbying important dans les prochaines années. Et ce notamment en matière de restrictions de la mobilité, de surveillance numérique et d'automatisation du travail. En fait, nous sommes déjà en plein dedans. Il suffit de lire le dernier livre de Klaus Schwab pour s'en rendre compte.

- La volonté de nous empêcher de voyager ou de bouger est bien expliquée dans le livre. On découvre aussi une volonté de nous empêcher de manger. Pouvez-vous expliquer ?

Là, vous faites allusion à <u>mon fameux article</u> sur le recyclage des eaux d'égout à des fins alimentaires... Des gens m'ont expliqué qu'ils n'avaient même pas commencé à le lire parce qu'ils n'arrivaient tout simplement pas à y croire ! Pourtant, l'intérêt de l'État et de certaines multinationales suisses pour la question est bien documenté... C'est un projet qui est censé s'intégrer à « l'économie circulaire », pour contribuer au « développement durable »... Quoi de plus écologique en effet que de consommer des excréments humains transformés grâce à des méthodes 100% naturelles et peu coûteuses ?

- Les mondialistes ont toujours été dangereux mais ils semblaient moins fous jadis. Qu'est-ce qui selon vous les rend fous depuis dix-quinze ans en mode accéléré ?

La « folie » dont vous parlez ne me semble pas nouvelle. L'Histoire du XXème siècle nous a démontré de façon suffisamment spectaculaire de quoi l'Occident postchrétien était capable. Comme le soulignait Soljenitsyne dans son fameux discours d'Harvard, Hitler et Staline sont des sous-produits de l'humanisme occidental, qui adapte sa morale aux besoins du moment. Et même dans les systèmes démocratiques, les tentations totalitaires abondent, voyez le projet eugéniste rendu célèbre par Huxley au début des années 1930. Ou encore cette idée vieille de plus de cent ans de sexualiser les enfants dès leur plus jeune âge pour détraquer leur psychisme et rendre ainsi la société plus malléable. Or, on voit bien que c'est un projet qui est né en Angleterre ! Vous noterez d'ailleurs que ce type de programmes est toujours mis en œuvre aujourd'hui en Allemagne, même si l'on préfère ne pas trop en parler...

Bref, je crois que la folie dont vous parlez est la même aujourd'hui qu'il y a cent ans. En revanche, la puissance des outils technologiques disponibles ouvre effectivement des perspectives de contrôle social assez vertigineuses. Suffisamment vertigineuses d'ailleurs pour faire peur à une partie des élites mondialisées elles-mêmes...

- On sait qu'avec les vaccins on veut réduire la population. Tout ce contrôle exercé sur les humains va-t-il déboucher sur une extermination ?

Il y a eu beaucoup d'annonces dans la presse ces derniers temps sur de probables liens entre des vaccinations et le décès inexpliqués de personnes âgées ou de soignants. En Allemagne, c'est même devenu un sujet d'alarme récurrent dans les médias depuis le début de l'année. S'il y avait une volonté d'extermination généralisée, je doute qu'on en parlerait autant...

Après, il existe visiblement un consensus très large autour de la question de l'euthanasie des personnes âgées et/ou malportantes. Vous noterez que j'utilise intentionnellement le terme « d'euthanasie » plutôt que celui de « suicide assisté », qui présuppose l'accord du patient. Voyez le débat *Live and let die* qui s'était tenu à Davos en janvier 2009 autour de cette question. La vidéo est disponible en anglais <u>sur *Youtube*</u>. Vous comprendrez que l'euthanasie active et passive *sans l'accord du patient* est depuis longtemps une pratique courante et acceptée en Suisse, bien qu'elle constitue théoriquement un délit pénal. Évidemment, nous ne sommes pas les seuls dans ce cas. Et l'arrivée de millions de *baby boomers* à l'âge de la retraite représente une incitation considérable à intensifier ces pratiques...

- On reste effaré par cette volonté de castration sexuelle qui veut frapper dès l'enfance. Pouvez-vous présenter cette forfaiture ?

Il faut avant tout comprendre d'où vient le militantisme LGBT. Historiquement, il se rattache au mouvement « néomalthusien », qui cherchait à réduire la natalité occidentale par tous les moyens possibles : promotion des matériels contraceptifs, du divorce, de l'avortement, de l'homosexualité, de la « stérilisation des inadaptés »... et conduite des premières expériences de changement de sexe !

Évidemment, castrer les gens chimiquement ou chirurgicalement dès leur enfance est le plus sûr moyen de s'assurer qu'ils ne procréeront jamais. On voit par exemple que la télévision suisse romande s'est mise à faire la promotion des « enfants transgenres » en même temps qu'elle encourageait les femmes à se faire stériliser <u>pour les motifs les plus divers</u>, dont certains passablement délirants. C'est toujours la même logique antinataliste et eugéniste qui existait déjà au début du XXème siècle, au moment où le LGBT a commencé à prendre forme.

Il faut dire aussi que le mouvement LGBT a parfaitement démontré au cours de ses quelque 120 ans d'histoire qu'il n'avait que très peu d'inhibitions morales. Donc oui, cette idée de la castration précoce au nom du bien-être des « enfants transgenres » est choquante, mais pas si surprenante que cela.

- Presque tout ce qui est évoqué ici pour moi se résume à de l'abjection, de la débilité ou de la criminalité. La question qui me vient la première c'est : pourquoi nous impose-t-on cela ?

Je crois qu'un facteur important à prendre en compte, c'est l'évolution spectaculaire de l'intelligence artificielle, qui rend aujourd'hui les humains largement obsolètes en tant que producteurs de biens et services.

D'un point de vue purement économique, plus de la moitié de la population de nos pays représenterait d'ores et déjà un poids mort, si l'on en croit les estimations des plus grands cabinets de conseil mondiaux, tels que McKinsey, Deloitte ou PriceWaterhouseCoopers. Je pense que c'est l'explication de la virulence croissante des idéologies « néomalthusiennes » que je viens d'évoquer, #metoo inclus. Indépendamment de l'aspect idéologique d'ailleurs, nos sociétés présentent un risque de paupérisation accru, le durcissement des conditions de vie étant une manière traditionnelle de réduire la natalité. C'est même une recette que les Anglo-Saxons appliquent à la lettre depuis que le célèbre Thomas Malthus a théorisé cette méthode au début du XIXème. La terrible déflation des années 1920 par exemple, avait causé une chute brutale de la natalité en Angleterre comme aux États-Unis. Or, dans l'un et l'autre pays, cette crise était complètement artificielle...

- Vous abordez peu la question de la servitude volontaire. En langage plus moderne Virilio a parlé de dissuasion : pouvez-vous expliquer cette prostration, cette neutralisation de la masse ?

- Personnellement, j'aime bien la notion très bernaysienne de « fabrication du consentement », dont la « crise du covid » nous a fourni un magnifique cas d'école. Je constate par ailleurs que, comme l'avait annoncé Tocqueville, l'atomisation croissante de nos sociétés a conduit à une forme de domestication de l'humain. Cette logique semble d'ailleurs avoir vocation à prendre une toute nouvelle ampleur avec l'arrivée de certaines technologies de surveillance censées permettre d'accroître notre bien-être physique et mental. Et comme souvent, c'est par le milieu de l'entreprise que cette approche tente de prendre pied dans nos sociétés. Le gourou technologique Jack Ma explique par exemple de façon très directe qu'il veut apprendre aux gens à adopter de bons comportements au travail en leur inculquant des « valeurs » et en veillant à ce qu'elles soient respectées ! Il ne veut pas *diriger* les gens, mais les *éduquer* comme des enfants. Vous noterez que cette approche rejoint celle des féministes radicales, avec leurs listes toujours plus longues de comportements « sexistes » à éradiquer. Sauf que les féministes ne veulent rééduquer que les hommes alors que Jack Ma, lui, propose de rééduquer tout le monde. Ce qui, somme toute, est plus démocratique.

- A quoi servira la monnaie numérique si à la mode chez les mondialistes ?

J'ai la conviction que les « monnaies numériques » officielles telles que le fameux « euro digital » que nous concocte la BCE, vont s'imposer. C'est ce que j'expliquais d'ailleurs déjà en 2018 dans *Après la crise*, bien avant les premières annonces de Christine Lagarde. La vraie question est de savoir à quel point un anonymat des transactions pourra encore être envisagé. En clair : sera-t-il encore possible de payer avec du liquide ou des monnaies digitales non transparentes à l'avenir ?

C'est un point important, surtout dans un pays comme la Suisse, où les assureurs s'intéressent énormément à surveiller les comportements d'achat de la population. En clair : il s'agit de dire aux gens ce qu'ils ont le droit de manger et boire sans subir de pénalités financières, sans parler du tabac ! Évidemment, l'idée de taxer les transactions financières, qui est très à la mode par exemple en France, implique une quasi-disparition de l'argent liquide, voire son éradication pure et simple. En Suisse, le Parlement a reconnu à la Banque nationale le droit d'interdire l'emploi des billets de banque si elle le souhaite. C'est donc une éventualité à prendre très au sérieux. D'autant plus que l'idée d'imposer des taux négatifs sur les comptes bancaires a déjà été reconnue comme légale, tout comme en Allemagne d'ailleurs.

De fait, dans un système financier entièrement numérisé, il serait très facile de taxer en continu les dépôts bancaires, dans le but affiché de « stimuler la consommation » et l'investissement. C'est une mesure qui pourrait s'imposer dans un contexte de crise économique et financière intense, où le pouvoir politique pourrait facilement invoquer la nécessité de « relancer l'économie ». Avec le risque, comme toujours, que le « provisoire » s'installe dans la durée...

Rappel sur nos nations mourantes

C'est Orlov qui parle de race mourante à propos des blancs américains. Nos nations se crèvent, disait déjà Flaubert.

Dans un de ses meilleurs textes, mon ami italien Maurizio Blondet – qui reprend certains de nos textes, à Philippe Grasset et moi-même – pourfend ses compatriotes mélomanes. Ils ont été 220 000 italiens ou plus en juillet à affronter intempéries, vie chère et conditions difficiles pour aller écouter un vieux rockeur dont je ne savais rien, moi qui enfant écoutais Canzonissima en Tunisie (on avait la Rai) ! Vasco quelque chose.... Rossi, oui le rebelle de façade, la star de pacotille qui aura joué toute sa vie, comme tous les sportifs ou presque, le rôle de dérivatif au troupeau fatigué des masses postmodernes, jadis décrites par Gustave Le Bon ou Joé Ortega Y Gasset. Ce n'est plus la « masse et puissance » du grand Elias Canetti, c'est masse et impuissance.

Et Maurizio – qui m'avait remercié d'avoir retrouvé le texte (1) où Bakounine regrette l'effondrement italien, cinq ans après sa soi-disant liberté (1861) – de se demander : **et si ces gens (aujourd'hui) étaient allés sur Rome ? S'ils avaient accepté cette « condition soldatesque » (dixit Maurizio) pour se révolter contre un système qui les ruine, les dépossède, les remplace, les liquide ? Si ces gens s'étaient dépêchés de se précipiter à la gorge des banksters et des bureaucrates plutôt que de se livrer, béats esclaves, à la voix de fausset d'un chanteur ?**

Car comme on peut le constater ces gens, ce troupeau, italien, français, européen, allemand préfère ses maîtres et ses illusionnistes à ses sauveurs. Les portugais s'étaient ruinés en 2006 pour aller écouter deux fois de suite Madonna dans un stade. Ces idiots d'Allemands s'étaient déshonorés pour aller écouter à Berlin un jeune sénateur américain parait-il cool – il s'appelait Obama. Quant aux Français, ils se battent deux mois après Macron (il les aurait déçus ! Déjà ?) pour décrocher le dernier maillot de foot de Neymar ! Alors...

Alors, on oublie la guerre du **maître américain** contre la Russie, mais aussi contre l'Europe et le monde. On oublie l'agenda de remplacement et de dépopulation. On oublie les scandaleuses contraintes vaccinatrices-exterminatrices dont parle Maurizio. On oublie l'abolition du cash, on oublie les prélèvements confiscatoires, on oublie les attentats de plus en plus ridicules qui frappent à Barcelone ou ailleurs, et on se fout de tout. « Il en reste assez pour moi, disait Boris Vian dans sa chanson ». Le foot, la télé-poubelle, le consumérisme, la grosse bouffe, comme disait l'historien du franquisme Stanley Payne, dans une interview qui a fait scandale en Espagne (et ce n'est pas elle qui a amélioré les gens).

C'est que le troupeau n'est pas une victime, le troupeau est consentant. Il s'amuse en se sacrifiant, et en s'aliénant, il y a pris trop goût, comme le voyait Céline dès les années trente. Cela me rappelle le film « fast-food nation » de Richard Linklater. Il montre bien que tout le monde est consentant, du politique au flic, du blanc obèse au mexicain, sans oublier la vache qui refuse d'abandonner son feedlot. On la bourre, cela lui suffit, après elle ne se fait qu'une idée confuse de ce qui va se passer. Et nous, nous n'avons pas plus envie de nous libérer que ces vaches promises à l'abattoir. Peu d'idéaux...

C'est Tocqueville qui disait, alors qu'il discutait cette montée du matérialisme qui accompagnait la démocratie :

« Assurément, la métempsycose n'est pas plus raisonnable que le matérialisme ; Cependant, s'il fallait absolument qu'une démocratie fît un choix entre les deux, je n'hésiterais pas, et je jugerais que **ses citoyens risquent moins de s'abrutir en pensant que leur âme va passer dans le corps d'un porc, qu'en croyant qu'elle n'est rien.** »

Notre âme n'est rien. CQFD. Et le bonhomme de neige pris dans un embouteillage pour aller écouter un chanteur est content comme ça.

On en est arrivé au point où l'on ne sait plus qui est vivant dans ce monde. Un Guénon pas très optimiste tout d'un coup parlait ainsi de la dissolution de la personnalité, qui accompagnera nos temps postmodernes : « ce serait une véritable « dissolution » de tout ce qu'il y a de réalité positive dans l'individualité totale. »

To be or not to be. Not to be : on a choisi. On préfère ne pas être !

C'est le troupeau des cathos mous du pape François aussi. De Soros, de Merkel, de Gaga et de Burning man. **L'apocalypse a créé une** humanité, un public, une audience sur mesure pour les châtiments-catastrophes qu'elle nous prépare.

Je cite l'extrait de Guénon en entier pour en terminer sur cette notion métaphysique de dissolution nationale, spirituelle et hélas personnelle :

« Ce mot de « confusion » est ici d'autant mieux approprié qu'il évoque l'indistinction toute potentielle du « chaos », et c'est bien de cela qu'il s'agit en effet, puisque l'individu tend à se réduire à son seul aspect substantiel, c'est-à-dire à ce que les scolastiques appelleraient une « matière sans forme », où tout est en puissance et où rien n'est en acte, si bien que le terme ultime, s'il pouvait être atteint, serait une véritable « dissolution » de tout ce qu'il y a de réalité positive dans l'individualité ; et, en raison même de l'extrême opposition qui existe entre l'une et l'autre, cette confusion des êtres dans l'uniformité apparaît comme une sinistre et « satanique » parodie de leur fusion dans l'unité. »

Nicolas Bonnal

Notes

- Sortie d'une révolution nationale victorieuse, rajeunie, triomphante, ayant d'ailleurs la fortune si rare de posséder un héros et un grand homme, Garibaldi et Mazzini, l'Italie, cette patrie de l'intelligence et de la beauté, devait, paraissait-il, surpasser en peu d'années toutes les autres nations en prospérité et en grandeur. Elle les a surpassées toutes en misère... Moins de cinq années d'indépendance avaient suffi pour ruiner ses finances, pour plonger tout le pays dans une situation économique sans issue, pour tuer son industrie, son commerce, et, qui plus est, pour détruire dans la jeunesse bourgeoise cet esprit d'héroïque dévouement qui pendant plus de trente ans avait servi de levier puissant à Mazzini »

Sources

Bakounine, œuvres, tome V (sur archive.org)

Guénon – Règne de la quantité, IX

Tocqueville – De la démocratie en Amérique, II, p.185

Théophraste (371-288 av. J.-C.) et notre abrutissement démocratique

Dans ses brefs, intenses Caractères, qui se moquent du citoyen athénien déjà imbuvable, Théophraste tonne contre le diseur de rien, qui annonce notre commentateur d'actualité, nous y compris :

« Il s'échauffe ensuite dans la conversation, déclame contre le temps présent, et soutient que les hommes qui vivent présentement ne valent point leurs pères. De là il se jette sur ce qui se débite au marché, sur la cherté du blé, sur le grand nombre d'étrangers qui sont dans la ville ; il dit qu'au printemps, où commencent les Bacchanales, la mer devient navigable ; qu'un peu de pluie serait utile aux biens de la terre, et ferait espérer une bonne récolte ; qu'il cultivera son champ l'année prochaine, et qu'il le mettra en valeur ; que le siècle est dur, et qu'on a bien de la peine à vivre ».

Parlons des Fake news. Théophraste parle du bonhomme affolé par les nouvelles, comme ces quidams qui assailliront Saint Paul à Athènes :

« *Un nouvelliste ou un conteur de fables est un homme qui arrange, selon son caprice, des discours et des faits remplis de fausseté ; qui, lorsqu'il rencontre l'un de ses amis, compose son visage, et lui souriant : « D'où venez-vous ainsi ? lui dit-il ; que nous direz-vous de bon ? n'y a-t-il rien de nouveau ? » Et continuant de l'interroger : « Quoi donc ? n'y a-t-il aucune nouvelle ? cependant il y a des choses étonnantes à raconter. » Et sans lui donner le loisir de lui répondre : « Que dites-vous donc ? poursuit-il ; n'avez-vous rien entendu par la ville ? »*

Il parle ensuite des rumeurs dont le fond de roulement constitue le fond de vérité. Il ne lit pas les journaux mais les visages (idem aujourd'hui, avec celui qui boit les paroles du présentateur TV) :

« *Et lorsque quelqu'un lui dit : « Mais en vérité, cela est-il croyable ? », il lui réplique que cette nouvelle se crie et se répand par toute la ville, que tous s'accordent à dire la même chose, que c'est tout ce qui se raconte du combat, et qu'il y a eu un grand carnage. Il ajoute qu'il a lu cet événement sur le visage de ceux qui gouvernent, qu'il y a un homme caché chez l'un de ces magistrats depuis cinq jours entiers, qui revient de la Macédoine, qui a tout vu et qui lui a tout dit ».*

Les nouvelles ne mènent nulle part, et elles tournent en rond (Debord parle de la répétition des « mêmes vétilles ») ; c'est ce que j'appelle le présent perpétuel, qui est typique des temps démocratiques, gréco-romains ou occidentaux (voyez mes « *Chroniques sur la Fin de l'Histoire* ») :

« *Je vous avoue que ces diseurs de nouvelles me donnent de l'admiration, et que je ne conçois pas quelle est la fin qu'ils se proposent ; car pour ne rien dire de la bassesse qu'il y a à toujours mentir, je ne vois pas qu'ils puissent recueillir le moindre fruit de cette pratique* ».

À l'époque on n'a pas le smartphone, alors on a les agoras, les forums (sic) les portiques et même les boutiques :

« *Je ne crois pas qu'il y ait rien de si misérable que la condition de ces personnes ; car quelle est la boutique, quel est le portique, quel est l'endroit d'un marché public où ils ne passent tout le jour à rendre sourds ceux qui les écoutent, ou à les fatiguer par leurs mensonges ?* »

Le tout débouche sur un formidable développement de la stupidité dont parle notre Platon dans le légendaire livre VIII de la République :

« *La stupidité est en nous une pesanteur d'esprit qui accompagne nos actions et nos discours. Un homme stupide, ayant lui-même calculé avec des jetons une certaine somme, demande à ceux qui le regardent faire à quoi elle se monte. S'il est obligé de paraître dans un jour prescrit devant ses juges pour se défendre dans un procès que l'on lui fait, il l'oublie entièrement et part pour la campagne. Il s'endort à un spectacle, et il ne se réveille que longtemps après qu'il est fini et que le peuple s'est retiré* ».

Résumons : les temps intelligents sont les temps du silence.

« Théorie du complot » et comique de répétition

C'est du poumon que vous êtes malade

Le seul argumentaire du système, de ses intendants et de leur populace de téléphages est l'insulte tempérée par la menace. Quoiqu'on dise on est accusé de théorie de la conspiration avec un ricanement insultant et surtout menaçant. Théorie de la conspiration rimera un jour avec camp de concentration pour les contrevenants et rime aussi avec le fameux comique de répétition. Pensez au poumon du Malade imaginaire de Molière, auteur qui n'a jamais été autant d'actualité : les Femmes savantes, les précieuses, le Malade imaginaire, Tartufe, le Bourgeois gentilhomme et surtout Georges Dandin, cocu à répétition des temps pseudo-cycliques.

Donc si l'on évoque Schwab, Davos, Gates, le mondialisme, l'ARN, l'ADN ou autres, on est accusé de complotisme sur un ton de précieux dégoûté. Cela montre que le système s'est renforcé/affaibli, qui peut s'établir sur une désertification intellectuelle bien globalisée.

Reprenons cette remarque extraordinaire de Guy Debord (il existe une bibliothèque pour l'insulter) sur ces mondialistes qui n'existent pas, ces vaccinateurs qui n'existent pas, ces banquiers qui n'existent pas, ce Reset qui n'existe pas, cet ADN qui n'existe pas, cette censure intégrale qui n'existe pas, cette élection volée qui n'existe pas, cette dictature qui n'existe pas, et tout le reste :

« La plus grande exigence d'une Mafia, où qu'elle puisse être constituée, est naturellement d'établir qu'elle n'existe pas, ou qu'elle a été victime de calomnies peu scientifiques ; et c'est son premier point de ressemblance avec le capitalisme. Mais en la circonstance, cette Mafia irritée d'être seule mise en vedette, est allée jusqu'à évoquer les autres groupements qui voudraient se faire oublier en la prenant abusivement comme bouc émissaire. »

La cabale mondialiste (voyez mon livre Littérature et conspiration pour constater que Dostoïevski, Chesterton ou Jack London la voient venir en leur temps...) n'existant pas, ne peut exister qu'une méchante volonté de tout inventer pour mieux accuser. Il faut donc sanctionner et insulter les félons avant de pouvoir les enfermer. Et sur cette volonté de ne plus discuter mais d'insulter, qui repose sur la rage et l'impuissance (voyez le petit Blachier face au professeur Toussaint) Schopenhauer a déjà tout dit dans son fameux Art d'avoir toujours raison que l'on trouvera sur Wikisource :

« Lorsque l'on se rend compte que l'adversaire nous est supérieur et nous ôte toute raison, il faut alors devenir personnel, insultant, malpoli. Cela consiste à passer du sujet de la dispute (que l'on a perdue), au débateur lui-même en attaquant sa personne...En devenant personnel, on abandonne le sujet lui-même pour attaquer la personne elle-même : on devient insultant, malveillant, injurieux, vulgaire. C'est un appel des forces de l'intelligence dirigée à celles du corps, ou à l'animalisme. C'est une stratégie très appréciée car tout le monde peut l'appliquer, et elle est donc particulièrement utilisée. »

Tout le monde peut l'appliquer, en particulier les journalistes ignares qui ne savent que répondre aux savants Toubiana ou Fouché qu'on leur oppose sur un plateau. Que ne peuvent-ils faire taire leur adversaire avec un pistolet ! On oppose parfois les pédants (Molière, toujours) aux savants, or les pédants ne publient rien sur le plan scientifique contrairement à Raoult par exemple.

Tout cela marche parce la bêtise s'est répandue industriellement et ce grâce aux médias. A tout seigneur tout honneur, la presse. Au milieu du dix-neuvième siècle le bon théologien Mgr Gaume écrivait déjà à propos de l'imbécillité positiviste :

« Vous avez des yeux, et vous ne voyez pas ; des oreilles, et vous n'entendez pas; une volonté, et vous ne voulez pas. Fruit du don d'entendement, le sens chrétien, ce sixième sens de l'homme baptisé, vous manque. Il manque à la plupart des hommes d'aujourd'hui et à un trop grand de nombre de femmes. Il manque aux familles, il manque à la société, il manque aux gouvernants et aux gouvernés, il manque au monde actuel. Monde de prétendues lumière et de prétendu progrès, il ne reste pour toi qu'un dernier vœu à former, c'est que l'Esprit d'intelligence te soit donné de nouveau et te montre à nu l'abîme inévitable, vers lequel te conduit à grands pas l'Esprit de ténèbres, redevenu, en punition de ton orgueil, ton guide et ton maître. »

Car leur monde moderne est le monde des gogos, des consommateurs, des guerres mondiales, du totalitarisme à répétition. Et il veut finir glorieusement par un Reset et une extermination.
Baudrillard dans sa Guerre du golfe avait évoqué la fonction des médias dans le maintien d'une *hébétude collective*. Or Mgr Gaume rappelle :

« Le premier effet d'un pareil désordre, c'est l'affaiblissement de l'intelligence, *hebetudo*. L'âme et le corps sont entre eux comme les deux plateaux d'une balance : quand l'un monte, l'autre descend. Par l'excès du boire et du manger, l'organisme se développe, et l'esprit s'émousse, s'épaissit, devient pesant, paresseux, inhabile à l'étude et aux fonctions purement intellectuelles : ce résultat est forcé. Dis-moi qui tu fréquentes, je te dirai qui tu es. En contact intime, habituel et coupable avec la matière, avec l'animalité, l'homme devient matière, il devient bête, *animalis homo.* »

En effet pour quelqu'un qui n'a pas envie de réfléchir ou de discuter (66%, 90%, 99% des téléphages), l'accusation de théorie de la conspiration est bienvenue. Elle est liée à une ignorance fumiste et à une joie méchante, un ricanement (Blachier toujours à Toussaint : « vous êtes tellement con et conspiratif qu'on ne peut discuter avec vous... »). Et Gaume en parle de ce ricanement agressif, laïc et ploutocratique :

« Le second effet de l'esprit de gourmandise, c'est la folle joie, inepta laetitia. Devenue, par l'excès des aliments, victorieuse de l'esprit, la chair manifeste son insolent triomphe. Des rires immodérés, des facéties ridicules, des propos trop souvent obscènes, des gestes inconvenants ou puérils, des chants, des cris, des danses, des plaisirs bruyants, des fêtes théâtrales en sont l'inévitable expression. »

Alors on fait rentrer les bouffons sur les plateaux télé, bouffons qui sont là pour ajouter plus de fausseté à l'esprit de ce monde. Et de parler du virus comme le faux médecin de Molière parle du poumon.

Sources

Schopenhauer – L'art d'avoir toujours raison (Wikisource.org)
Mgr Gaume – Traité du Saint-Esprit, tome deuxième, pp. 472-474
Guy Debord – Commentaires, XXIII
Baudrillard – La Guerre du Golfe n'a pas eu lieu (Galilée)
Bonnal – Littérature et conspiration (Amazon.fr)

Thoreau et la difficile désobéissance civile face à la dictature sanitaire

« La masse des hommes sert ainsi l'État, non point en humains, mais en machines... »

Relire Thoreau par les temps qui courent en occident est intéressant, parce que ce légendaire résistant nous explique à quel point il est difficile de... résister. Et il ne fait pas de cadeaux, même à ceux qui se disent résistants :

« Ils parlent de changer la société, mais ils n'ont point de refuge hors d'elle. »

Thoreau en grand ancêtre des libertariens (une école où l'on trouve le meilleur et parfois le pire) explique comme les taoïstes (voyez le Tao Te King) que le gouvernement idéal serait celui qui ne gouvernerait pas :

« De grand cœur, j'accepte la devise : « Le gouvernement le meilleur est celui qui gouverne le moins » et j'aimerais la voir suivie de manière plus rapide et plus systématique. Poussée à fond, elle se ramène à ceci auquel je crois également : « que le gouvernement le meilleur est celui qui ne gouverne pas du tout » et lorsque les hommes y seront préparés, ce sera le genre de gouvernement qu'ils auront. »

Thoreau refuse l'esclavage (un homme sur six alors est esclave : on n'est pas woke pour rien en Amérique) et la guerre contre le Mexique. L'Amérique hispanique fut volée et conquise, et on assiste en ce moment à une Reconquista – si j'ose dire. Thoreau explique cette guerre car les gouvernements américains servent déjà (en 1849) les intérêts des oligarques :

« L'armée permanente n'est que l'arme d'un gouvernement permanent. Le gouvernement lui-même — simple intermédiaire choisi par les gens pour exécuter leur volonté —, est également susceptible d'être abusé et perverti avant que les gens puissent agir par lui. Témoin en ce moment la guerre du Mexique, œuvre d'un groupe relativement restreint d'individus qui se servent du gouvernement permanent comme d'un outil ; car au départ, jamais les gens n'auraient consenti à cette entreprise. »

Mais Thoreau se fait peu d'illusions : les gens veulent du gouvernement et des interventions étatiques. Il explique :

« Le gouvernement n'a ni vitalité ni l'énergie d'un seul homme en vie, car un seul homme peut le plier à sa volonté. C'est une sorte de canon en bois que se donnent les gens. Mais il n'en est pas moins nécessaire, car il faut au peuple des machineries bien compliquées — n'importe lesquelles pourvu qu'elles pétaradent — afin de répondre à l'idée qu'il se fait du gouvernement. »

La crise actuelle a montré la formidable faiblesse du caractère humain (voyez mon émission sur Coronavirus et servitude volontaire) ; de cette faiblesse résulte la montée de la puissance étatique et donc militaire. Thoreau :

« Le résultat courant et naturel d'un respect indu pour la loi, c'est qu'on peut voir une file de militaires, colonel, capitaine, caporal et simples soldats, enfants de troupe et toute la clique, marchant au combat par monts et par vaux dans un ordre admirable contre leur gré, que dis-je? contre leur bon sens et contre leur conscience, ce qui rend cette marche fort âpre en vérité et éprouvante pour le cœur. »

Puis Thoreau devient terrible. L'homme moderne sert l'Etat comme une machine. Et là il règle ses comptes :

« La masse des hommes sert ainsi l'État, non point en humains, mais en machines avec leur corps. C'est eux l'armée permanente, et la milice, les geôliers, les gendarmes, la force publique, etc. La plupart du temps sans exercer du tout leur libre jugement ou leur sens moral ; au contraire, ils se ravalent au niveau du bois, de la terre et des pierres et on doit pouvoir fabriquer de ces automates qui rendront le même service. Ceux-là ne commandent pas plus le respect qu'un bonhomme de paille ou une motte de terre. Ils ont la même valeur marchande que des chevaux et des chiens. Et pourtant on les tient généralement pour de bons citoyens. »

Certes tout le monde est a priori hostile à la tyrannie :

« Tous les hommes reconnaissent le droit à la révolution, c'est-à-dire le droit de refuser fidélité et allégeance au gouvernement et le droit de lui résister quand sa tyrannie ou son incapacité sont notoires et intolérables. Il n'en est guère pour dire que c'est le cas maintenant. »

Mais qui est pris à agir contre réellement ?

« Il y a des milliers de gens qui par principe s'opposent à l'esclavage et à la guerre mais qui en pratique ne font rien pour y mettre un terme ; qui se proclamant héritiers de Washington ou de Franklin, restent plantés les mains dans les poches à dire qu'ils ne savent que faire et ne font rien ; qui même subordonnent la question de la liberté à celle du libre-échange et lisent, après dîner, les nouvelles de la guerre du Mexique avec la même placidité que les cours de la Bourse et peut-être, s'endorment sur les deux. »

Thoreau a observé en effet qu'on s'endort au milieu des news qui a cette époque arrivent par télégraphe. C'est dans Walden. Il aussi écrit que l'info est devenue un éther, une drogue (voyez mon texte « De Platon à Cnn »). Il établit une différence entre l'homme de vertu et le facile défenseur de la vertu :

« On tergiverse, on déplore et quelquefois on pétitionne, mais on n'entreprend rien de sérieux ni d'effectif. On attend, avec bienveillance, que d'autres remédient au mal, afin de n'avoir plus à le déplorer. Tout au plus, offre-t-on un vote bon marché, un maigre encouragement, un « Dieu vous assiste » à la justice quand elle passe. Il y a 999 défenseurs de la vertu pour un seul homme vertueux. »

Cela donne un résistant sur mille contre la dictature actuelle, et pas 10 ou 30% comme le croient les distraits. Nous sommes d'accord.

Thoreau vomit donc les tièdes comme les rédacteurs de l'apocalypse :

« Même voter pour ce qui est juste, ce n'est rien faire pour la justice. Cela revient à exprimer mollement votre désir qu'elle l'emporte. Un sage n'abandonne pas la justice aux caprices du hasard ; il ne souhaite pas non plus qu'elle l'emporte par le pouvoir d'une majorité. Il y a bien peu de vertu dans l'action des masses humaines. Lorsqu'à la longue la majorité votera pour l'abolition de l'esclavage, ce sera soit par indifférence à l'égard de l'esclavage, soit pour la raison qu'il ne restera plus d'esclavage à abolir par le vote. Ce seront eux, alors, les véritables esclaves. »

Il enfonce le clou :

« Ainsi, sous le nom d'Ordre et de Gouvernement Civique, nous sommes tous amenés à rendre hommage et allégeance à notre propre médiocrité. On rougit d'abord de son crime et puis on s'y habitue ; et le voilà qui d'immoral devient amoral et non sans usage dans la vie que nous nous sommes fabriquée. »

Comment résister ? Par exemple en ne payant pas ses impôts :

« Si un millier d'hommes devaient s'abstenir de payer leurs impôts cette année, ce ne serait pas une initiative aussi brutale et sanglante que celle qui consisterait à les régler, et à permettre ainsi à l'État de commettre des violences et de verser le sang innocent. Cela définit, en fait, une révolution pacifique, dans la mesure où pareille chose est possible. »

Cela serait bien en effet mais cela nous semble difficile à une époque où tout le monde, entrepreneurs compris, finit par vivre de l'Etat (c'est la logique du Reset et de la dictature numérique en cours d'achèvement) et de la dette publique.

Textes :

https://instituthommetotal.fr/bibliotheque/PDF/henry-david-thoreau-la-desobeissance-civile.pdf

http://www.dedefensa.org/article/de-platon-a-cnn-lenchainement-par-les-infos

https://www.dedefensa.org/article/guenon-et-le-rejet-des-elites-en-chine-anciennes

Tocqueville contre la théorie de la conspiration

« Avec eux, pas besoin de complot, ils en redemandent » (Antoine). Tocqueville aussi est contre la théorie de la conspiration : « Je ne dis pas qu'il n'y eût pas dans tout le cours du dix-huitième siècle des sociétés secrètes et des machinations souterraines tendant au renversement de l'ancien ordre social. Au-dessous de tous les grands mouvements qui agitent les esprits se trouvent toujours des menées cachées. C'est comme le sous-sol des révolutions... Mais ce dont je suis convaincu, c'est que les sociétés secrètes dont on parle ont été les symptômes de la maladie et non la maladie elle-même, ses effets et non ses causes. Le changement des idées qui a fini par amener le changement dans les faits s'est opéré au grand jour par l'effort combiné de tout le monde, écrivains, nobles et princes, tous se poussant hors de la vieille société sans savoir dans quelle autre ils allaient entrer. »

Personne n'a expliqué le monde dit moderne et les siècles démocratiques mieux qu'Alexis de Tocqueville. On peut se demander alors ce que ce grand esprit terrassé par le césarisme plébiscitaire de Badinguet (qui stérilisa l'esprit français, en particulier l'esprit aristocratique) pouvait penser de la théorie du complot pour expliquer l'histoire. Or il n'y a pas à se le demander, car il a bien répondu sur ce point dans sa correspondance, à un ami, le sympathique marquis de Circourt, qui lui parlait de l'inévitable et fastidieux jésuite Barruel, auteur du pensum sur les conspirations maçonniques et illuminées pendant la révolution (dans le genre je préfère Robison ou le Napoléon de Walter Scott).

Sur la gesticulation politique au XIXe siècle, Debord avait écrit dans ses beaux Commentaires :

La « conception policière de l'histoire était au XIXe siècle une explication réactionnaire, et ridicule, alors que tant de puissants mouvements sociaux agitaient les masses (1). »

Tocqueville n'a donc pas lu le légendaire et sulfureux Barruel ; et d'expliquer pourquoi :

« J'en ai toujours été détourné par l'idée que celui-ci avait un point de départ essentiellement faux. Sa donnée première est que la révolution française (il est permis de dire aujourd'hui européenne) a été produite par une conspiration. Rien ne me paraît plus erroné (2). »

Il fait immédiatement une concession rhétorique d'usage (relisez Schopenhauer et son Art d'avoir toujours raison, qui est, dirait Allais, à se tordre) :

« Je ne dis pas qu'il n'y eût pas dans tout le cours du dix-huitième siècle des sociétés secrètes et des machinations souterraines tendant au renversement de l'ancien ordre social. Au-dessous de tous les grands mouvements qui agitent les esprits se trouvent toujours des menées cachées. C'est comme le sous-sol des révolutions. »

Mais Tocqueville rappelle l'essentiel. L'essentiel est qu'il n'y a pas besoin de théorie de la conspiration quand la théorie de la constatation fonctionne. Les Français voulaient que ça saute, comme aujourd'hui ils veulent que Juppé succède à Hollande, trop timide pour accueillir les réfugiés et faire la guerre à la Russie (ce sera leur manière d'être cool et révolutionnaire en 2017 aux bobos).

« Mais ce dont je suis convaincu, c'est que les sociétés secrètes dont on parle ont été les symptômes de la maladie et non la maladie elle-même, ses effets et non ses causes. Le changement des idées qui a fini par amener le changement dans les faits s'est opéré au grand jour par l'effort combiné de tout le monde, écrivains, nobles et princes, tous se poussant hors de la vieille société sans savoir dans quelle autre ils allaient entrer (3). »

Mais... Car il y a un mais.

Nous ne supportons pas cependant ce déclin séculaire de l'histoire, mise au service de ce que Bernanos nomme le « gueuloir de la presse ». Nietzsche parle lui dans la deuxième considération inactuelle du carnaval et de trivialité du présent appliquée au passé ; c'est déjà la fin des humanités.

La crise de la science historique n'échappa pas à notre auteur - et là je cite la bible américaine du maître, quand Tocqueville souligne les limites de la science historique contemporaine :

« Les historiens qui vivent dans les temps démocratiques ne refusent donc pas seulement à quelques citoyens la puissance d'agir sur la destinée du peuple, ils ôtent encore aux peuples eux-mêmes la faculté de modifier leur propre sort, et ils les soumettent soit à une providence inflexible, soit à une sorte de fatalité aveugle (4).»

Et Tocqueville ajoute, inquiété par cette vision tronquée de l'histoire qui dénie à l'homme son rôle sur sa vie, homme conditionné par Darwin puis par les sciences sociales :

« On dirait, en parcourant les histoires écrites de notre temps, que l'homme ne peut rien, ni sur lui, ni autour de lui. Les historiens de l'Antiquité enseignaient à commander, ceux de nos jours n'apprennent guère qu'à obéir. Dans leurs écrits, l'auteur paraît souvent grand, mais l'humanité est toujours petite. »

Notre écrivain ajoute dans le même chapitre :

« Si cette doctrine de la fatalité, qui a tant d'attraits pour ceux qui écrivent l'histoire dans les temps démocratiques, passant des écrivains à leurs lecteurs, pénétrait ainsi la masse entière des citoyens et s'emparait de l'esprit public, on peut prévoir qu'elle paralyserait bientôt le mouvement des sociétés nouvelles et réduirait les chrétiens en Turcs (5). »

Sources :

1). Debord, Commentaires, XX.

2). Tocqueville, correspondance, A M. LE COMTE DE CIRCOURT, Tocqueville, 14 juin 1852 (archive.org).

3). Ibid.

4). De la Démocratie en Amérique II Première partie CHAPITRE XX.

5). Ibid.

Vincent Held et notre abominable vie de cosmonaute

La vie que nous décrit ici Vincent Held est presque amusante dans sa dimension cauchemardesque. En effet par le réseau extraordinaire de privations, de frustrations, de contrôles auxquels sont conviés les citoyens, elle évoque la vie des cosmonautes ; nous voulons dire la sinistre vie des cosmonautes telle que montrée dans les films, pas l'aventureuse (et inexistante) épopée de la propagande télé et du gouvernement US. Une fois de plus le cinéma dit la vérité, même malgré lui. C'est qu'il est obligé le cinéma commercial de sortir des sentiers battus et des storytelling officiels. Et il montre que cette vie était préparée et comme mitonnée depuis longtemps, cette vie frugale, contrôlée et immobile dans laquelle nous allons entrer maintenant. Nous reprenons alors un de nos anciens textes publié dans la presse russe (fr.sputniknnews.com, où nous tenons un blog).

Il n'y a jamais eu de conquête spatiale, ni même de volonté de conquête spatiale. Et la soi-disant conquête spatiale n'avait que deux missions: contrôler l'espace proche de la terre transformée aujourd'hui en poubelle bourrée de satellites de surveillance et d'armes de destruction démocratique ; préparer notre vie à tous dans le monde simulateur du XXIème siècle. Mais si la conquête spatiale initiée par les nazis et poursuivie du fait de la guerre froide, cette guerre froide avec le monde qui n'en finit pas, et qui risque de nous coûter finalement cher, n'a pas servi à conquérir les galaxies et à exploiter les pétroles vénusiens en guerroyant avec les Aliens et les hommes verts, à quoi aura-t-elle donc servi ?

A nous conditionner et à nous préparer à des temps moins marrants, digne de la dystopie présente.

Oubliez les résultats inexistants de la pseudo-conquête et revoyez 2001 l'odyssée de l'espace, ou bien l'Étoffe des héros, ou bien même Solaris, et comparez votre vie urbaine et celle à venir de vos enfants avec celle d'un cosmonaute. Revoyez tous ces films de science-fiction et vous verrez que tout cela n'avait que ce seul but : nous préparer à vivre comme des cosmonautes, mais sans jamais aller dans l'espace. La simulation de vol spatial et de conquête des étoiles est allée de pair avec un contrôle mental et surtout, finalement, physique sans précédent dans l'histoire de notre occident vieillissant.

Car, et réfléchissez bien, en quoi consiste la vie d'un cosmonaute ? Revoyez 2001, pas la Guerre des étoiles, qui sert à vendre des jeux vidéo. J'ai évoqué ce thème dans mon long livre sur Kubrick.

• Un cosmonaute passe sa vie devant des écrans, comme nos contemporains. Il a toujours un problème technique. Il est toujours dans un moyen de transport quelconque.

• Un cosmonaute a peu d'espace pour vivre. Pensez au parisien ou au newyorkais pauvre.

• Un cosmonaute se tient toujours dans la dépendance d'un moyen technologique. Il passe son temps à envoyer des messages codés et à se plaindre d'avoir un problème (Houston...). Il passe son temps à pousser des boutons et, s'il n'est pas très calé en réparations (et qui va réparer un gadget Apple ?), il se tient bien tranquille.

• Il est gros consommateur d'énergie et il ne se sert plus de son corps. Il en grignote, des friandises, comme dans un conte de fées ! Combien vous dites, un milliard trois d'obèses dans le monde ? Wall-E représente d'ailleurs un vaisseau d'obèses en lévitation permanente. Seuls les pouces travaillent sur le smartphone.

• Un cosmonaute est tenu de lire tout le temps des modes d'emploi et des règlements. Revoyez la pause-pipi, un des moments marrants de 2001 l'odyssée de l'espace. Et pensez au tableau de bord de votre BMW ou à votre vie quotidienne contrôlée par les ordinateurs et les clones d'Hal 9000.

Mais surtout, le cosmonaute annonce le troupeau mondialisé du citoyen anonyme et sans honneur.

• Le cosmonaute est sans racines. Il n'y a pas plus de terre, il n'y a plus de nation dans l'espace. Il n'y a que des vaisseaux et que des bases US, des stations, stations qui n'ont rien de christique. Dans l'espace, personne ne vous entendra prier ! Et pensez au temps que nous devons passer dans des endroits aseptisés (aéroports, hubs, échangeurs, supermarchés, stations-services, centres commerciaux, etc.). Le film Gravity avec Bullock et Clooney le montre bien d'ailleurs.

• Un cosmonaute plane, il est cool, il fait des voyages dans l'astral. Suspendu les quatre fers en l'air, il a perdu la notion du temps et de... l'espace. On avait comparé la vision ultime de 2001 à l'absorption de LSD. Le cosmonaute annonce l'individu blasé et déphasé, nourri aux benzodiazépines...

• Il perd aussi la notion de nourriture, en suçant à petites gorgées tout un tas de cochonneries baptisées « Science Food » par la fondation Rockefeller. On voit les enfants du monde se précipiter dessus, sur ces poisons chimiques et ces venins en plastique. Pensez aussi à la corvée du repas dans 2001 et à la méditation de Bruce Dern dans le très beau Silent running (Nietzsche pronostiquait un retour à l'enfance, il a été servi).

• En parlant de ce film, je dois rajouter qu'il est écologiste et que l'écologie est apparue avec la conquête spatiale, comme forme silencieuse et sophistiquée de notre eschatologique dictature humanitaire. Il faut défendre la « planète bleue » en contrôlant les populations et leur consommation. Qui devra-t-on sacrifier ? Un ou deux membres de l'équipage ! Voyez l'album d'Hergé : lui avait résolu le problème !

• Le cosmonaute est évidemment unisexe. Habillé en uniforme, éternel enfant en état d'apesanteur, il perdu toute virilité, toute féminité, ne rêvant comme dans Alien ou Species que de s'accoupler avec des incubes ou des succubes (les ET sont les simples démons de notre tradition chrétienne). Sa vie sexuelle est virtuelle et pornographique, ne dépendant que des fantasmes. Et cette révolution sexuelle est en cours : voyez les émissions du câble la nuit, vous comprendrez où l'avant-garde culturelle américaine veut nous mener. Les sorcières de Shakespeare et le bon Dracula n'ont qu'à bien se tenir.

• Condamné à une fausse vie, une existence minimale et formelle (le mètre carré est bien trop cher, comme à Paris, Séoul ou Manhattan), le cosmonaute compétent doit passer sa vie à se former, se recycler, et s'entraîner. Mais dans Wall-E, ce sont les robots qui ont ce beau rôle, comme dans Terminator et finalement dans 2001 ou I robot: à la fin de l'Histoire, l'ordinateur est le seul être libre.

• Le cosmonaute est aussi condamné à s'ennuyer, faire des jeux vidéo, à contrôler son mental et son diabète sous le regard sévère du complexe militaro-médical et psychiatrique qui a pris le contrôle de nos identités bien menacées. Dans cette vie vidée d'essence, on le remplit de faux souvenirs comme dans une mauvaise nouvelle de Philip K. Dick (voyez Total recall, le meilleur Schwarzenegger). Vis-je, ou rêvé-je ma vie si vide ?

• La cybernétique a pris le contrôle de nos sociétés avec la guerre, la recherche nazie, soviétique, américaine. Lisez Chris Gray (le Cyborg Handbook) ou le chercheur soviétique, moins connu bien sûr, Slava Gerovitch (New soviet man) qui explique comment le programme d'entraînement des cosmonautes était sous le contrôle des centres de recherche cybernétique.

Pas très capable de nous envoyer dans l'espace, pas très capable de nous promettre la lune, la farce médiatique de la conquête spatiale et du cosmonaute US a permis la transformation des humains en transhumains. Presque tous les grands écrivains de SF américains, y compris le fondateur de la scientologie venaient de l'intelligence navale et militaire. Je vous laisserai vérifier.

Livres

Daniel Estulin — Tavistock Institute
Gérard Wishnevski — Moonlanding hoax
Nicolas Bonnal — les mystères de Stanley Kubrick ; Ridley Scott (Dualpha)

Vigny et la servitude militaire : propos atemporels sur la lettre des généraux

La réaction des militaires est une bonne et intéressante chose. Renvoyons dos à dos le national-chauvinisme et le gauchisme écervelé, et soulignons en quoi cette réaction lettrée est importante : elle donne raison à Vigny et nous confirme dans notre présent éternel. Depuis 200 ans rien ne bouge en France : le peuple est cuit et cocu, la bourgeoisie et les banquiers sont tout-puissants et mondialistes, le nationalisme et le catholicisme sonnent creux. Alors on râle comme Céline.

Dans Servitude et grandeur militaire, texte magique que je mets au niveau de la conclusion des mémoires d'outre-tombe, on peut lire ceci sur nos militaires ennuyés après les épopées napoléoniennes (on en reparle) :

« Leur couronne est une couronne d'épines, et parmi ses pointes je ne pense pas qu'il en soit de plus douloureuse que celle de l'obéissance passive. »

Vigny qui est jeune officier comprend aussi que les militaires seront toujours un peu ringards, un peu en retard : « ...la vie ou du caractère militaire, qui, l'un et l'autre, je ne saurais trop le redire, sont en retard sur l'esprit général et la marche de la Nation, et sont, par conséquent, toujours empreints d'une certaine puérilité. »

Les militaires sont résignés (toujours ?) :

« Ce n'est pas sans dessein que j'ai essayé de tourner les regards de l'Armée vers cette GRANDEUR PASSIVE, qui repose toute dans l'abnégation et la résignation. »

Vigny rappelle le destin glorieux des militaires d'antan. Il souligne comme Tocqueville que la grande France est morte sous Louis XIV (et comme il a raison !) :

« Soumis à l'influence toute populaire du prêtre, il ne fit autre chose, durant le moyen âge, que de se dévouer corps et bien au pays, souvent en lutte contre la couronne, et sans cesse révolté contre une hiérarchie de pouvoirs qui eût amené trop d'abaissement dans l'obéissance, et, par conséquent, d'humiliation dans la profession des armes. Le régiment appartenait au colonel, la compagnie au capitaine, et l'un et l'autre savaient fort bien emmener leurs hommes quand leur conscience comme citoyens n'était pas d'accord avec les ordres qu'ils recevaient comme hommes de guerre. Cette indépendance de l'Armée dura en France jusqu'à M. de Louvois, qui, le premier, la soumit aux bureaux et la remit, pieds et poings liés, dans la main du Pouvoir souverain. »

Cette histoire d'uniformes m'évoque celle des masques ; combien ont refusé vraiment d'en porter ? Vous ? Moi ? Un sur mille ? Un sur un million ?

Et de donner ce bel exemple (l'inévitable vieux noble breton) :

« Ils haïssaient particulièrement l'uniforme, qui donne à tous le même aspect, et soumet les esprits à l'habit et non à l'homme. Ils se plaisaient à se vêtir de rouge les jours de combat, pour être mieux vus des leurs et mieux visés de l'ennemi ; et j'aime à rappeler, sur la foi de Mirabeau, ce vieux marquis de Coëtquen, qui, plutôt que de paraître en uniforme à la revue du Roi, se fit casser par lui à la tête de son régiment : «Heureusement, sire, que les morceaux me restent, »dit-il après. C'était quelque chose que de répondre ainsi à Louis XIV. »

Après Napoléon donc l'armée piétine et devient fonctionnaire :

« L'Armée moderne, sitôt qu'elle cesse d'être en guerre, devient une sorte de gendarmerie. Elle se sent honteuse d'elle-même, et ne sait ni ce qu'elle fait ni ce qu'elle est ; elle se demande sans cesse si elle est esclave ou reine de l'État : ce corps cherche partout son âme et ne la trouve pas.

L'homme soldé, le Soldat, est un pauvre glorieux, victime et bourreau, bouc émissaire journellement sacrifié à son peuple et pour son peuple qui se joue de lui ; c'est un martyr féroce et humble tout ensemble, que se rejettent le Pouvoir et la Nation toujours en désaccord. »

Vigny souligne l'ennui :

« La vie est triste, monotone, régulière. Les heures sonnées par le tambour sont aussi sourdes et aussi sombres que lui... La servitude militaire est lourde et inflexible comme le masque de fer du prisonnier sans nom, et donne à tout homme de guerre une figure uniforme et froide. Aussi, au seul aspect d'un corps d'armée, on s'aperçoit que l'ennui et le mécontentement sont les traits généraux du visage militaire. »

Obéir, obéir, obéir, tel est votre destin, militaires, fût-ce à des Macron, à des Hollande, à des Sarkozy et aux leaders américains de l'OTAN :

« La Grandeur guerrière, ou la beauté de la vie des armes, me semble être de deux sortes : il y a celle du commandement et celle de l'obéissance. L'une, tout extérieure, active, brillante, fière, égoïste, capricieuse, sera de jour en jour plus rare et moins désirée, à mesure que la civilisation deviendra plus pacifique ; l'autre, tout intérieure, passive, obscure, modeste, dévouée, persévérante, sera chaque jour plus honorée... »

On parle beaucoup de Napoléon ces temps-ci. Vigny aussi, et un peu plus intelligemment que les commentateurs câblés :

« C'est une chose merveilleuse que la quantité de petits et de grands tyrans qu'il a produits. Nous aimons les fanfarons à un point extrême et nous nous donnons à eux de si bon cœur que nous ne tardons pas à nous en mordre les doigts ensuite. La source de ce défaut est un grand besoin d'action et une grande paresse de réflexion. Il s'ensuit que nous aimons infiniment mieux nous donner corps et âme à celui qui se charge de penser pour nous et d'être responsable, quitte à rire après de nous et de lui. »

Le futur est au Gambetta, au Paul Reynaud, au Sarkozy :

« Bonaparte est un bon enfant, mais il est vraiment par trop charlatan. Je crains qu'il ne devienne fondateur parmi nous d'un nouveau genre de jonglerie... »

Vigny imagine une conversation entre le pape et Napoléon. Et le phénomène corse d'éructer contre le vieux pontife en des termes américains (« nous inventons la réalité » - voyez Karl Rove) :

« Mon théâtre, c'est le monde ; le rôle que j'y joue, c'est celui de maître et d'auteur ; pour comédiens j'ai vous tous, Pape, Rois, Peuples ! et le fil par lequel je vous remue, c'est la peur ! - Comédien ! Ah ! il faudrait être d'une autre taille que la vôtre pour m'oser applaudir ou siffler, signor Chiaramonti ! Savez-vous bien que vous ne seriez qu'un pauvre curé, si je le voulais ? Vous et votre tiare, la France vous rirait au nez, si je ne gardais mon air sérieux en vous saluant. »

La France avec Napoléon devient le pays de la pose militaire (René Girard en a bien parlé dans son livre sur Clausewitz) et cela va lui coûter de cher de 1870 à 1940 :

- « C'est vrai ! Tragédien ou Comédien. - Tout est rôle, tout est costume pour moi depuis longtemps et pour toujours. Quelle fatigue ! quelle petitesse ! Poser ! toujours poser ! de face pour ce parti, de profil pour celui-là, selon leur idée. Leur paraître ce qu'ils aiment que l'on soit, et deviner juste leurs rêves d'imbéciles. »

Dans le même temps Vigny pressent l'effondrement chrétien du pays (cela met du temps un effondrement, voyez Michelet sur cette question) :

« Cependant il secoua la tête avec tristesse, et je vis rouler de ses beaux yeux une larme qui glissa rapidement sur sa joue livide et desséchée. Elle me parut le dernier adieu du Christianisme mourant qui abandonnait la terre à l'égoïsme et au hasard. »

Vigny résume cette ennuyeuse époque bourgeoise (lisez ce qu'écrit Marx sur Malthus comme as du « dépeupler bourgeois » pour comprendre) :

« Les Grandeurs éblouissantes des conquérants sont peut-être éteintes pour toujours. Leur éclat passé s'affaiblit, je le répète, à mesure que s'accroît, dans les esprits, le dédain de la guerre, et, dans les cœurs, le dégoût de ses cruautés froides. Les Armées permanentes embarrassent leurs maîtres. »

Il ne reste comme chez Balzac que la consommation :

« Dans le naufrage universel des croyances, quels débris où se puissent rattacher encore les mains généreuses ? Hors l'amour du bien-être et du luxe d'un jour, rien ne se voit à la surface de l'abîme. On croirait que l'égoïsme a tout submergé ; ceux même qui cherchent à sauver les âmes et qui plongent avec courage se sentent prêts à être engloutis. »

Comme tous les vrais chrétiens (Drumont, Bloy, Bernanos), Vigny comprend les cathos bourgeois issus de la Révolution et du concordat mieux que personne :

« Les chefs des partis politiques prennent aujourd'hui le Catholicisme comme un mot d'ordre et un drapeau ; mais quelle foi ont-ils dans ses merveilles, et comment suivent-ils sa loi dans leur vie ? - Les artistes le mettent en lumière comme une précieuse médaille, et se plongent dans ses dogmes comme dans une source épique de poésie ; mais combien y en a-t-il qui se mettent à genoux dans l'église qu'ils décorent ? »

Mais remontons le moral des troupes – et pas du troupeau de la servitude volontaire. Que reste-t-il à nos soldats alors et aux rares rebelles de la

France du coronavirus et du nouvel ordre mondial ? Oh, un mot pas très compliqué : l'honneur.

Vigny : « Cette foi, qui me semble rester à tous encore et régner en souveraine dans les armées, est celle de l'HONNEUR. L'Honneur, c'est la conscience, mais la conscience exaltée. - C'est le respect de soi-même et de la beauté de sa vie portée jusqu'à la plus pure élévation et jusqu'à la passion la plus ardente. »

Le baroud d'honneur, comme on dit. On verra si nous en sommes capables, et si nous saurons pour une fois ne pas nous contenter d'un paraphe.

Sources :

https://www.dedefensa.org/article/balzac-et-la-prophetie-du-declin-de-la-franc

https://www.les4verites.com/international/chateaubriand-et-la-mondialisation

https://www.dedefensa.org/article/comment-loccident-zombie-survit-a-sa-mort

https://www.amazon.fr/Louis-Ferdinand-C%C3%A9line-pacifiste-enrag%C3%A9-Nicolas/dp/1520796005/ref=sr_1_1?_mk_fr_FR=%C3%85M%C3%85%C5%BD%C3%95%C3%91&dchild=1&keywords=bonnal+c%C3%A9line&qid=1620633471&sr=8-1

Zweig et la progression de la dictature nazie (ou sanitaire)

On a cité le texte de Zweig sur la montée de l'uniformité dans le monde moderne – à grand renfort de technique et d'américanisme. On a rappelé aussi comment le Deep State US a usé et abusé du Covid pour chasser Trump du pouvoir et instaurer son agenda fasciste libéral (voyez le livre de Jonah Goldberg). Voyons les pages de Zweig sur le nazisme dans son magnifique Monde d'hier, livre sur les derniers grands soubresauts de la culture occidentale (1900-1940), culture qui a été anéantie depuis, par les guerres, le Spectacle au sens de Debord, l'effondrement du goût, les subventions socialistes et la télé.

La progression de la dictature nazie fut rapide et implacable, écrit Zweig qui remarque que l'on ne peut plus échapper aux news ; on peut ne pas les écouter mais où que l'on soit en occident, on n'échappera ni au vaccin, ni au passe, ni au 666, ni au reset, ni aux confinements, ni aux camps, ni à la dépopulation – tout comme on ne put échapper ni au nazisme malthusien ni à ses guerres. Zweig :

« Je considère comme un devoir d'attester de cette vie qui est la nôtre, une vie tendue et dramatiquement pleine de surprises, car je le répète, le monde entier a été témoin de ces gigantesques transformations, tout le monde a été forcé de devenir ce témoin. Pour notre génération, il y avait l'évasion ou la possibilité de rester en dehors du jeu, comme pour les précédentes ; en raison de notre nouvelle organisation de la simultanéité, nous avons toujours vécu inclus dans le temps. Quand les bombes détruisaient les maisons de Shanghai, en Europe on le savait, sans sortir de chez soi, avant évacuer les blessés. Tout ce qui s'est passé à l'autre bout du monde, à des kilomètres de distance, nous a agressés sous la forme d'images vives. Il n'y avait aucune protection ou défense contre le fait que nous étions constamment informés et que nous nous intéressions à ces informations. Il n'y avait aucun pays où fuir et aucune tranquillité d'esprit à acheter ; toujours et partout la main du destin nous rattrape et nous ramène dans son jeu insatiable ».

C'est que l'information est une guerre, est un bombardement. Dès que l'on a vu les images du confinement en Chine puis en Italie, tous ceux qui connaissaient les intentions des mondialistes savaient à quel pas de l'oie nous allions danser.

Pourquoi sommes-nous si seuls à résister, pourquoi les autres sont-ils si nuls et sans réaction ? Ce fut pareil au temps des totalitarismes (voyez Bernanos qui est très proche de Zweig, qui fila en Amérique du Sud et dénonça le premier la lâcheté du clergé en Espagne). Zweig répond posément.

Il y a le manque de lucidité :

« Obéissant à une loi irrévocable, l'histoire nie aux contemporains la possibilité de connaître dès ses débuts les grands mouvements qui ont déterminé son temps ».

Ensuite il y a le chaos social et économique qui, bien entretenu (voyez Cerise), mène droit à la dictature :

« Hitler ne réapparut que quelques années plus tard, puis la vague furieuse de mécontentement le souleva tout de suite au sommet. L'inflation, le chômage, les crises politiques et, à un degré moindre, la bêtise étrangère avait réveillé le peuple allemand : pour le peuple allemand, l'ordre a toujours été plus important que la liberté et la loi. Et qui a promis l'ordre (Goethe a dit qu'il préférait une injustice à un désordre) dès le premier instant, point sur lequel il pouvait compter des centaines de milliers d'abonnés ».

De ce point de vue la lettre des généraux (sus aux musulmans !) nous semble peu opportune, mais passons....

Zweig ajoute sur les industriels (voyez Annie Lacroix-Riz cette fois), les grands magasins et surtout l'armée :

« Grâce à Hitler, l'industrie lourde se sentait libérée du cauchemar bolchevique...Les petits commerçants se souvenaient de leur promesse de fermer les grands magasins, leurs concurrents les plus dangereux (une promesse qui ne fut jamais accomplie), et surtout l'armée a célébré l'avènement d'un homme qui a injurié le pacifiste et dont la mentalité était militaire ».

Ceux qui pensent que les militaires vont ramener la liberté en France oublient Pétain, les Bonaparte et le reste. Ils serviront la main qui les nourrit.

Puis Zweig indique que l'accélération de la tyrannie nazie arriva avec une provocation, le Reichstag, le fameux False Flag dont a parlé Lucien dans sa fameuse interview :

« Puis l'incendie du Reichstag a éclaté (rappel : le 27 février 1933), le Parlement a disparu et Goering a lâché ses hordes : tous les droits en Allemagne ont été brisés d'un seul coup. Horrifié, le peuple appris que les camps de concentration existaient en temps de paix et que dans les casernes des chambres secrètes ont été construites où des innocents ont été tués sans procès ni formalités ».

La tactique de Hitler est déjà un mélange classique de carotte et de bâton, ce salami dont on me parlait quand on croyait dans les années 70 que l'U.R.S.S. allait manger le monde (tu parles ! C'est l'Amérique Woke et démocrate, c'est le fascisme gauchiste et libéral vendu au capital qui a bouffé le monde). Et là, c'est la Cerise sur le gâteau car on ne réagit jamais (ou si peu) :

« Le plus génial chez Hitler était sa tactique de tester les eaux petit à petit et d'augmenter sa pression sur une Europe qui, moralement et militairement, s'affaiblissait parfois. Déterminé depuis longtemps l'action contre la liberté d'expression et tout livre indépendant en Allemagne a été réalisée avec la même méthode d'essai préliminaire. Aucune loi n'a été promulguée qui interdise purement et simplement nos livres : cela viendrait deux ans plus tard... Bientôt un petit essai fut organisé pour savoir jusqu'où on pouvait aller... »

En fait on mithridatise le monde contre la liberté (ne disons plus démocratie ou république, ça suffit) :

« Le national-socialisme, avec sa technique de tromperie sans scrupules, se garde de marquer la radicalité totale de vos objectifs avant d'avoir endurci le monde. De sorte qu'ils utilisaient leurs méthodes avec prudence ; à chaque fois la même chose : une dose, puis une courte pause. Une pilule puis un moment d'attente pour voir si elle n'avait pas été trop forte ou si la conscience du monde en supportait la dose. Et puisque la conscience européenne – honte à son ignominie – a insisté avec ferveur sur son désintérêt, car ces actes de la violence se sont produits « de l'autre côté des frontières », et les doses ont été de plus en plus fortes, à tel point que finalement toute l'Europe a été victime de tels actes ».

Oui, à force de se boucher le nez et de ne pas réagir... Zweig ajoute sur la collaboration des milieux bourgeois et cathos, base comme on sait de l'électorat Macron :

« La pression du parti national-socialiste commençait lentement à énerver les cercles cléricaux et bourgeois... »

Devenu complotiste (il évoque le surarmement des milices fascistes depuis le début des années vingt et le putsch de Kapp à Munich), Zweig écrit à propos des hommes de Davos de l'époque :

« C'étaient des groupes secrets, cachés dans leurs bureaux et leurs consortiums, qui profitaient cyniquement de l'idéalisme naïf des jeunes pour leurs ambitions de pouvoir ».

On a beaucoup insisté sur le mauvais traitement des personnes âgées, qui ne fait que commencer alors qu'elles ont froidement et honteusement servi de prétexte pour établir la dictature sanitaire. Zweig écrit sur sa mère ces lignes incroyables :

« À son âge, elle avait les jambes faibles et était habituée, pendant sa promenade quotidienne, se reposer sur un banc dans le Ring ou dans le parc tous les cinq ou dix minutes de marche douloureuse. Cela ne faisait même pas huit jours qu'Hitler était devenu maître et Seigneur de la ville (Vienne), qu'il proclama l'ordre interdisant aux Juifs de s'asseoir sur des bancs : était l'une de ces interdictions conçues, de toute évidence, dans le seul et sadique but de martyriser avec malice... »

On attend avec impatience le QR obligatoire code pour s'asseoir sur un banc ou entrer dans une supérette, quand le non-vacciné de vingt ou quatre-vingt ans sera jugé toxique pour toute sa rue ou sa contrée. Et qu'on ne vienne pas dire que nous exagérons quand nous les comparons comme Richard Boutry à des assassins ou des toqués ; car nos dictateurs sanitaires sont les deux, n'est-ce pas ?

N'attendez rien non plus de vos élus (lisez Mirbeau cette fois) : rappelons enfin que c'est la chambre du Front populaire qui vota les pleins pouvoirs à Pétain un 10 Juillet 1940. Il y avait 666 votants.

10, ADELPHI TERRACE, W.C.,
22nd February, 1906.

DEAR SIR,

I regret that I shall be unable to attend your meeting on the 27th.

I cannot help thinking that the time is not far off when the work of your League will be lightened by the co-operation of the leaders of bacteriological therapeutics. For years past the strain of countenancing a proceeding so grossly reckless, dirty, and dangerous as vaccination from the calf, has been growing unbearable to all genuine bacteriological experts. The utmost that professional pressure has been able to extort from them of late is silence ; but their disgust will soon become too intense for silence. Mrs. Squeers's method of opening abscesses with an inky penknife is far less repugnant to modern surgeons than the Local Government Board's method of inoculating children with casual dirt moistened with an undefined pathogenic substance obtained from calves is to modern bacteriologists. Nothing but the natural ignorance of the public, countenanced by the inculcated erroneousness of the ordinary medical general practitioner, makes such a barbarism as vaccination possible. The question whether it is practicable to fortify the blood against disease by inoculations is still an open and very interesting one. Its recent developments have shewn that an inoculation made in the usual general practitioner's light-hearted way, without a previous highly skilled examination of the state of the patient's blood, is just as likely to be a simple manslaughter as a cure or preventive. But vaccination is really nothing short of attempted murder. A skilled bacteriologist would as soon think of cutting his child's arm and rubbing the contents of the dustpan into the wound as vaccinating it in the official way. The results would be exactly the same. They *are* exactly the same.

You cannot urge too insistently that even if the modern serum treatment not only justified itself to-morrow, but could be made practicable on a large scale instead of as a laboratory experiment, the objection to vaccination as a quite infamously careless and ignorant method of inoculation would become more obvious than ever.

Yours faithfully,
G. BERNARD SHAW.

To CHARLES GANE, ESQ.,
NATIONAL ANTI-VACCINATION LEAGUE, S.W.

266

10, Adelphi Terrace, W. C.,

Le 22 février 1906

Cher Monsieur,

Je regrette que je ne puisse pas assister votre réunion le 27.

Je ne peux pas résister à la pensée que le jour est proche où le travail de votre Société sera éclairé par la coopération des leaders de la thérapie bactériologique. Depuis des années la nécessité d'encourager une thérapie si excessivement inconsidérée, sale et dangereuse comme la vaccination à partir de la vache devenait de plus en plus insupportable pour tous les vrais bactériologistes. Le maximum que la pression professionnelle a pu obtenir c'est leur silence ; mais bientôt le dégout sera trop fort pour le taire. La méthode de Mme Squeer qui ouvre les abcès avec un canif est beaucoup moins répugnante pour les chirurgiens modernes que la méthode du Conseil gouvernemental local qui consiste en l'inoculation des enfants avec de la saleté occasionnelle humidifiée et une substance pathogène indéfinie obtenue à partir du veau. Seule l'ignorance naturelle du public renforcée par l'erreur propagée par un ordinaire médecin-généraliste rend possible une barbarie comme la vaccination. La question de savoir s'il est possible de fortifier le sang contre les maladies par des inoculations est encore une question ouverte et très intéressante. Des développements récents ont montré qu'une inoculation faite sans précaution par un médecin-généraliste sans une analyse précise de l'état du sang du patient peut devenir aussi bien un homicide involontaire comme une cure de prévention. En réalité la vaccination n'est rien de moins qu'une tentative de meurtre. Un bactériologiste avec expérience pourrait tout autant couper le bras de son enfant et frotter la blessure avec la poussière de la pelle que de vacciner son enfant d'une manière officielle. Le résultat serait le même. Il *est* le même.

Et même si le traitement moderne sérique non seulement allait se justifier demain mais était pratiqué massivement et pas seulement comme une expérience du laboratoire, vous ne pouvez pas ignorer que les objections contre la vaccination en tant que méthode d'inoculation tout à fait tristement imprudente et ignorante serait plus évidentes que jamais.

Sincèrement votre

G. Bernard Shaw

À Charles Gane, Esq.,

National Anti-Vaccination League, S. W.

Remarques sur la nazification de la France qui bouge, vote et vaccine

Chacun y va de sa petite phrase salope pour menacer la plèbe qui ne se vaccine pas. C'est qu'en face n'est-ce pas on a la France qui pète de trouille. Désolés lecteurs auto-hallucinés par les noms de Moulin, de Gaulle et des Droits de l'Homme, mais la France n'est pas ce que vous croyez. Attendez quelques semaines pour vous en rendre compte. La France libre devra se battre.

Un dramaturge écrivait :

« Aujourd'hui, les Français ont peur, cachés sous le canapé, ils vivent dans la trouille orchestrée par le Président Macron. Le trouillogène, l'anxiogène, le « poissophore », le mortifère en chef... Ils ont peur, même de leur ombre, même de l'ombre d'un virus qui a fait cent mille fois moins de morts que la grippe espagnole, et bien moins que le cancer ! »

A l'ombre de cette lâcheté répugnante, les menaces donc vont bon train. BHL traite de nazis ceux qui ne sont pas d'accord avec lui question d'habitude)...

https://twitter.com/BHL/status/1414860640737538054

Mais que faire, grand maître ? Les foutre en camp ? Les envoyer en Palestine ?

ET voici qu'un catho lourdaud de Lourdes, ex et futur ministre, Adolf Douste-Blazy donc, menace d'autres positifs de camp :

https://mobile.twitter.com/Carene1984/status/1415436548326281219

Rappel : 99% de notre valeureuse classe politique roule avec Macron. Ils s'imaginent à sa place et ils mouillent.

On va leur citer Stefan Zweig. Lui évoquait un régime, le nazisme donc, qui luttait contre des gens (les juifs donc) qui refilaient leur virus (mental) à la population pure (les Allemands donc). Et cela donne :

« Les conquêtes de la technique corrompent en même temps l'âme de l'homme... »

Pour les antisystèmes qui ne se croient pas seuls (le pouvoir bluffe ! Le pouvoir bluffe ! Il y a une mère juive qui dit cela dans Holocauste), Zweig n'est guère rassurant :

« La grande masse roule toujours du côté où se trouve le centre de la gravité de la puissance du moment... »

On a déjà parlé avec Zweig de la carotte et du bâton, de la dose de monstruosité et de la pause pour rassurer les lâches et les imbéciles. On va parler de la surenchère façon Schwab, reine d'Angleterre ou BlackRock alors, sans oublier Big Pharma :

« Hitler a réussi par une constante surenchère à émousser toute notion du droit. »

Après on s'habitue. Comme dit Céline dans son meilleur pamphlet, avec un peu de vaseline et beaucoup de patience, éléphant encugule fourmi !

Interdiction de s'asseoir sur un banc, d'aller au café, etc. ?

« Hitler n'était pas depuis huit jours maître de Vienne compris un arrêté bestial interdisant aux juifs de s'asseoir sur un banc. »

On ne peut aller voir ses vieux mourir ?

« Selon les nouvelles lois il n'était pas possible de passer une nuit auprès d'une mourante. »

Après Zweig évoque le monde moderne, sa bureaucratie kafkaïenne comme on dit, sa fonction publique mondialisée, pléthorique, meurtrière et liberticide :

« Il fallait se faire photographier de droite de gauche… Il fallait présenter des certificats de santé, de vaccination, des certificats de bonne vie, des recommandations et s'il manquait une seule pièce de ce tas de paperasse on était des perdus. »

Et de conclure comme Bernanos (voyez sa splendide France contre les robots) ;

« Depuis le jour où j'ai dû vivre avec des papiers ou des passeports il m'a toujours semblait que je ne m'appartenais plus tout à fait. »

Et après Zweig parle comme Patrick McGoohan dans le prisonnier, au point qu'on peut se demander si Zweig n'a pas inspiré les nombreux scénaristes juifs réfugiés qui avaient écrit avec l'acteur les 17 épisodes de cette unique série :

« Constamment nous étions interrogés, enregistrés, numérotés, estampillés, et pour moi chacun de ces timbres sur mon passeport reste aujourd'hui comme une flétrissure, une humiliation. »

Citons le texte de la série en anglais :

I will not be pushed, filed, stamped, indexed, briefed, debriefed or numbered. My life is my own.

Ne croyons surtout pas qu'en faisant reculer Macron, nous serons tranquilles à long terme. Le combat contre les politicens, les bureaucrates et leurs sponsors devra aller jusqu'au bout.

Sources :

https://www.bvoltaire.fr/la-petite-france-de-la-trouille-sous-macron/

Stefan Zweig, le Monde d'hier, LdP, pp. 465-480

Nicolas Bonnal : Guénon, Bernanos et les gilets jaunes ; Céline, pacifiste enragé